浙江省人工智能产业发展报告 2024

AI Industry Development Report of Zhejiang Province(2024)

浙江省发展规划研究院
中共浙江省委网络安全和信息化委员会办公室
浙江省发展和改革委员会 ／共同编写
浙江省经济和信息化厅
浙江省科学技术厅

中国发展出版社
CHINA DEVELOPMENT PRESS

图书在版编目（CIP）数据

浙江省人工智能产业发展报告. 2024 / 浙江省发展规划研究院等编. -- 北京 : 中国发展出版社, 2025. 6.
ISBN 978-7-5177-1480-4

Ⅰ. F492.3

中国国家版本馆CIP数据核字第20252WG349号

书　　名：浙江省人工智能产业发展报告（2024）
主　　编：浙江省发展规划研究院　中共浙江省委网络安全和信息化委员会办公室
　　　　　浙江省发展和改革委员会　浙江省经济和信息化厅　浙江省科学技术厅
责任编辑：李欣桐
出版发行：中国发展出版社
联系地址：北京经济技术开发区荣华中路22号亦城财富中心1号楼8层（100176）
标准书号：ISBN 978-7-5177-1480-4
经 销 者：各地新华书店
印 刷 者：北京盛通印刷股份有限公司
开　　本：787mm×1092mm　1/16
印　　张：21.75
字　　数：400千字
版　　次：2025年6月第1版
印　　次：2025年6月第1次印刷
定　　价：88.00元

联系电话：（010）68360970　68990535
购书热线：（010）68990682　68990686
网络订购：http://zgfzcbs. tmall. com
网购电话：（010）88333349　68990639
本社网址：http://www.develpress. com
电子邮件：174912863@qq.com

《浙江省人工智能产业发展报告（2024）》编委会

前 言

人工智能是数字经济时代最受瞩目的颠覆性技术。加快发展新一代人工智能，是赢得全球科技竞争主动权的重要战略抓手，是推动我国科技跨越发展、产业优化升级、经济整体跃升的重要战略举措。2023 年以来，ChatGPT 大模型、DeepSeek 开源模型、Optimus 仿生机器人等产品的问世，表明人工智能技术加速产业化，赋能千行百业，新质生产力的特征愈发明显。

浙江省数字经济一直走在前列，成为全国第一个数字经济占比超过一半的省份。随着互联网、计算机等传统数字技术向人工智能前沿攀升跃进，浙江省应紧扣新使命、把握新趋势、直面新问题、迎接新挑战，以高质量发展为首要任务，突出人工智能在“315”科技创新体系和“415X”先进制造业集群建设中的引擎作用，因地制宜发展新质生产力，推动生产力和生产关系变革，努力保持数字经济整体领先、智能应用突破创先、基础软硬件进位争先，发展人工智能 + 战略性新兴产业和未来产业，构建具有浙江特色的现代化产业体系，扛起经济大省更大的责任担当。

“十四五”以来，浙江省委网信办、省发展改革委、省经济和信息化厅、省科技厅、省发展规划研究院持续在全省范围内开展人工智能产业发展调研，联合编制《浙江省人工智能产业发展报告（2024）》。本报告研究全球人工智能发展动向，阐述浙江省人工智能产业发展、要素支撑、科技创新、区域布局、企业培育、应用开发等成效，总结浙江省人工智能产业发展举措，为浙江省打造引领全国人工智能创新发展高地提供经验借鉴。

目录 AI Industry Development Report of Zhejiang Province (2024)

第一部分　综合概述篇

第二部分　地区发展篇

第三部分　特色行业篇

第四部分　基础要素篇

第五部分　平台场景篇

第六部分　创新企业篇

第一部分 综合概述篇

本部分从总体情况、行业应用、区域发展、科技创新、企业培育等方面系统阐述浙江省人工智能产业建设成效，分析全球人工智能产业发展趋势动向，梳理总结浙江省促进人工智能产业发展系列举措，为浙江省人工智能产业高质量发展提供经验借鉴。

浙江省人工智能产业发展成效

一、总体发展水平位居全国前列

产业规模效益持续提升。浙江省高度重视人工智能产业发展，在技术开发、终端制造、智能应用等领域全面发力，已形成从核心技术研发、智能终端制造到行业融合应用的完整产业链，在视觉识别、语音识别、深度学习、脑机接口与交互、虚拟现实 / 增强现实等细分领域形成了领先优势。根据浙江省统计局、浙江省科技厅统计数据（见表1–1），2023 年，浙江省纳入人工智能产业统计目录的企业共有 1745 家，较上年增加 115 家；人工智能领域实现营业收入 5695.17 亿元，同比增长 3.6%，实现三年翻番；研发费用 537.51 亿元，同比增长 21.8%，占营业收入比重 9.4%；实现利润总额 481.61 亿元，同比增长 3.5%。行业内和行业外企业数分别为 694 家和 1051 家，行业内企业实现营业收入 1869.75 亿元，研发费用 158.72 亿元，实现利润总额 84.81 亿元；行业外企业实现营业收入 3825.43 亿元，研发费用 378.79 亿元，实现利润总额 396.80 亿元。

表 1–1　2023 年浙江省人工智能产业规模统计

类别	企业数（家）	营业收入		研发费用		利润总额	
		数值（亿元）	增速（%）	数值（亿元）	增速（%）	数值（亿元）	增速（%）
人工智能产业	1745	5695.17	3.6	537.51	21.8	481.61	3.5
行业内人工智能产业	694	1869.75	12.6	158.72	22.3	84.81	–32.6
行业外人工智能产业	1051	3825.43	–0.3	378.79	21.6	396.80	16.8

注：行业内指与人工智能相关的电子设备、电子信息、软件等行业；行业外指与人工智能相关的智能汽车、智能家电等制造业和服务业。因四舍五入原因，各项加总与总计数有差异。

资料来源：浙江省统计局、浙江省科技厅。

浙江省人工智能综合发展水平处于全国前列。依据文献资料和专家经验，基于指标体系设计科学严谨性、可测度差异性及数据可获得性原则的综合考量，探索构建一个多维度、深层次的人工智能综合发展水平评价指标体系（见表 1–2），利用大数据技术对 2023 年全国 31 个省（区、市）（不包括港澳台地区）人工智能相关指标进行分析，从多个维度分析浙江省人工智能在全国的发展水平。研究结果显示，浙江省人工智能综合发展水平位列全国第五，排在北京市、广东省、上海市、江苏省之后。从发展环境分指标看，浙江省人工智能发展环境良好，主要在资本运用、开放合作等方面仍有提升空间；从支撑要素分指标看，浙江省位列全国第三，创新平台和数据开放水平优异，但在大模型与算力规模方面，距离全国领先水平仍有一定差距；从科技创新分指标看，浙江省在前沿论文、科研领军人才和高校科研以及反映创新转化的技术专利方面有待提高；从产业发展分指标看，浙江省紧跟全国一流梯队，产业总体竞争力良好，发展潜力充分，但在产业链实力、场景应用等方面尚需持续优化提升。

表 1–2　中国人工智能综合发展水平评价指标体系

序号	一级指标	二级指标	指标含义
1	发展环境	政策牵引指数	地区出台政策的关注程度和支持力度评价
2		资本运用指数	企业获得投资热度评价
3		开放合作指数	地区开放合作水平评价
4		地方性法规指数	地区法律法规支撑性评价
5		行业报酬指数	地区薪酬水平和对产业人才吸引力评价
6	支撑要素	大模型指数	大模型开发实力评价
7		创新平台指数	人工智能公共算力水平评价
8		算力规模指数	地区基础设施算力水平评价
9		数据开放指数	地区公共数据开放利用水平评价
10	科技创新	前沿论文指数	前沿科研能力评价
11		技术专利指数	人工智能相关专利水平评价
12		创新转化指数	专利被引代表的科创转化水平
13		企业创新指数	高新技术企业代表的核心科创能力评价
14		科研领军人才指数	学界领军人才研究实力评价
15		高校科研指数	高校人才培养能力评价
16	产业发展	产业链实力指数	基础层、技术层、应用层等产业实力评价
17		场景应用指数	各类场景应用成熟度评价

续 表

序号	一级指标	二级指标	指标含义
18	产业发展	企业注册资本指数	企业总体规模和产业发展潜力评价
19		链主企业指数	产业链发展实力和系统化建设评价

资料来源：作者整理。

注：中国人工智能综合发展水平评价指标体系由浙江省发展规划研究院和整数智能信息技术（杭州）有限责任公司共同开发完成。

二、要素支撑基底不断夯实

前瞻布局算力基础设施。浙江省属于全国一体化算力网络长三角国家枢纽节点，基本形成长三角国家枢纽（嘉善）节点+杭州、宁波、温州、金义四大都市区集群+多点边缘计算节点的梯次空间发展格局。根据《中国算力服务研究报告（2023年）》，浙江省算力服务发展指数位居全国第三。从规模看，截至2024年6月浙江省已建成数据中心156个（大型以上28个），平均电源使用效率（PUE）1.57；算力规模47.61EFLOPS（每秒百亿亿次浮点运算），其中，智算规模38.75EFLOPS，另有阿里云在乌兰察布建设但纳入浙江省管理的智能算力规模12EFLOPS，云计算、超算、智算联动发展的格局态势良好。从企业和平台看，现拥有阿里云、乌镇之光、平湖润泽国际信息港等云平台服务企业，以及移动、电信、联通等通用计算、智算、超算、边缘计算等设施服务企业。阿里云市场份额位居亚太第一；国家超算乌镇中心顺利通过科技部验收，正式纳入国家超算中心序列，成为浙江省唯一、全国第14个国家超算中心（见表1–3）。

表1–3 浙江省代表性智算中心、超算中心

序号	智算中心、超算中心名称
1	杭州人工智能计算中心
2	宁波人工智能超算中心
3	乌镇之光超算中心
4	吉利星睿智算中心
5	阿里巴巴浙江云计算仁和数据中心
6	杭州市算力中心
7	浙中人工智能算力中心
8	浙东南智算中心

续　表

序号	智算中心、超算中心名称
9	温州智算中心
10	浙江电信智算中心
11	浙江联通智算中心
12	浙江移动智算中心
13	长三角·平湖润泽国际信息港
14	图灵小镇智算中心
15	青田元宇宙智算中心

资料来源：作者整理。

率先激发数据要素价值。浙江省作为《关于构建数据基础制度　更好发挥数据要素作用的意见》支持先行先试地区，发布全国首部公共数据领域的地方性法规《浙江省公共数据条例》。从标准制定看，完成全国首个数据资产确认领域的推荐性地方标准，探索形成公共数据授权运营、数据资产入表等典型经验做法，全省累计开放 1.5 万多个数据集、近 100 亿条数据，公共数据规模、质量和运营创新居全国前列。从平台载体看，建成浙江省大数据交易中心、杭州数据交易所等数据交易平台，培育“中国数谷”“中国（温州）数安港”等区域性数据要素市场化配置试点，在公共服务、影视娱乐、交通、医疗、金融、广告营销、大模型等领域形成一批高质量数据集。从企业发展看，培育数梦、火石、安恒信息等数据服务企业，落地国家级短视频基地。阿里云牵头建设了国内规模最大的人工智能模型社区“魔搭”，汇聚了 1200 个开放数据集，全面覆盖了视觉、语音、自然语言处理、多模态等人工智能主要领域。依托华数、海康威视、大华、宇视、医策等企业海量数据资源，有望建设国家级多模态数据库。

模型算法开发全国领先。浙江省大模型总体发展水平居于全国第一方阵，形成以阿里云通义千问等基础大模型为底座的大模型产品矩阵。截至 2024 年 4 月底，浙江省共有 11 款生成式人工智能服务完成备案（见表 1–4），数量位居全国第四（前三名分别为北京市、上海市、广东省）。105 项深度合成服务通过算法备案，其中，阿里巴巴和网易分别完成算法备案 27 项和 18 项，数量在全国算法备案集团中位居前二。从基础大模型看，通义千问 720 亿参数模型通过了权威基准测评，成为业界最强的开源大模型之一。在部分权威评测中，该模型的综合性能超过 GPT–3.5。从行业大模型看，金融、医疗、视觉、安全等行业大模型百花齐放，恒生“LightGPT”、同花顺问财 HithinkGPT、西湖心辰“西湖大模型”、网易玉言、梧桐宇视、安恒信息“恒脑”、大华“星汉”

等行业大模型逐步落地。从创新生态看，模型创新应用生态初步形成，形成“MaaS平台、开源社区、智能体（Agent）应用”协同发展的多层次模型服务体系。从示范应用看，之江实验室智能计算数字反应堆大科学装置加快推进，在国际上率先建立基于大语言模型的全CRISPR-Cas基因编辑蛋白酶筛选体系；浙江大学建成国内首个人工智能交叉学科，启动脑科学与人工智能会聚研究计划。算法创新跻身全球前列，浙江大学医学院附属第一医院与阿里巴巴达摩院提出的“人体正常器官的分层分割模型”入选2023中国医学人工智能代表性算法，分割算法结果超过国际最高水平3%～5%，达到媲美专业医生的勾画精度。

表1-4　浙江省生成式人工智能服务已备案信息

序号	应用/功能	企业名称	备案时间
1	通义千问大模型	阿里巴巴达摩院（杭州）科技有限公司	2023/9/12
2	AntGLM大模型	蚂蚁金服（杭州）网络技术有限公司	2023/11/3
3	问财HithinkGPT大模型	浙江同花顺网络科技有限公司	2023/12/5
4	“西湖大模型”西湖心辰	西湖心辰（杭州）科技有限公司	2023/12/5
5	“百业灵犀”大模型	新华三技术有限公司	2024/2/7
6	星辰大模型	淘宝（中国）软件有限公司	2024/2/7
7	传播大模型	传播大脑科技（浙江）股份有限公司	2024/2/7
8	菜鸟物流大模型	杭州菜鸟物流信息科技有限公司	2024/4/22
9	钉钉AI助理	钉钉科技有限公司	2024/4/28
10	洞见人和大模型	浙江连信科技有限公司	2024/4/28
11	ArcMuse计算技术引擎	虹软科技股份有限公司	2024/4/28

资料来源：浙江省委网络安全和信息化委员会办公室、浙江省经济和信息化厅。

三、创新策源动能持续提升

强化战略科技力量建设。智能计算与人工智能是浙江省“315”科技创新体系中的15大战略领域之一。浙江省系统谋划与推进人工智能领域战略科技力量建设，形成了战略科技力量多维布局、协同攻关的发展态势（见表1-5）。国家级科创平台增添开放创新动能，现拥有杭州、德清2个国家新一代人工智能创新发展试验区，之江人工智能公共算力开放创新平台等3个国家新一代人工智能公共算力开放创新平台，阿里云城市大脑等 4 个国家新一代人工智能开放创新平台，脑机智能、计算机辅助设计与图形系统等 2 家全国重点实验室。高能级科创平台支撑原始创新策源，已布局之江实验室、湖畔实验室等 2 家省实验室，数智服务、多模态感知与智能系统、空间信息感知与传输、智能汽车全域安全、智能物联网络与数据安全等 51 家省级重点实验室，以及智能工厂操作系统、智能感知、绿色智能汽车及零部件等 3 家省级技术创新中心。

表 1–5　浙江省人工智能领域重点创新平台（部分）

序号	名称	依托单位
1	杭州国家新一代人工智能创新发展试验区	杭州市人民政府
2	德清国家新一代人工智能创新发展试验区	德清县人民政府
3	城市大脑国家新一代人工智能开放创新平台	阿里云计算有限公司
4	视频感知国家新一代人工智能开放创新平台	杭州海康威视数字技术股份有限公司
5	智能制造国家新一代人工智能开放创新平台	宁波工业互联网研究院有限公司
6	智能金融风控国家新一代人工智能开放创新平台	同盾科技有限公司
7	脑机智能全国重点实验室	浙江大学
8	计算机辅助设计与图形系统全国重点实验室	浙江大学
9	之江实验室	/
10	湖畔实验室	阿里巴巴达摩院（杭州）科技有限公司
11	全省数智服务技术重点实验室	浙江大学
12	全省多模态感知与智能系统重点实验室	嘉兴大学
13	全省空间信息感知与传输重点实验室	杭州电子科技大学
14	全省智能汽车全域安全重点实验室	吉利汽车研究院（宁波）有限公司
15	全省智能物联网络与数据安全重点实验室	杭州海康威视数字技术股份有限公司
16	浙江省智能工厂操作系统技术创新中心	宁波工业互联网研究院有限公司等
17	浙江省绿色智能汽车及零部件技术创新中心	浙江吉利控股集团等
18	浙江省智能感知技术创新中心	杭州海康威视数字技术股份有限公司等

资料来源：作者整理。

前沿技术攻关取得突破。近 3 年来，政府与企业合力加大研发投入，力争在数据、算力、算法、平台、安全等重点方向实现自主可控，并着力解决人工智能在新药研发、数字治疗、安检、音视频服务等领域应用的关键技术问题。浙江省人工智能相关产业知识产权申请数为44713例，位居全国第四。目前在人工智能软硬件、智能感知探测技术等细分领域已取得一批硬核科技成果（见表1–6），比如新一代“百亿级”神经元类脑计算机、智慧安防视频处理人工智能芯片、全球首款类脑互补感知芯片“天眸芯”等。

表1–6　浙江省人工智能领域重点创新成果

序号	成果名称	拥有单位	成果简介
1	新一代“百亿级”神经元类脑计算机	之江实验室	新一代“百亿级”神经元类脑计算机集成了5000颗浙江大学自主研发的达尔文3代类脑计算芯片，包含100亿脉冲神经元、1万亿神经突触，典型运行功耗为10千瓦～30千瓦。这台类脑计算机能支持亿级规模脉冲神经网络部署与运行、亿级规模类脑神经网络映射分配、异构计算资源的动态接入，实现微秒级多核、实时任务切换，并能微秒级响应脉冲神经网络计算任务
2	阿里版ChatGPT	湖畔实验室	基于湖畔实验室发布的“通义”大模型系列融合升级而来，打造了业界首个人工智能统一底座，其M6-OFA模型在不引入任何新增结构的情况下，可同时处理图像描述、视觉定位、视觉蕴涵、文档摘要等10余项单模态和跨模态任务
3	全设备智能感知平台PRIDE1.0	中控技术股份有限公司	基于“智能感知”“精准预测”“决策支持”三大特点，可对设备进行全面精准健康诊断及风险预测，同时应用大数据、深度学习算法和专家库，实现“多科室”联合会诊，实现“人工智能”故障分析诊断，为后续各专业维修计划提供智能决策支持，让工厂所有的设备、仪表、电器始终处于最佳运行状态
4	基于智能制造生产系统物联协同技术的研发应用	诺力智能装备股份有限公司	开发生产物联与协同控制系统和智能物流机器人多目标调度导航系统，解决了智能制造中生产物流管控薄弱的问题和动态环境下多目标群体调度的技术难题
5	时序大数据实时智能处理技术平台	浙江邦盛科技股份有限公司	形成了时序大数据表达结构与缓存系统“Cubebase”、时序大数据实时计算引擎“流立方”、动态时序图谱实时计算平台“图立方”、三核实时智能决策平台、金融反欺诈解决方案、机器防御解决方案、互联网用户设备画像解决方案、智能电厂实时运维监控解决方案8项战略产品

续　表

序号	成果名称	拥有单位	成果简介
6	车载智能视觉传感器	浙江华锐捷技术有限公司	研发车载智能视觉传感器，突破车载复杂天气场景的图像透雾与去雨技术，基于面向嵌入式平台的轻量化、多任务场景语义分析网络设计方法，以及场景视深与目标空间三维信息的联合几何估计方法，突破基于传统跟踪算法和时序神经网络的目标与轨迹预测等关键技术
7	面向通信行业的仓运配一体化智慧物流服务平台	浙江省邮电工程建设有限公司	研发面向通信行业的仓运配一体化智慧物流服务平台，突破基于中台架构的智慧物流一体化平台构建、多源异构通信产品的柔性作业自动化仓储技术、高实时性通信产品基于随机需求的模糊约束联合补货模型的构建等关键技术
8	嵌入式硬件与智能模型互感知的紧致编译与快速部署工具	杭州电子科技大学	研发嵌入式硬件与智能模型互感知的紧致编译与快速部署工具，突破统一中间表示和适配、编译优化、高性能算子优化等关键核心技术
9	M-Design—基于 SysML 的 MBSE 建模工具软件	杭州华望系统科技有限公司	基于云服务的模型驱动、复杂装备系统设计、软件体系架构与统一建模语言的语义实现，在改进现有云服务功能的基础上，建立特征属性与行为相分离的 SysML 元元模型语义重构方法以及基于元元模型的元模型转换规则
10	“互联网 +”智能家居系统个性化定制设计关键技术及工具软件	杭州鸿雁电器有限公司	研发“互联网 +”智能家居系统个性化定制设计工具软件，突破“互联网 +”智能家居系统个性化定制需求获取与转化方法、“互联网 +”智能家居系统精确与模糊结合的定制配置技术等关键核心技术

资料来源：浙江省科技厅。

四、重点行业先行优势突出

1. 智能芯片

浙江省人工智能芯片整体规模居全国前列。2023 年，浙江省人工智能芯片核心产业实现销售收入约 114 亿元，同比增长 16.3%；从事人工智能芯片设计的企业数量达到 71 家，同比增长 222.7%，占全国同期人工智能芯片设计企业总量的比重达到 10.2%。浙江省的人工智能芯片主要面向物联网和工业互联网场景，既有系统级芯片（SoC），也有各类工控、Wi-Fi、智能接口和智能传感等芯片，代表性企业有大华、海康威视、国芯科技等。同时，浙江省人工智能 ASIC 芯片的研发实力较强，比如平头哥于 2023 年 11 月推出的三款基于软硬协同新范式的处理器（C920、C907、R910），大幅提升了加速计算能力、安全性及实时性，有望加速推动开源指令集架构（RISC-V）在自动驾驶、人工智能、企业级固态硬盘（SSD）、网络通信等场景和领域的大规模商用落地。

2. 智能软件

浙江省智能软件发展态势良好，智能软件技术日益成熟，应用范围不断扩大，商业模式也在持续演进。2023 年，浙江省实现软件业务收入 9316.4 亿元，产业规模位居全国第六，实现利润总额 2722.3 亿元，占全国利润总额的 18.7%，同比增长 20.4%。其中应用软件、信息技术服务引领产业增长，人工智能技术渗透至各领域，带动高技术行业增长。2023 年阿里云发布的通义千问大模型，具备多轮对话、文案创作、逻辑推理、多模态理解、多语言支持等功能，登上国内权威大模型评测平台 Open Compass 当年排行榜榜首。

3. 人形机器人

浙江省人形机器人产业发展迅速推进，地区性的技术创新和产业布局正逐渐形成，正在构建以杭州市、宁波市为核心，其他地区特色差异化发展的机器人产业发展格局。一批性能卓越、行业领先的人形机器人产品引发市场关注，如宇树科技的 H1 和 G1 机器人、浙江人形机器人创新中心的“领航者 1 号”、浙江大学熊蓉教授团队的悟空 -4 和朱世强教授团队的高性能人形机器人等。省内多所高校和研究机构在机器人技术、人工智能和材料科学等领域有着深厚的研究积累，例如浙江大学建立了机器人研究院，在宁波成立了人形机器人创新中心，不仅培养了大量技术人才，还推动了许多前沿技术的研发，加速了人形机器人技术的创新和应用。

4. 类脑智能

浙江省类脑智能发展处于全国前列，科创平台丰富、企业实力强劲、产学研一体化程度高。在科创平台方面，浙江大学拥有脑机智能全国重点实验室、良渚实验室、南湖脑机交叉研究院，联合之江实验室研发了达尔文系列类脑芯片，并已经发展到第 3 代。杭州电子科技大学建立了浙江省脑机协同智能重点实验室，实现了双脑协同的 RSVP 目标检测。在企业方面，浙江省拥有强脑科技、西湖灵犀科技、柔灵科技等多家高新技术企业。强脑科技深耕非侵入式脑机接口设备的研发与生产，在康复、大健康、人机交互等领域具有领先优势。西湖灵犀科技由西湖大学孵化而来，专注于侵入式脑机接口设备，能够帮助因神经系统疾病而无法说话的患者快速通过意念来控制计算机生成语句，重获交流能力。柔灵科技以研发柔性电极 EEG 为主，其产品能够为互联网医疗背景下的睡眠监测、心理问题筛查和慢病康复管理等领域提供技术应用和服务。

5. 智能物联

浙江省智能物联产业起步较早，产业基础扎实，发展态势强劲。2023 年，浙江省智能物联产业集群营业收入达 1.15 万亿元，成为第 4 个迈入万亿级的产业集群。浙江省智能物联产业集群共有 3768 家规上企业，其中制造业企业 3299 家，软件和信息服务业企业 469 家，全国电子信息百强企业 11 家，新华三、聚光科技被纳入工业和信息化部链主型企业培育名单，从业的技术人才超过 20 万人。之江实验室、湖畔实验室等围绕智能计算、数据科学等物联网前沿方向开展基础研究和颠覆性技术创新，浙江省智能感知技术创新中心、浙江省智能工厂操作系统技术创新中心等围绕多模态信号感知、传输、存储、分析以及自主可控的智能工厂操作系统平台等方向开展关键技术攻关。浙江大学、之江实验室、阿里、蚂蚁集团、网易、海康威视、大华、宇视、金卡智能等单位引领标准制定，累计参与预研、制定物联网重点领域的国际标准、国家标准、行业标准 50 余项。

6. 智能制造

浙江省以数字技术赋能产业发展为主线，新经济新产业引领作用逐步增强，2023 年“三新”经济占 GDP 的 28.3%，“产业大脑 + 未来工厂”模式持续引领产业质效提升，产业数字化、智能化水平多年来位列全国第一。2023 年，浙江省规模以上数字经济核心产业制造业增加值较上年增长 8.3%，增速比规上工业高 2.3 个百分点。全省现已认定未来工厂 72 家、智能工厂（数字化车间）794 家，涵盖信息技术、新能源汽车、新材料、生物制造等多个领域，平均生产效率提升 51.7%，人均劳动生产率约为规上工业企业的 6 倍。

7. 智能医疗

智能医疗是人工智能率先落地应用的行业之一，在智能诊断、医疗影像分析、疾病辅助筛查与诊断、个性化医疗、药物开发、健康管理、临床治疗辅助决策等多个医疗健康领域取得明显成果，极大提升了医疗服务的诊疗效率和患者的诊疗体验。浙江省在医疗多模态大模型、人工智能影像、人工智能制药等多个前沿赛道已经具备较好的技术和应用基础，阿里云通义医疗行业大模型在12个权威评测中取得优秀成绩，深睿医疗的软硬件一体化智能装备人工智能X射线骨龄仪获得三类医疗器械证书，上线了全国首个可陪诊的数字人“安诊儿”，覆盖浙江省30家医院。

8. 智能驾驶

浙江省具有良好的智能驾驶产业发展和示范应用基础，积极参与新能源汽车产业“下半场”竞争。省内智能驾驶产业链完善，吉利、零跑、合众等整车企业已完成L2+级别智能驾驶量产，正在开展L3级以上智能驾驶汽车测试和验证。关键零部件产业覆盖了感知、决策、执行三大领域，智能感知、线控底盘等关键零部件国内外领先，拥有海康、大华、岸达、均胜、瑞立、万向、拓普等优势企业；吉利、阿里、零跑等企业正加快推进微控制单元（MCU）芯片、智能驾驶算力芯片、算法等方面研发攻关。智能驾驶示范应用加快推进，杭州市已成为全国首个以地方立法明确自动驾驶车辆上路具体流程和首个全域开放用于智能网联车辆测试与应用的超大城市，德清县成为全国首个以县域为主体创建的车联网先导区，宁波市被列入国家城市智慧汽车基础设施和机制建设试点，其他地市也加快在公共交通、物流配送、港口运输、无人清扫、低速无人车等领域培育特色应用场景。

9. 智能安防

浙江省智能安防产业集群优势明显。浙江省已拥有从上游的芯片与元器件供应、中游的智能设备制造与算法研发，到下游的系统集成与应用服务的完整产业链，创建了国家先进制造业集群、国家电子信息（物联网）产业示范基地、国家级战略性新兴产业集群、国家创新型产业集群试点（数字安防产业）等国家级试点示范。龙头企业引领全球安防产业，海康威视、大华、宇视等入选全球知名科技媒体*a&s*发布的2023年“全球安防50强”名单，分别位居第一、第二、第九。具有视频应用特色的大模型不断涌现，如海康威视的观澜大模型、大华的星汉大模型、宇视的梧桐大模型，以及联汇科技OmModel多模态大模型，为场景应用提质升级打好产业服务基础。

10. 智能商贸

浙江省正大力推动人工智能赋能传统商贸变革，数字服务、数字内容、数据交易等各种业态实现蓬勃发展。浙江省参与"一带一路"建设走向纵深，开展国家对外开放试点超过10个，跨境电商综合试验区实现省内基本全覆盖，世界电子贸易平台（eWTP）加快建设，全球数字金融中心、全球数字贸易博览会落地杭州。2023年，浙江省数字贸易进出口额7716.5亿元，同比增长20.4%；其中数字服务贸易进出口额2587.2亿元，同比增长23.5%。跨境电商规模实力全国领先，2023年浙江省跨境电商进出口额5129.3亿元，同比增长18.9%；其中出口3932.8亿元，增长24%，规模仅次于广东省，保持全国第二，进口1196.5亿元，增长4.9%。数字化出海与出海数字化并进，在数字贸易、数字服务和数字支付等领域占据优势，阿里、网易等企业加速全球布局。

11. 智能计算

浙江省加快打造智能计算高地，呈现出产业链较为完整、产业地位较为突出、龙头企业引领发展、产业集聚效应明显、创新载体快速发展、技术创新领先等特点。2023年，浙江省智能计算产业营业收入约3000亿元，营业收入超百亿元的龙头企业突破10家，共有规上智能计算产业链核心企业约150家，集聚了400多家与产业链相关的技术、产品和服务企业。计算硬件方面，杭州市拥有新华三、中科曙光、海康威视、平头哥、力积存储、中昊芯英、宏杉等计算芯片、存储器、计算整机与服务器厂商，其中新华三在全国服务器市场份额排名第二，中科曙光已把X86服务器总部设在杭州。运营服务方面，阿里云、网易、新华三等一批骨干云服务商不断做大做强，从网络、芯片、操作系统到整机再到应用，加快聚合产业链上下游企业，成为我国智算产业"版图"上重要组成部分。

五、区域布局加速集聚优化

环杭州湾集群发展效应凸显。浙江省人工智能产业已初步形成以杭州市为核心，向宁波市、嘉兴市、绍兴市等环杭州湾地区集聚发展的态势。浙江省统计局、浙江省科技厅统计监测数据显示，杭州市、嘉兴市、宁波市、绍兴市、湖州市等地区的人工智能产业规模占全省的比重达86%，人工智能企业数量占全省75.2%（见表1–7）。杭州市、宁波市、嘉兴市产业规模位居全省前三，布局构建了以新一代人工智能创新发展试验区、科创大走廊为引领，国家（省级）高新区、特色小镇、"万亩千亿"产业平台为支撑的产业发展空间格局。

表 1–7　浙江省各地市人工智能产业发展情况

地市	企业数（个）	营业收入		研发费用		利润
		总额（亿元）	增速（%）	总额（亿元）	增速（%）	总额（亿元）
杭州市	569	2563.86	2.9	353.04	23.3	353.30
宁波市	225	828.12	−0.4	53.68	36.4	80.14
温州市	194	178.78	10.5	9.25	8.4	14.30
湖州市	113	242.88	6.7	11.82	11.2	9.22
嘉兴市	252	825.57	2.4	48.52	10.8	−14.91
绍兴市	153	387.92	12.4	34.60	25.1	9.51
金华市	97	446.60	1.9	14.84	4.3	13.65
衢州市	33	64.15	18.8	3.48	23.1	6.06
舟山市	6	1.50	−13.7	0.08	−11.4	0.07
台州市	70	99.54	8.5	5.37	2.1	7.83
丽水市	33	56.24	18.3	2.83	4.9	2.43
总计	1745	5695.17	3.6	537.51	21.8	481.61

资料来源：浙江省统计局、浙江省科技厅。

注：因四舍五入原因，各项加总与总计数有差异。

核心引领发展态势持续增强。杭州市加快建设国家新一代人工智能创新发展试验区和人工智能创新应用先导区，人工智能发展水平居全国第一梯队，形成了涵盖“基础层—技术层—应用层”的完整产业链条。浙江省统计局、浙江省科技厅企业数字统计监测显示，杭州市人工智能企业数量 569 家，占全省人工智能企业总数的 32.6%，营业收入占全省的 45.0%，利润总额占全省的 73.4%，集聚了阿里、海康威视、大华等浙江省人工智能核心企业。杭州市成为全国 5G–A 第一城，带动浙江省奔向万兆时代，推动千行百业转型升级；“中国数谷”挂牌成立，基于人工智能大模型的“数算一体”创新探索，正推动数据要素高效流通和使用，是浙江省人工智能产业发展的核心引擎。

浙江省加快构建协同发展格局。宁波市产业赛道多点布局，逐步形成以集成电路、传感器、智能芯片等核心产业和智能汽车、智能家居等终端产业为基础的人工智能产业体系，在智能制造、智慧农业、智慧港口等领域建成了一批具有宁波特色、管用实用的应用场景。嘉兴市以全国一体化算力网络国家枢纽节点城市嘉善县为中心，以桐乡市、平湖市为两翼，布局阿里智算中心、中国电信智算中心、中国移动智算中心、“乌镇之光”超算中心等算力中心 24 个，在建算力中心 3 个，算力规模居全省第一，着力打造长三角区域算力中心和算力产业强市。绍兴市聚焦教育医疗领域深挖民生应用示范场景，形成人工智能教学和测评系统，打造青少年人工智能编程教学平台，利用人工智能临床辅助决策提升基层医疗服务能力，打造人工智能临床辅助决策支持平台等。金华市聚焦机器人产业，初步形成“上游芯片和关键零部件—中游机器人整机制造—下游机器人系统集成”的全产业链，同时依托零跑汽车、花园生物、横店东磁等，在算力赋能、智能驾驶、智能医学、智能制造、影视制作等领域培育形成一批典型人工智能应用场景，赋能新型工业化。

六、科创企业发展提质扩面

企业梯队发展态势形成。持续壮大以科技领军企业为龙头、专精特新“小巨人”企业和科技“小巨人”企业为骨干的人工智能企业梯队，推动人工智能企业影响力跻身全国前列。建立人工智能企业培育库，大力推进“雄鹰行动”“凤凰行动”，积极培育专精特新“小巨人”企业，深入实施科技企业“双倍增”计划。在人工智能领域已培育国家高新技术企业 1385 家、专精特新企业 106 家、科技“小巨人”企业 11 家、科技领军企业 8 家，营业收入 20 亿元以上的高新技术企业 57 家，建有 20 家省级重点企业研究院。“龙头带动、特色引领、行业协同”的企业梯队布局基本形成，阿里、海康威视、网易、新华三等领军企业龙头带动效应明显，国芯科技、阿里云、虹软科技、安恒信息等标杆企业在智能芯片、云计算、计算机视觉识别、数据安全等细分赛道优势凸显，强脑科技、城云科技、鲸算科技、涂鸦智能、芋头科技等独角兽企业发展势头迅猛。

核心竞争力进一步提升。围绕“上游芯片和智能终端制造—中游软件开发—下游智能应用服务”全产业链构建，持续培育壮大人工智能企业集群，浙江省 8 家人工智能企业跻身全球企业研发投入 2500 强，7 家人工智能企业入选赛迪研究院发布的《中国人工智能企业竞争力研究（2024）》的中国人工智能百强企业名单，数量仅次于北京市、广东省、上海市，入围的百强企业涵盖了基础层、技术层和应用层等人工智能产业链各环节，其中阿里（第 2 位）、海康威视（第 13 位）、大华（第 14 位）位居前 20。人工智能企业深耕智能化技术研发和产业化取得显著成绩，华为杭州研究所正在积极推进昇腾产线落地浙江；平头哥自研云原生中央处理器（CPU）倚天 710 实现规模化部署。

专栏 1-1 浙江省人工智能企业创新发展典型案例

1. 阿里云开创“MaaS（模型即服务）”模式。阿里云成立于2009年，自研中国唯一公共云计算操作系统“飞天”，摆脱对国外的技术依赖，获得中国电子学会颁发的国家科学技术进步奖特等奖。阿里云最新发布的通义千问大模型2.0版本，综合性能超过GPT-3.5，正追赶GPT-4。其在国内率先提出“MaaS”理念，牵头建设国内规模最大的人工智能模型服务社区“魔搭”，通过“云+AI”软硬件一体的完整技术体系，服务千行百业的智能化发展。公司2023年全年营业收入超1000亿元。

2. 吉利汽车全球首创汽车行业大模型。吉利汽车发布全球首个汽车行业全栈自研全场景人工智能大模型（吉利星睿AI大模型），包括语言大模型、多模态大模型、数字孪生大模型等3大基础模型，并由此衍生出自然语言处理（NLP）大模型、NPDS研发大模型、多模态感知大模型、多模态生成大模型、AI DRIVE大模型、数字生命大模型6大能力模型，在中国信通院大模型通用能力官方评测中，荣获中国权威最高4+评级。吉利也成为中国人工智能产业发展联盟汽车行业推进组的副组长单位，牵头汽车行业大模型行业标准制定工作。

3. 万事利联合研发花型大模型。万事利丝绸与无界AI共同宣布推出丝绸行业首个实用图形大模型，基于“50万+”高质量素材，训练出12个不同主题的LoRA模型，首批公布的4个主题通过模型训练和内部封装已经实现了纹样设计。

4. 惠利玛产业互联网平台加速AI化发展。惠利玛产业互联网平台聚焦传统鞋业，探索从“一双鞋”到“一张网”的鞋业AI化之路，并加强链长制赋能和全链式服务保障，集成打造爆款抓取、人工智能生成内容（AIGC）创意设计、3D数字化设计工具、好货通、好采通、好卖通等六大全链路柔性数字化产品，助企成本下降10%、销售提升20%。入选工业和信息化部2022年工业互联网平台创新领航应用案例、浙江省纺织行业新模式新业态典型案例。

5. 杭州文广深化AI+媒体应用。杭州市文广集团国家（杭州）短视频基地建设AI生产实验车间，探索人工智能技术在媒体行业的应用。2023年7月AI生产实验车间建成启用了国内媒体行业第一条短视频AIGC流水线，重塑传统媒体生产传播流程，实现了人工智能技术对“策、采、编、播、发”全过程的赋能、提效；在杭州亚运会期间推出了国内第一档人工智能短视频电视节目《冠军AI亚运》。2024年春节期间《杭州新闻联播》节目成为国内首个使用数字主播全程主持播报的“联播”类节目。2024年全国

“两会”期间，为中央广播电视总台制作了著名主持人朱广权的超写真数字人，在中央广播电视总台新闻频道中首次启用数字人技术。

6. 连信科技开展 AI+ 社会治理创新。浙江连信科技有限公司是目前国内唯一一家以数字化人工智能方式赋能社会治理、身心健康的科技公司，是心理行业的国家高新技术企业、专精特新企业。洞见人和大模型算法是基于深度神经网络大模型实现的 AIGC 能力，利用心理学、社会学、医学、汉语言文学、法学、政治学等多学科理论基础与海量真实数据，结合心理健康、社会治理、个体发展等业务应用场景需要，具备根据多模态数据源，对用户进行全面心理画像、情绪 / 情感状态、身心健康状况、内在心理诉求和潜在风险危机的分析与标签生成能力，并基于画像提供精准化的 AIGC 内容。

资料来源：浙江省经济和信息化厅。

七、多元应用场景亮点纷呈

浙江省积极发挥人工智能放大、叠加、倍增作用，探索多元化场景应用，在产业发展、交通、医疗、政务、社会治理等领域取得良好成效，各地市均形成了一批人工智能创新应用场景（见表 1–8）。

表 1–8　2023 年浙江省人工智能创新应用场景典型案例

序号	应用场景	项目名称	属地	依托单位	主要创新点
1	人工智能 + 智能制造	基于人工智能人形机器人的工业应用	杭州市	杭州宇树科技有限公司	人形机器人在工业场景展现创新潜力，通过整合先进人工智能技术，构建欠驱动混合非线性动力学模型，结合 NMPC 与 WBC 算法，确保机器人稳定站立并自如调整重心，实现精细化行走控制。搭载宇树科技自主研发的高效电机，赋予机器人强劲稳健的动力性能，以应对多元任务挑战。此外，创新采用深度强化学习（DRL）设计运动控制器，使得同一策略下机器人可在复杂地形、重载情况下行走自如，并具备高度自主决策能力，可有效处理各类复杂工业任务，显著提升自动化水平

续 表

序号	应用场景	项目名称	属地	依托单位	主要创新点
2	人工智能 + 农业	基于人工智能的智慧育种平台构建	杭州市	阿里巴巴达摩院（杭州）科技有限公司	作为我国首个全流程的育种平台，智慧育种平台通过基因多组学人工智能大模型，结合基因组大数据异构计算，采用计算机模拟、模型构建和预测的方式来计算优良新品种、优良亲本、重要基因位点和调控元件，从而减少大田试验和筛选所需的费用和时间，极大降低成本，提升育种效率。模型比传统方法准确率提升 15%，基因变异位点计算加速 100 倍，基因数据压缩提升 2 倍。项目产出国际植物顶级期刊 *Molecular Plant* 论文一篇，在中国农科院、黑龙江省农科院等多个单位落地
3	人工智能 + 海洋渔业	人工智能赋能渔船安全生产，构建海上“数字灯塔”	省属	联通（浙江）产业互联网有限公司	聚焦浙江省委、省政府“除险保安”重大部署，探索破解渔船海上安全生产的难点痛点，浙江联通综合运用卫星通信、云计算、大数据、人工智能等技术，创新推动基于跟踪定位、数据融合、人工智能算法等三大类 50 项算法技术在海上全面应用，形成风险智能感知、预警闭环处置、人船联动管理、指挥精准高效的海上风险防控新能力，有效减少和预防海上渔船事故发生，打造渔船事故综合治理的“浙江样板”
4	人工智能 + 航空产业	基于行业大模型的航空领域智能知识问答平台（飞行 Copilot）	省属	浙江长龙航空有限公司	飞行 Copilot 是一款基于行业大模型的航空领域智能知识问答平台，为航空公司提供高效、准确、智能的交互式问答信息检索解决方案。平台采用大模型和知识图谱双技术栈融合架构，解决了大模型的概率生成“幻觉”问题和知识图谱构建复杂等瓶颈，具有高效率、可复制等特点。知识库构建效率较传统模式有较大提升，适用于低 / 零容错率的知识检索场景，自然语言交互方式极大降低了使用门槛，能够无缝迁移知识体系并快速适配新的行业场景

续 表

序号	应用场景	项目名称	属地	依托单位	主要创新点
5	人工智能＋能源	基于大规模预训练大模型技术的智慧电力解决方案	杭州市	杭州联汇科技股份有限公司	通过小样本快速开发、大模型高精度构建、多场景多任务协同的方式，完成目标识别、设备管理、异动预警等多样化的视觉识别任务，实现机器视觉在输电线路巡检、电站管理、设备管理、安全管理等不同场景的应用落地。平台建设采用项目松耦合的方式，轻松破除数据孤岛，通过先进的人工智能核心技术，解决大部分文章、图片、音频、视频等非结构化数据的理解难题，实现智能化业务。解决年轻基层工作人员遇到的输电线路典型缺陷识别准确率不高、识别系统运行速度慢、识别结果依赖人工复核等棘手问题，为行业提供示范经验
6	人工智能＋电商	实在智能Agent智能体电商客服数字员工	湖州市	浙江实在智能科技有限公司	实在智能Agent智能体电商客服数字员工是赋能全业务场景数字化的创新产品。其依赖的TARS大模型底座，是一个拥有130亿参数的轻量化大语言模型，在可以保证落地效果的基础上，所需算力的成本也相对可控，能够支持用户私有化部署和定制化训练，为客户服务业务带来新的人机协同生产解决方案。该智能体能够自动化、智能化完成知识问答、工单办理、数据分析等多种门类的业务操作，可以显著提升客服工作效率和工作质量，解决客服劳动力短缺和培养成本高的难题
7	人工智能＋媒体	内容运营AI辅助系统	杭州市	杭州联汇科技股份有限公司	该系统主要是对海量的互联网素材进行实时采集和要素提取，通过AI自动理解和分析，对集团原有沉淀的媒体素材以及系统实时采集到的音、视、图、文等媒体素材中的关键信息内容进行理解分析，自动将素材信息的主题、文章内容理解、宣传方向等进行抽取，形成有效的知识向量库，让内容数据成为真正的生产资料，更好地被用户利用起来，为未来媒体智能化生产内容奠定基础，实现无需人工编目、无需定制算法模型，从生产和分析两个层面为媒体赋能

续　表

序号	应用场景	项目名称	属地	依托单位	主要创新点
8	人工智能 + 交通	基于实时全息数据进行高架快速路车路协同的 L3 级自动驾驶应用场景	杭州市	新奇点智能科技集团有限公司	项目通过获取高架快速路实时全息数据，运用人工智能算法，实现 L3 级自动驾驶场景，示范推动乘用车自动驾驶商用。实时全息无缝的道路交通数据、设备数据和高精地图数据，经融合处理形成原始库和主题库数据，按照车路协同服务和道路交通监管的需求形成专题数据库。数据达到行业标准《车路协同路侧感知系统技术要求及测试方法》SL1–SL3 数据等级，其中，SL1 数据能够提升管理能力，SL2–SL3 数据能够实现车路协同
9	人工智能 + 政务	构建 AI 智慧生态大脑，推动环境治理现代化与智能化转型	省属	联通（浙江）产业互联网有限公司	利用 5G+AI 的智能识别分析，对秸秆焚烧、非法闯入、非法排污等异常情况进行预警。集成各类模型和 AI 算法，实现全省 7 ～ 10 天空气质量预测，设区市空气质量预报准确率由 75% 左右提升至 90% 左右。同时反映污染动态排放情况，按照 3×3 公里网格筛选出大气污染排放热点区域，推送给“浙里蓝天”应用，由属地落实排查整治和闭环管理，为环境质量预测预警、形势分析研判和科学决策提供更有力支撑
10	人工智能 + 乡村治理	以空间多源监测技术赋能超规格乡村外来人口的优化管理	金华市	复旦大学义乌研究院	复旦大学义乌研究院通过结合视频人脸识别、手机信令和地理信息系统（GIS），打造卫星遥感技术支持下的数据信息采集系统，并将有效的数据采集与高效的乡村治理相融合。在信息采集的基础上创新搭建数字化应用场景，一举改变镇域发展单元联动式发展中的栓塞问题，对所覆盖区域进行高效的人员治理和管控，解决乡村治理中的“小马拉大车”问题，同时可以对乡村租房数据的潜在价值进行开发，创新提升乡村集体经济增收能力
11	人工智能 + 医疗	大语言模型技术在医疗领域的应用	杭州市	云知声（杭州）智能科技有限公司	云知声利用自研的大模型技术提供医疗语音交互解决方案，提升医院信息系统的使用效率，降低医护人员的工作负荷。

续　表

序号	应用场景	项目名称	属地	依托单位	主要创新点
11	人工智能+医疗	大语言模型技术在医疗领域的应用	杭州市	云知声（杭州）智能科技有限公司	大语言模型技术，主要利用智能语音识别、语义理解以及机器学习、深度学习技术对大量原始医疗语料数据，进行大规模的挖掘和训练，形成医疗语音识别和语义理解模型，并推出整体解决方案
12	人工智能+教育	AI+无穿戴混合现实技术赋能高校开启智慧教学	杭州市	杭州一隅千象科技有限公司	杭州一隅千象科技有限公司通过新型AI+无穿戴混合现实技术赋能清华大学、同济大学等高校创新性地打造无需穿戴显示设备的全沉浸式虚拟仿真实验教学空间，突破性地建立了全球首个俯视角下姿态采集大模型。通过教学模式、知识图谱、教学资源平台、虚实融合实验室等方面的综合改革，改变了传统教学理念和教学模式，实现虚实融合、人机互动的智慧化教学，培养具备自主探究能力、学科交叉思维、敢于突破创新的复合型人才
13	人工智能+基础研究	地学大模型及科研创新应用平台	省属	之江实验室	GeoGPT地学大模型开源项目，通过建立PB级数据库和开发千亿参数级多模态模型，革新地学研究范式，支持从文献阅读到数据驱动矿产探索的转变。该项目旨在加速科学发现，为全球科学家提供强大的模型研发支持和开源代码，同时借助DDE Cloud提升矿产预测效率和准确性。其数据抽取、处理等功能优化了古地理重建方法，预计将助力全球数万名科学家极大提升科研效率
14	人工智能+金融	面向金融行业的大模型及应用建设	省属	恒生电子股份有限公司、中国联通浙江省分公司	恒生电子于2014年正式启动人工智能研究工作，打造NLP、OCR（光学字符识别）、CV、知识图谱等能力。2022年获批设立国家级博士后科研工作站，与浙江大学、复旦大学、中国科学院等建立深度产学研合作。专注于以大语言模型为核心的人工智能领域研究与应用，并率先发布金融行业大模型LightGPT，以及串联了“金融插件工具+金融数据+金融业务场景”的光子智能应用服务，赋能监管科技、智能投研、智能投顾、智能运营等金融典型场景

资料来源：浙江省发展改革委。

"人工智能 + 产业发展"：持续深化数字化改造，推动一二三产业全方位重塑。浙江省围绕"415X"集群和十大标志性产业链，推进"产业大脑 + 未来工厂"建设（见表 1–9），截至 2023 年底全省累计建设省级未来工厂 72 家、省级智能工厂（数字化车间）794 家、省级工业互联网平台 535 个，形成杭州、宁波 2 个国家级中小企业数字化转型试点城市和 20 个省级中小企业数字化改造试点县（市、区）的新格局，全省数字化改造覆盖率超 80%。打造"浙企智造在线"重大应用，聚集省内外智能制造创新资源、服务资源和专家人才，贯通智能制造数据资源，为未来工厂建设提供协同创新、诊断评估、供需对接等"一站式"集成服务。统建"浙江省小微企业园数字化管理平台"，实现全省小微企业园审核认定、绩效评价、星级评定、数据分析等全流程闭环式管理和全省小微企业园数字化管理全覆盖。同时，数字化改造持续向一二三产业全方位覆盖，农业领域打造智慧育种平台、智慧农业数字化生态牧场、智慧无人农场、海洋渔业精密智控等应用场景，助力农业生产实现全过程监控、智能决策和精准作业；能源领域开发智慧电力解决方案、源网荷储资源配置平台、智能巡检等应用场景，助推输电线路巡检、电站管理、设备管理、安全管理等应用落地；服务业领域扩大下一代电子商务、人工智能视频创作、传播大模型、AIGC 融合媒体等应用场景，推动电子商务、媒体数智化全流程转型。

表 1–9　2023 年新认定的未来工厂名单

序号	企业名称	项目名称	所属地区
1	杭州益利素勒精线有限公司	益利素勒超精细漆包线未来工厂	杭州市
2	浙江艾罗网络能源技术股份有限公司	艾罗能源户用储能系统未来工厂	杭州市
3	中国石油化工股份有限公司镇海炼化分公司	镇海炼化乙烯未来工厂	宁波市
4	宁波中集物流装备有限公司	宁波中集集装箱未来工厂	宁波市
5	文成娃哈哈宏振食品科技有限公司	文成娃哈哈饮料未来工厂	温州市
6	浙江巨美家科技股份有限公司	巨美家新型装饰材料未来工厂	湖州市
7	良信电器（海盐）有限公司	良信（海盐）智能型低压电器未来工厂	嘉兴市
8	晶科能源（海宁）有限公司	晶科能源高效太阳能电池（组件）未来工厂	嘉兴市
9	浙江皇马尚宜新材料有限公司	皇马特种工业表面活性剂未来工厂	绍兴市
10	浙江三锋实业股份有限公司	三锋智能园林工具未来工厂	金华市
11	浙江鑫兰纺织有限公司	鑫兰纺织牛仔面料未来工厂	金华市

续　表

序号	企业名称	项目名称	所属地区
12	义乌华鼎锦纶股份有限公司	华鼎五洲锦纶纤维未来工厂	金华市
13	浙江天际互感器股份有限公司	天际互感器未来工厂	衢州市
14	舟山市正山智能制造科技股份有限公司	正山智能高端紧固件未来工厂	舟山市
15	浙江海德曼智能装备股份有限公司	海德曼高端精密数控机床未来工厂	台州市
16	浙江伟星实业发展股份有限公司	伟星股份服饰辅料未来工厂	台州市
17	八环科技集团股份有限公司	八环科技集团球轴承未来工厂	台州市
18	浙江方正电机股份有限公司	方正电机新能源汽车电机未来工厂	丽水市
19	运达能源科技集团股份有限公司	运达股份高端风电装备未来工厂	杭州市（省属）
20	浙江物产中大线缆有限公司	物产中大线缆（德清）特种线缆未来工厂	湖州市（省属）

资料来源：浙江省经济和信息化厅。

“人工智能＋公共服务”：深入推进教育、医疗、交通、社会治理等领域应用场景建设，加大公共服务智能普惠发展力度。浙江省积极探索面向教育全过程、全环节的数字化转型新路径，全省基础教育信息化发展指数已连续7年位居全国首位，基于国家智慧教育平台建立了数字学习服务平台“学在浙江”，以“之江汇”数字教育资源公共服务平台为基础，贯通国家省市县校的教育数字资源中心，已形成数字教育资源610万个，归集教育数据710亿条，提供数据服务3206万次，集成35个应用，日均访问量400万人次。大力发展数字医疗，建设浙江健康大脑，涵盖数字健康管理、智慧医疗、智慧公卫等子领域，上线基于人工智能辅助的癌症筛查应用“浙里防癌”，已经完成了689万人的风险评估，临床筛查近41万人，检出4.45万人。深化数字交通建设，基本建成“交通一张图”，覆盖11万公里公路、1660公里航道，推进建设“浙运安”“浙路通”“浙港通”“浙路品质”“浙大件”“浙里飞”等场景，完成智慧高速改扩建294公里、智慧航道建设23公里。构建现代公共文化服务体系，开发“浙里文化圈”，提供省、市、县、乡、村五级联动的一体化服务，注册用户508万，组织开展圈内文化活动99.67万场，图书一键借阅10.05万册次，一键入馆预约428.98万人次，推动实现“15分钟品质文化生活圈”。以数字人民币在浙江试点为契机，重点打造数字生活典型标杆场景，全省数字人民币钱包达到3526万个，公众使用数字人民币消费金额达509亿元，以数字人民币形式开展促消费活动26场。

八、产业生态有力支撑发展

多元投融资体系高效运行。经统计，2023 年浙江省人工智能投融资事件数量约为 114 起，获得投融资的企业数量约为 109 家，相关企业数量位居全国前列。积极鼓励市县在省级“4+1”专项基金中设立人工智能产业子基金，引导社会资本投早、投小、投长、投创新，推动符合条件的企业上市融资。地市人工智能产业基金多点发力，杭州市国资委发布《关于打造“3+N”杭州产业基金集群 聚力推动战略性新兴产业发展的实施意见》，形成总规模超 3000 亿元的“3+N”杭州基金集群，以国有资本引导和撬动社会资本、金融资本重点投向人工智能产业；光智资本与宁波舜工集团、余姚阳明股权投资基金共同设立新产业基金，为人工智能等新兴技术的产业孵化、迭代进行赋能。阿里投资了月之暗面、MiniMax、智谱 AI、百川智能和零一万物等大模型创业领域的独角兽。

人才引进培育取得突破。在人工智能领域共计引进“国千”专家 14 人、“鲲鹏人才”5 人、科技创新和创业领军人才 37 人。全省累计 24 所大学开设人工智能专业（见表 1–10），其中，浙江大学成为教育部计算机领域本科教育教学改革试点工作计划（“101 计划”）“人工智能引论”课程负责单位，位列软科世界大学专业排行榜（人工智能专业）第五。企业人才输送渠道不断畅通，华为与浙江树人学院、中国计量大学、杭州师范大学、浙江理工大学、浙江工商大学签署昇腾 AI 人才发展加速计划，支持高校利用昇腾 AI 资源和平台，开展人工智能学科建设和人才培养。

表 1–10　浙江省设立人工智能专业的大学

排名	院校名称
1	浙江大学
2	西湖大学
3	温州商学院
4	嘉兴南湖学院
5	湖州师范学院
6	杭州电子科技大学
7	浙江师范大学行知学院
8	杭州电子科技大学信息工程学院
9	温州理工学院
10	浙江树人学院
11	浙江传媒学院

续　表

排名	院校名称
12	浙江水利水电学院
13	浙江工商大学
14	浙江师范大学
15	衢州学院
16	中国计量大学现代科技学院
17	中国计量大学
18	浙江万里学院
19	浙大城市学院
20	宁波大学科学技术学院
21	浙江财经大学
22	浙江科技大学
23	温州大学
24	宁波工程学院

资料来源：根据教育部公开信息整理。

全球人工智能产业变革动向

一、大模型加快生成式人工智能迭代演进

大模型引发全球新一轮智能化浪潮。2023 年是人工智能大模型的转折点，ChatGPT 在全球引发了人工智能新一轮热潮，多家行业龙头企业和创业公司展开了激烈竞争，人工智能产业正式迈入大模型时代（见表 1–11）。近一年来，伴随着技术的迅速迭代，大模型参数量屡创新高，上下文长度不断增加，开源生态愈加繁荣。多模态技术逐渐成为大模型主战场，GPT–4V、Gemini、Claude 3 等多模态模型均展现了出色的多模态理解及生成能力。2024 年 2 月，OpenAI 发布文字生成视频 Sora 大模型，进一步引发多模态大模型技术研究热潮，视频生成模型 Open–Sora、语音大模型 Voice Engine 等相继发布。

表 1–11　2023 年人工智能十大技术趋势

序号	名称	主要内容
1	多模态预训练大模型	基于多模态的预训练大模型实现图文音统一知识表示，成为人工智能基础设施
2	Chiplet 模块化设计封装	Chiplet 的互联标准将逐渐统一，重构芯片研发流程
3	存算一体	资本和产业双轮驱动，存算一体芯片将在垂直细分领域迎来规模化商用
4	云原生安全	安全技术与云紧密结合，打造平台化、智能化的新型安全体系
5	软硬融合云计算体系架构	云计算向以 CIPU 为中心的全新云计算体系架构深度演进，通过软件定义、硬件加速，在保持云上应用开发的高弹性和敏捷性的同时，带来云上应用的全面加速

续 表

序号	名称	主要内容
6	端网融合的可预期网络	基于云定义的可预期网络技术，即将从数据中心的局域应用走向全网推广
7	双引擎智能决策	融合运筹优化和机器学习的双引擎智能决策，将推进全局动态资源配置优化
8	计算光学成像	计算光学成像突破传统光学成像极限，将带来更具创造力和想象力的应用
9	大规模城市数字孪生	城市数字孪生在大规模趋势基础上，继续向立体化、无人化、全局化方向演进
10	生成式人工智能	生成式人工智能进入应用爆发期，将极大推动数字化内容生产与创造

资料来源：阿里达摩院。

大模型重新定义产业的核心竞争力。人工智能大模型将引发人机交互、认知协作、计算范式三场革命。人机交互革命让人与机器的沟通更加自然，推动产业重塑；认知协作革命让人工智能大模型成为解决问题的捷径，深度融入各类组织；计算范式革命则加速了从“以 CPU 为核心的计算体系”向“以图形处理器（GPU）为核心的计算体系”的转变。美国在人工智能大模型浪潮中形成先发优势，主要在于人工智能基础理论模型突破、“AI+GPU”算力新 Wintel 体系崛起、云计算推广、互联网发展以及拥有全球影响力的开源开放创新生态。这些因素共同促进了人工智能大模型的发展和应用，进而重构了产业的核心竞争力（见图 1-1）。麦肯锡对 16 个人工智能应用场景进行了研究，认为软件工程、产品开发、客户运营、市场营销是人工智能创造价值的主要领域。未来，中国有望依托统一的消费大市场、算力服务大市场和人工智能服务大市场，再次实现产业的繁荣和全球领先。

大模型技术发展趋向多功能与小型化。首先，整合统一将成为大模型发展的核心，通过整合多样化的架构并转向统一、高效的开源底层框架，提升大模型的通用性和维护性。其次，参数规模将进一步扩展，采用更深层网络和更大数据集进行预训练，显著提升大模型的质量和性能；多模态融合将成为关键，大模型将融合图片、音频、视频等多种模态信息，实现跨模态交互与理解，拓宽应用场景。最后，小型化也是大模型发展的一个重要趋势，结合基础大模型和行业精简数据微调，将诞生更实用、更易于产业落地的小型化大模型。

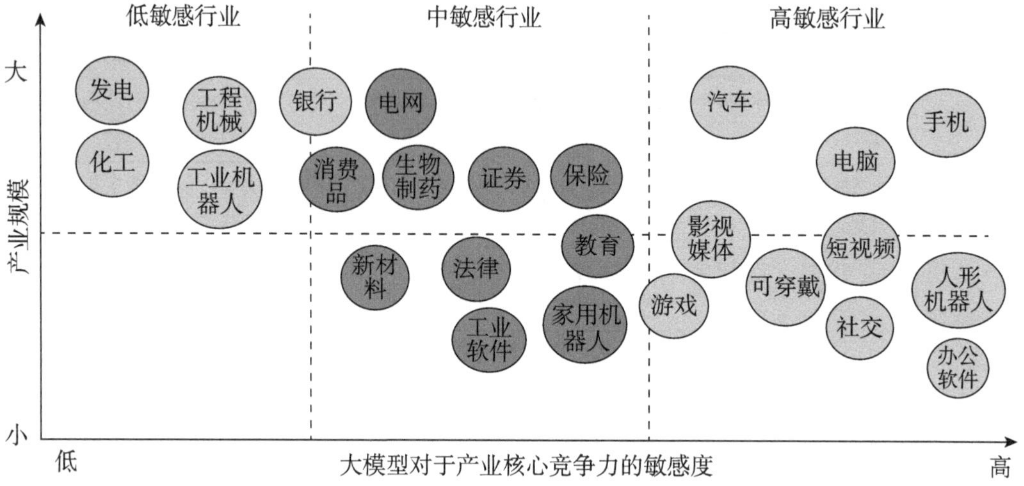

图 1-1　大模型重新定义产业核心竞争力

资料来源：阿里研究院。

MaaS 商业模式方兴未艾。MaaS 是一种新型的商业模式，它将公司的核心能力封装成模型，通过应用程序编程接口（API）提供给开发者或客户，以实现能力的共享和复用。在这个生态中，模型的提供者不仅包括科技巨头，也有大量的小型创新公司和独立开发者。这种新的生态模式对人工智能行业产生了深远影响：一是降低了使用人工智能的门槛，让更多的人可以接触到并使用最先进的技术；二是推动了人工智能技术在各行业的应用，覆盖医疗、教育、金融、游戏、艺术、娱乐等多个领域；三是加速了人工智能技术的发展，推动更多更优秀的人工智能模型的诞生。2023 年以来，包括阿里云、华为云、腾讯云、百度云、京东云、微软 Azure 在内的国内外云厂商，均已推出了 MaaS 服务（见表 1-12）。NTCysd 预计，2026 年我国 MaaS 市场规模有望突破 130 亿元，2023—2026 年年均复合增长率为 117.9%。

表 1-12　全球主要 MaaS 服务平台

序号	平台名称	内容简介
1	阿里云	提供大数据计算服务、完整的数据处理和分析解决方案，如实时数据流处理、日志分析、推荐系统等
2	谷歌 AI Platform	提供自动化的机器学习服务，用户可以上传数据，平台自动选择模型并进行训练
3	亚马逊 SageMaker	提供完全托管的环境，用于构建、训练和部署机器学习模型。支持多种框架，支持广泛的机器学习框架，如 TensorFlow、PyTorch、MXNet 等

续　表

序号	平台名称	内容简介
4	微软 Azure	提供一个集成的机器学习服务，支持从数据准备到模型部署的整个流程
5	腾讯云	提供一站式服务，帮助客户生成专属大模型和提供相关应用。内置的语言模型涵盖了金融、媒体、旅游、制造等不同的行业，这些模型可以由各个公司进一步专门化以适应他们的需求

资料来源：作者整理。

二、人工智能已成为全球投资热点和经济新增长点

人工智能技术加速赋能千行百业。IBM 发布的《2023 年全球 AI 采用指数》显示，2023 年，有高达 85% 的全球企业表示在过去的一段时间里加快了对人工智能的投入应用，63% 的中国企业表示正在积极应用生成式人工智能，34% 的中国企业表示正在积极探索生成式人工智能。美国和中国展示出了对人工智能应用的积极姿态，不仅关注投入前沿人工智能技术，更致力于探索人工智能落地的实际应用，以获取新技术浪潮下的新一轮竞争优势。人工智能研究所计划（NAIIA）是美国国家科学基金会的旗舰项目，自 2020 年启动以来，目前已推出 25 个研究所，总投资达 5000 亿美元，在美国和世界各地建立了一个由 500 多个受资助机构和合作机构组成的合作网络，是美国最大的人工智能研究生态系统。

生成式人工智能成为全球投资热点。在大模型技术创新的推动下，全球生成式人工智能领域创业热情空前高涨。斯坦福大学发布的《2024 年人工智能指数报告》显示，尽管 2023 年人工智能投资总额有所下降，但对生成式人工智能的投资却大幅增长，达到 252 亿美元，几乎是 2022 年的 9 倍，生成式人工智能投资占所有人工智能相关私人投资的四分之一以上。生成式人工智能领域的主要参与者，包括美国人工智能研究公司 OpenAI、Anthropic 等，均进行了融资。

人工智能将成为新一轮经济增长的驱动力量。作为引领新一轮科技革命与产业变革的核心技术，人工智能正逐渐向经济社会各行业、各领域渗透，引发多方面颠覆性变革，如实现生产过程中劳动要素的替代，提升产品流通和分配效率，不断创造新产品、新业态等。人工智能加速与各垂直行业深度融合，持续提升产业数字化智能化水平，正逐渐成为智能时代的技术底座，为经济社会高质量发展不断注入新动力。国外多家机构预测，人工智能对经济的影响将超越蒸汽机、电力与电话等传统通用技术，软硬件融合将大幅降低智能训练成本，与生命健康、新材料等技术融合将极大提升经济增速。

三、人工智能创新转化加速未来产业培育

人工智能驱动科学研究进一步加速发展。人工智能驱动的科学研究，本质上是把新方法引入科研过程，有效利用人工智能算法解决当前科学未解问题，其广泛应用有可能引发新的科学范式。人工智能驱动的科学研究的最大亮点是以一种全新的方式，将数据、模型、算法、算力和人才协作连接在一起，帮助跨学科、跨行业的科研人员打破专业壁垒、快速形成共识与知识迭代。2022 年，人工智能开始推动科学发现，到 2023 年，很多国家都已开始密切关注“人工智能驱动的科学研究”，它极有可能很快成为各国之间新的“角力场”。从经济发展角度看，它可以缩短科研周期和从基础研究到成果转化的周期，推动科技创新、提高经济效益、促进产业升级、创造高质量就业机会等。从技术储备角度看，它可以帮助科研人员在大规模数据中挖掘新规律和模式，促进研究水平的提高。从制度层面看，它将促进科学家团队跨学科合作与重组，催生科研组织及数据治理新模式。

专栏 1-2　人工智能驱动的科学研究

1. 排序算法。2023 年 8 月，谷歌 DeepMind 的全新强化学习系统 AlphaDev 发现了一种比以往更快的哈希算法，这是计算机科学领域中的一种基本算法。算法改进了 LLVM libc++ 排序库，对于较短的序列，排序库的速度提高了 70%，对于超过 25 万个元素的序列，速度也能提高约 1.7%。

2. 材料发现。2023 年 12 月，谷歌 DeepMind 的研究团队通过人工智能工具“材料探索图形网络”（以下简称 GNoME）发现了多达 220 万种理论上稳定但绝大部分在实验上尚未实现的晶体结构。GNoME 发现的晶体结构数量是科学史上发现的此类物质数量的 45 倍以上，且稳定性预测精度在迭代学习中迅速提高。

3. 天气预报。2023 年 11 月 14 日，谷歌 DeepMind 团队在《科学》杂志发表论文，详细介绍了其开发的天气预报人工智能模型 GraphCast。GraphCast 在天气预报方面的持续表现优于已经存在了几十年、耗资巨大的传统模型，准确性优于被广泛认为是黄金标准的“欧洲模型”。此外，模型的速度也要快很多倍：在 1 分钟内以前所未有的准确度提供中期天气预报。

4. 医学影像。SynthSR 由麻省理工学院计算机与人工智能实验室开发，通过训练一个超分辨率卷积神经网络（CNN），利用了开放存取系列影像研究数据集中，1 毫米各向同性高场强 MRI 扫描数据集，以及对大脑内 39 个感兴趣区域（ROI）的精确分割，

其能够将临床上不同方向、不同分辨率和不同对比度的 MRI 扫描数据，转换为 1 毫米各向同性的 MPRAGE 图像，并在此过程中对病灶进行修复。

5. 荧光显微镜。2024 年 4 月，复旦大学在《自然科学》杂志发布一种跨任务、多维度图像增强基础人工智能模型（UniFMIR），实现了对现有荧光显微成像极限的突破，大幅提升在“图像超分辨率重构、各向同性重构、3D 去噪、图像投影和过程重建”五大任务方向上的性能。

人工智能成为未来产业发展的主阵地。人工智能技术的持续进步与应用，为元宇宙、人形机器人、低空经济等未来产业领域带来了新的发展机遇。在元宇宙领域，生成式人工智能将极大提升各类智能装备的智能交互性，推动元宇宙逐渐向 3D 化、互联化、高度沉浸式的方向发展，同时大幅提高元宇宙内容的生产效率，引发元宇宙内容创作热潮。在人形机器人领域，人工智能和机械技术融合，推动人形机器人向复杂决策和任务处理方向发展，大模型能够有效提升人形机器人“大脑”能力，增强其环境感知、行为控制、人机交互能力。在低空经济领域，人工智能实现低空载人飞行器的智能化、自主化管理，有助于探索建立高效有序的空域融合运行模式，提高低空空域管理效率和服务质量。

“人工智能 +”持续推动传统行业变革。大模型、生成式人工智能等技术，以其强大的数据处理、学习泛化与内容生成能力，不断加速人工智能技术对各行各业的赋能进程，为人工智能的应用场景提供更多创新性与可能性。大模型在文本生成、编程、图像处理等多个领域的能力逐渐完善，正逐步实现商业化落地。人工智能应用已渗透到办公、设计、传媒、法律、游戏、教育、汽车等多个领域，众多行业龙头企业及垂类解决方案服务商相继推出适用于各垂直行业的解决方案，助力行业变革。

专栏 1-3　人工智能 + 应用创新

1. 微软推出新版必应。2023 年 2 月 8 日，微软宣布推出新版必应搜索引擎，并将聊天机器人 ChatGPT 背后的人工智能技术整合起来。此外，微软还为其 Edge 浏览器推出两个新的人工智能增强功能：分别是“聊天”和“写作”。这些功能嵌入到 Edge 的侧边栏中。聊天功能允许用户总结其正在查看的网页或文档，并就内容提出问题，而写作功能则可充当写作助手，根据某些初始提示生成文本，撰写电子邮件、社交媒体帖子等。

2. 微软将 GPT-4 引入 Office。2023 年 3 月 16 日，微软推出基于 GPT-4 的 Microsoft 365 Copilot，并将其嵌入 Word、PowerPoint、Excel 等 Office 办公软件中。该技术主要运用于工作场景，能够帮助用户生成文档、电子邮件以及幻灯片等。

3. GitHub 发布 Copilot X。2023 年 3 月 22 日，微软旗下代码托管平台 GitHub 发布 Copilot X 智能编程助手，将 ChatGPT 的聊天功能添加到编码工具中，让程序员可以询问如何完成某些编码任务。

4. 人工智能助中风失语者重新“说话”。2023 年 8 月 23 日，美国加利福尼亚大学的研究团队利用人工智能开发出一种脑机接口，让中风失语 18 年的患者重新“开口说话”，并基于数字化身产生生动的面部表情，帮助患者以符合正常人社交的速度和质量与他人实时交谈。

四、开源生态成为人工智能发展关键力量

开源开放成为加速大模型技术创新和生态发展的有效手段。开源已经成为信息产业发展的基础，通过汇聚众智、汇聚众力的高效发展模式，推动技术开发者、服务商、用户共建智慧价值。开源模型在性能上与旗舰版专有模型相差不大，但在效率上处于领先地位，可以用较低的计算量和数据量实现其性能。目前，Mistral、Vicuna、Yi 和 Llama 等开源模型正在迅速追赶 GPT-4 和 Claude 等闭源模型，Mixtral-8x7B 在 Elo 和 MMLU 评级中甚至超过了 GPT-3.5。

开源生成式人工智能项目数量显著增长，贡献者不断增加。GitHub 数据显示，2023 年开发人员对人工智能（尤其是生成式人工智能）的参与度显著提升，贡献者数量同比增长 148%，生成式人工智能项目总数同比增长 248%。首次进入代码托管平台最受欢迎的前十名项目见表 1-13。截至 2023 年，GitHub 上有 6 万个通用人工智能项目，Hugging Face 上有超过 40 万个模型，Stable Diffusion 和 AutoGPT 等项目吸引了数千名贡献者。从国内来看，华为已发起了包括 OpenHarmony、openEuler、openGauss 等在内的 20 余个开源项目，其中 OpenHarmony 开源两年来，社区贡献者超过 5100 人，贡献代码量超过 1 亿行；在 openEuler 上，华为完成从捐赠代码到被捐赠的转变，累计 393 个原创项目被各贡献方捐赠给欧拉社区；openGauss 已经在全球 114 个国家和地区扎根，社区贡献者超过 5300 人，投入运营的各商业发行版已达到 4.5 万套。

人工智能开源发展受到各国政府的高度关注。美国在《国家人工智能研发战略计划

2019 更新版》中强调要大力推进开源软件和工具；英国在《AI 路线图》中提出鼓励开源和标准化的软件和工具；意大利在《意大利人工智能战略》中指出要构建一个开源的人工智能软件和数据库。在产业发展层面，以谷歌、亚马逊、Meta、微软等为代表的顶尖互联网企业，正凭借自身的数据、技术和资本等优势，抢占人工智能开源平台的技术和规则主导权。

表 1-13　全球主要开源模型

序号	名称	公司
1	Llama 3	Meta
2	Phi-3	微软
3	通义千问 Qwen1.5	阿里云
4	BLOOM	BigScience
5	GPT-J	EleutherAI 实验室
6	Falcon 180B	Technology Innovation Institute
7	XGen-7B	Salesforce
8	GPT-NeoX	EleutherAI 实验室
9	Vicuna13-B	斯坦福大学
10	Mistral 7B	Mistral AI

资料来源：作者整理。

五、人工智能治理问题引发全球普遍关注

人工智能治理成为全球关注焦点。生成式人工智能为行业发展带来新的发展机遇，也伴生着来源更加多样、程度更深的安全风险，涵盖各类技术要素风险和数字内容风险等。一是哲学困境，形成独立思考能力的人工智能，借助强大的运算能力和海量数据是否会产生高于人类的智慧和理性，引发了对人类身份认知的哲学迷思。二是伦理困境，主流人工智能算法无法被完全监视，而机器学习产生的后果往往会超出开发者的初衷，这些“技术黑箱”会在难以察觉的情况下侵犯公众权益，谁去管、怎么管、谁负责，是人工智能发展不容忽视的问题。三是军事困境，人工智能的广泛应用，可能让人类失去对战争的控制，会产生不可预测、来源未知、难以察觉、无法控制的破坏杀伤力。四是共富困境，人工智能普及还可能带来结构性失业、贫富分化加剧、智能鸿沟等挑战。有学者称，人类正面临与核武器问世时相似的“奥本海默时刻”。在 2023 年夏季达沃斯

论坛上，与会嘉宾围绕“生成式人工智能：是敌是友”展开热烈讨论。

人工智能治理需要全球协作。人工智能是世界性的，深度嵌入全球互联网，是一个涉及面极其广泛的大规模现象。如何充分发挥人工智能的价值潜能并有效实现其规范治理，已是各国共同关注的时代命题。2023 年 11 月，中国、美国、英国等 28 个国家及欧盟共同签署了《布莱切利宣言》，承诺以安全、以人为本、值得依赖和负责任的方式设计、开发、部署和使用人工智能，支持建立一个具有国际包容性的人工智能前沿安全科学研究网络。这是全球首个对人工智能安全底线的共识宣言，旨在表达对未来强大人工智能模型构成人类生存威胁的担忧，以及对人工智能当前增强有害或偏见信息的担忧，是人类达成人工智能安全发展共识的重要一步。

联合国通过人工智能治理决议。2023 年 9 月，联合国教科文组织颁布了《生成式人工智能教育与研究应用指南》，这是全球首份生成式人工智能相关的指南性文件。该文件在强调对生成内容进行人工审核、标识以及考虑伦理原则的基础上，从生成内容、政策法规、知识产权和数字鸿沟等六个层面分析了生成式人工智能可能带来的显性与隐性风险，并从政府、服务提供者、用户等层面提出具体举措防范其可能带来的风险。2024 年 3 月，联合国大会通过了《抓住安全、可靠和值得信赖的人工智能系统带来的机遇，促进可持续发展》的决议，这是联合国大会首次就监管人工智能领域通过决议，中国等 123 个国家参与了共同提案，标志着全球在人工智能治理领域达成初步共识。

专栏 1-4　全球各国人工智能治理办法

1. 美国发布《人工智能风险管理框架》。2023 年 1 月 26 日，美国商务部国家标准与技术研究院（NIST）发布了《人工智能风险管理框架》。该框架是一份非强制性的指导文件，第一部分分析了组织如何防范与人工智能相关的风险，并概述了可信赖人工智能系统的特征，第二部分介绍了框架的四大核心功能，即治理、映射、测量和管理。

2. 欧盟理事会正式批准《人工智能法案》。历时近三年，经过多轮磋商与讨论，欧盟理事会于 2024 年 5 月 21 日正式批准了《人工智能法案》，这是全球首部关于人工智能的全面法案。该法案提出了人工智能风险等级的分类，为整个人工智能产业链上的相关方提供了一个合规义务框架，以规范人工智能的开发和使用。

3. 英国发布人工智能监管方法。2023 年 3 月 29 日，英国政府发布《支持创新的人工智能监管方式》白皮书，旨在寻求建立社会共识，加深公众对尖端技术的信任，使企业更好地创新、发展，从而创造更多就业机会。白皮书提出了人工智能监管应考虑的五项原则，即安全性和稳健性、透明度和可解释性、公平性、问责制和管理、可竞争性和补救性。

4. 中国发布人工智能管理办法。2023 年 7 月 10 日，国家互联网信息办公室联合国家发展改革委、教育部、科技部、工业和信息化部、公安部、广播电视总局公布了《生成式人工智能服务管理暂行办法》，旨在促进生成式人工智能健康发展和规范应用，维护国家安全和社会公共利益，保护公民、法人和其他组织的合法权益。

六、人工智能成为新质生产力重要引擎

人工智能加速生产力变革重塑。人工智能作为新一代数字技术的代表，其发展和演进对人类价值创造活动正在产生全面而深远的影响。张亚勤院士认为，人工智能将向多模态智能、自主智能、边缘智能、具身智能、生物智能这五个方向发展：多模态智能可以结合语言、文字、视频、激光雷达点云乃至生物信息等，进行全面和深度的智能分析，实现多尺度、跨模态的智能感知、决策和生成；自主智能是结合大模型开发出能够自主规划任务、编写代码、调动工具、优化路径的智能体，实现高度的自我迭代、升级和优化；边缘智能是将大模型部署到边缘设备端，如 AI 电脑、AI 手机、AI 电视等，实现高效率、低功耗、低成本、低时延的处理和响应；具身智能也称为物理智能，是将大模型应用到无人车、机器人、无人机、工厂、交通、通信、电网、电站和其他物理基础设施上，提升其自动化和智能化水平；生物智能是将大模型应用到人脑、生命体、生物体里，实现大模型与生物体的联结，并最终实现信息智能、物理智能和生物智能的融合。这些方向将成为未来技术发展的关键，可能需要十五年到二十年时间实现。

专栏 1-5　人工智能重构生产力的创新路径

模式 1：产品竞争力升级（AI for Product）——重新定义终端智能化水平。未来所有的智能硬件都会被人工智能大模型所驱动，包括手机、电脑、汽车、机器人、家电、可穿戴设备等等。未来无论是何种形态的机器人、何种形态的终端，其核心竞争力就在于它是被什么样智力水平的大模型所驱动。

模式 2：创新效率变革（AI for Science& Tech）——研发范式的跃迁。AI4S（AI for Science）成为一种基本科学研究方法，大模型正在加速全球芯片、药物、病毒、材料、

自动驾驶等一系列科研范式的创新突破，其深刻影响正逐步显现。AGI 正在重构人类认识世界的方法论，基于样本数据和机理模型，通过数字仿真的方式去认识和改造这个世界。

模式 3：原生产业兴起（AI–Native Industry）——催生人工智能原生产业。人工智能原生产品是基于人工智能大模型创造的新产品，正在重新定义机器人等产业。人工智能原生企业是智能时代国家产业竞争的风向标，其数量和质量将深度影响产业竞争格局。

模式 4：体验升级与决策优化（AI for Industry）——对外体验升级 + 对内自动化决策。人工智能大模型重构一切软件系统，重新定义客户体验，个性化服务实现规模化供给。基于人机交互的复杂系统自动化决策，会融入企业经营管理决策中。浙江电力的人工智能虚拟调度员“帕奇”，自动核实指令，实现高效的电力调度，如在杭州一个区的电网调度早晚高峰中降低人工调度量 40%、降低重复无效话务量 22.5%。

模式 5：新生产力工具涌现（AI for Productivity）——智能时代的工具革命。工具革命就是从“传统能量转换工具”向“智能工具”演变，人工智能驱动软件工具创新，推动软件开发开启效率变革，基于对 2.6 万名软件工程师的调研，84% 的软件开发者或多或少使用了人工智能工具。人工智能对影视行业的变革已经拉开序幕，50 位人工智能艺术家创作了首部全由人工智能制作的长片《Our T2 Remake》，育碧等游戏公司除了用人工智能探索编写游戏代码外，更为游戏 NPC 注入“自我人格”的灵魂。

资料来源：阿里研究院。

人工智能推动生产力要素提质增效。人工智能符合颠覆性技术创新、优化要素配置、推动产业升级的新质生产力要求，是高科技、高效能、高质量发展的集中表现。从劳动者角度看，新一代人工智能通过学习海量知识数据，并对信息化的知识进行重新组合和创造性运用，为人类智力劳动提供有力的辅助工具，全方位提升劳动力素养和技能、提高智力劳动效率；并利用智能技术创造出与人类不同的智能化“劳动者”，在无人实验室和无人工厂中，具有一定自主性的智能机器人已成为实验或生产中人类的得力助手。从劳动资料角度看，人工智能技术孕育出更多新型生产工具，使得劳动资料由原来的物质性向虚拟性转化，极大拓展了生产空间，进一步解放了劳动者、削弱了自然条件对生产活动的限制。从劳动对象角度看，可复制、强渗透、易融合的数据作为“新石油”生产要素，可代替传统要素实施生产，激发劳动对象的数字化价值，人工智能将生

产过程简化为劳动者通过人工智能技术对劳动对象进行智慧化处理的过程。人与人、人与物、人与“智能人”的关系，将成为崭新的社会关系。

人工智能赋能各行各业形成新质生产力。人工智能为科学技术创新提供原动力。过去 100 多年来，基础研究领域经历了革命性突破和飞速发展。如今，人工智能为基础科技领域实现新突破提供了新路径。在新材料研发、医药和生物等新技术领域，人工智能得到广泛和深入应用。人工智能在制造、医疗、教育、交通、农业等多个领域得到广泛应用，涌现出矿山大模型、气象大模型、交通大模型等一批数字化转型新标杆，创造出新的产品、服务和商业模式，显著提升生产效率与产业竞争力，推动传统行业的转型升级和社会经济结构的变革。目前在我国已经建成的 2500 多个数字化车间和智能工厂中，经过人工智能技术改造的工厂研发周期缩短了 20.7%、生产效率提升了 34.8%，人工智能已成为传统生产力向新质生产力跃迁的核心动力。

多措并举促进浙江省人工智能产业发展

一、完善顶层设计，强化引导作用

浙江省作为数字经济强省，积极抢抓人工智能发展重大机遇，自2017年底起加快人工智能产业前瞻性布局，先后出台《浙江省新一代人工智能发展规划》《浙江省促进新一代人工智能发展行动计划（2019—2022年）》等政策规划。2023年3月发布的《浙江省人民政府办公厅关于培育发展未来产业的指导意见》提出，优先发展9个快速成长的未来产业、培育发展6个潜力巨大的未来产业，其中多个未来产业和人工智能密切相关。2023年12月发布的《浙江省人民政府办公厅关于加快人工智能产业发展的指导意见》提出，到2027年全面构建国内一流的通用人工智能发展生态，成为全球重要的人工智能产业发展新高地（见表1–14）。

表1–14　浙江省2023年出台的人工智能相关政策

政策名称	发布时间	主要内容
《浙江省人民政府办公厅关于培育发展未来产业的指导意见》	2023年3月	围绕三大科创高地建设，优先发展未来网络等9个创新基础良好、成长较快的未来产业；培育发展量子信息等6个创新力量尚在集聚、远期潜力巨大的未来产业
《浙江省人民政府办公厅关于加快人工智能产业发展的指导意见》	2023年12月	到2027年，人工智能核心技术取得重大突破，培育千亿级人工智能融合产业集群10个、省级创新应用先导区15个、特色产业园区100个，人工智能企业数量超3000家，总营业收入突破10000亿元

资料来源：作者整理。

专栏 1-6　《浙江省人民政府办公厅关于培育发展未来产业的指导意见》提出优先发展的 9 个未来产业

1. 未来网络。加快智能计算理论技术和创新产品突破，探索超高速光电太赫兹通信、高速全光通信、第六代移动通信等前沿技术，推动窄带物联网增强系统与终端设备、新一代网络通信芯片及系统集成等研发及产业化，构建多模态智慧网络。

2. 元宇宙。加强高性能计算芯片研发，突破人机交互、数字孪生等技术，推进区块链、交互终端、系统软件、原创内容等集成应用。

3. 空天信息。深化低轨卫星互联网、高精度导航定位、高分辨率遥感技术等研究，带动卫星火箭研发设计、空天装备制造、信息终端生产、空天信息应用全产业链发展。

4. 仿生机器人。开展仿生感知认知、生机电融合、人工智能、视觉导航等技术研究突破与系统集成，强化商用场景和个人、家庭应用场景探索。

5. 合成生物。加快发展定量合成、基因编辑、蛋白质设计、细胞设计、高通量筛选等前沿技术，推动合成生物技术在生物智造、生物育种等领域的颠覆性创新与工程化应用。

6. 未来医疗。重点发展细胞与基因治疗、干细胞、核医疗、影像诊断、多组学数据分析、医学人工智能等先进诊疗技术，以及人造组织与器官、数字药物等医用器械与装备。

7. 氢能与储能。突破超高压或深冷氢能储运、高效催化剂、氢燃料电池、电化学储能等前沿技术，发展高效制氢、储氢、用氢产品，加快在智慧交通、绿色化工等领域应用，推动多能互补。

8. 前沿新材料。重点发展石墨烯、超导材料、生物可降解材料、碳纤维复合材料、新一代 3D 打印材料等领域，加快推动碳化硅、氮化镓等第三代半导体材料和晶圆制造工艺发展，以新一代材料形成新一代技术装备。

9. 柔性电子。突破柔性电子材料、绿色照明、传感与传感器件技术，支持柔性信息显示、柔性电子器件、柔性电路、柔性穿戴设备等研究及产业化。

二、重点强化“算数网用”支撑体系

1. 加强智能计算能力支撑

根据国家信息中心发布的《智能计算中心创新发展指南》，“十四五”期间，在智算中心实现 80% 应用水平的情况下，城市对智算中心的投资，可带动人工智能核心产业增长约 2.9 ～ 3.4 倍、带动相关产业增长约 36 ～ 42 倍。浙江省主要通过强化计算技术创新，组织开展数据挖掘、数据存储、隐私计算等计算技术攻关，支撑数据价值充分释放；做优算力服务，构建以智能算力为主、多元算力协同的算力供给体系，强化算力资源调度，优化算力云化服务，为多模态大模型数据训练提供算力保障；推动数据与算法协同创新，推动产业数据在模型训练中的应用，培育垂直行业大模型，推动行业应用开发；形成电信运营商、互联网企业、金融公司、大型生产企业及政府事业单位、研究院所、国有企业“携手并进”的发展态势，同时带动全省智能算力基础设施产业生态不断“外溢”。

2. 加快数据资源体系建设

一是加强企业数据治理能力，鼓励企业开展数据管理相关标准评估，摸清自身底数，补齐短板；推进首席数据官制度试点，将首席数据官纳入各级各类高端人才政策，提高企业对数据价值的认识。二是推进具有浙江省特色的“产业大脑—数据仓—产品主数据标准”一体化试点，通过产业数据仓融合跨行业跨领域数据，以产品主数据标准规范数据管理，以场景牵引数据交互形成数据价值。三是鼓励地方创新，支持中国（温州）数安港先行先试数据流通全流程机制；支持“中国数谷”深入推进“规则 + 市场 + 生态 + 场景”四位一体综合改革；支持海宁经编、桐乡化纤、玉环水暖阀门等行业探索数据确权、定价、分配机制。

3. 打造数据要素市场生态

一是培育浙江数商企业群体，支持数商企业开展数据技术服务、数据产品开发、数据流通服务、数据安全保障、数据平台运营等业务。二是推进“产业大脑 + 未来工厂”数字化转型模式，推动行业企业汇聚海量数据资源，形成高质量数据集和数据产品。三是推进产业互联网发展，以数字化平台为核心载体，整合政产学研用金各类主体资源，通过集中采购、设备共享、供应链金融等服务，以场景带动数据交互，探索数据流通交易模式。

4. 健全数据知识产权保护制度

一是丰富登记实践，完善登记审查规则，聚焦产业大脑、未来工厂、电商企业、实验室等重点平台和主体，持续推动商业数据、产业数据、科研数据和公共数据等各类数据知识产权登记扩面提质。二是深化保护运用，制定出台数据知识产权保护运用专项政策，全面打通登记确权、流通交易、收益分配、安全治理全链条。三是强化技术治理，深化可信、加密、安全接口等数据技术运用，建设全过程上链固证、全方位多跨协同、全流程动态监管的登记运营保护一体化平台。四是完善标准规范，扎实推进数据知识产权国家标准化试点，制定一批数据知识产权价值评估、交易转让、共享许可、权益保护等标准。

三、重点攻关人工智能技术创新

1. 推进人工智能跨学科融合发展

依托浙江大学、之江实验室、浙江清华长三角研究院等科研院校和领军型企业，加快推进人工智能与工科、医科、脑科学以及人文社会科学融合发展，在视觉识别、语音识别、深度学习、脑机接口与交互、虚拟现实 / 增强现实等研究领域已形成先发优势。之江实验室智能计算数字反应堆大科学装置加快推进，在国际上率先建立基于大语言模型的全 CRISPR-Cas 基因编辑蛋白酶筛选体系；浙江大学建成国内首个人工智能交叉学科，启动脑科学与人工智能会聚研究计划。浙江大学医学院附属第一医院与阿里达摩院提出的“人体正常器官的分层分割模型”入选 2023 中国医学人工智能代表性算法，分割算法结果超过国际最高水平 3% ～ 5%，达到媲美专业医生的勾画精度。组织开展“类脑智能”重大项目体系化谋划，抢占前沿技术制高点。

2. 谋划人工智能领域重大科技专项

谋划出台《人工智能领域重大科技专项行动计划（2024—2026 年）》。算力领域，主攻支持大规模芯片高速互联与高效集成的新型云计算体系架构、面向“万卡级”的云计算算力智能调度与管理服务平台、针对国产芯片优化的大规模模型训练框架及底层算子库、全功能光电集成芯片及其先进封装技术等重点方向；数据领域，主攻支持多模态训练数据集共建共享机制、面向人工智能应用的可信数据管理技术研究、超大规模时序数据的分布式高效处理与智能计算、数据安全流转与计算、云边端大模型协同安全等重点方向；算法模型领域，主攻跨媒体知识大模型、跨媒体内容生成大模型、基于跨媒体知识大模型和智能生成跨领域赋能、多模态智能感知探测技术、泛在智能感知理论、全方位融合感知技术等重点方向，保持人工智能技术领先、安全可控、合规应用。

四、聚力营造开放活跃的创新生态

1. 初步建成全球一流开源社区

依托阿里云，搭建全球第二、全国最大的“魔搭”开源社区，汇集业界最新最热的模型、数据集以及创新应用，覆盖视觉、语音、自然语言处理、多模态等人工智能主要领域，目前已上线开源模型超2万个，集聚全球开发者超800万，汇聚数据集超3800个。首创“MaaS”概念，围绕预训练、二次调优等环节提供全生命周期模型定制链路和部署方案。定期举办Multi-Agent、年度“创空间”人工智能应用榜等技术分享会和交流活动，与地方政府合作推动大模型研究与应用，为开发者提供支持及交流机会，增加社区的创造力和活力。

2. 持续打响合作交流品牌

成功召开2023全球人工智能技术大会（见图1-2）、2023长三角人工智能大会等主题大会，围绕人工智能关键理论和技术创新、人工智能大模型、人工智能伦理建设等方面组织专题论坛，为智能科技从业者提供专业、全面的思维借鉴和实践参考。揭牌浙江大学智能教育研究中心、校宝数智发展中心等人工智能创新载体，打造全球共通、共鉴、共享的学术交流平台。举办2023全球人工智能技术创新大赛、昇腾AI创新大赛2023（浙江赛区）等主题赛事，吸引国内优秀开发者与创新团队参与，“以赛促兴”激发行业应用创新活力。新设杭州市人工智能产业联盟，支撑国家人工智能重大战略布局，推进人工智能领域的学术交流、人才培养、技术发展以及跨界应用与融合，打造人工智能人才交流平台与产业生态圈。

图 1-2　2023 全球人工智能技术大会

资料来源：作者提供。

五、先行开展“技术 + 制度”治理探索

1. 深化人工智能安全监管

积极开展模型备案和算法备案，推动一批大模型服务与应用通过国家备案，培育阿里云、网易、商汤科技等大模型企业以及海康威视、大华、灵伴科技等关键算法企业。加强面向人工智能治理的网络安全保障体系建设，由阿里云、蚂蚁集团、新华三、浙江大学区块链和数据安全全国重点实验室、国家计算机网络应急技术处理协调中心浙江分中心、北京航空航天大学杭州研究院、海康威视、浙江日报等 10 家单位联合发起成立浙江省网络空间安全协会人工智能安全专委会，贯彻落实国家《生成式人工智能服务管理暂行办法》，推动人工智能合规安全可持续发展。

2. 完善数据安全保障体系

依托省内代表性企业和平台，持续创新数据安全制度、基础设施、产品与服务。安恒信息成为网络数据安全领域的领军企业。趣链科技拥有全球首个区块链 3.0 全栈全生态能力体系，涵盖国际领先的底层技术能力、开箱即用的运维及研发能力、开放互联的跨链能力及高效的数据共享和隐私计算能力。阿里羚羊开发 DataTrust 隐私计算平台，在相关领域形成 200 多项密码学算法专利。杭州市创新提出“三数一链”（数据交易场所、数联网、数据发票、区块链跨链互认机制）数据可信流通基础设施框架，已在金融、生物医药、多媒体等行业的多个场景中应用。中国（温州）数安港加快探索数据安全合规实践应用，率先建立“1112X”数据审查与管理制度规范体系，上架“信贷数据宝”“企业开户宝”“互联网综合反欺诈”等 50 项数据产品和服务，擦亮“数安、企安、人安”三安融通金字招牌。

3. 建立健全科技伦理治理体系

积极探索推进科技伦理治理体系建设，出台全省首个有关科技伦理的实施方案《关于加强科技伦理治理的实施意见》，围绕科技伦理工作、规范、监管、保障四大体系出台 15 条治理措施。印发《2023 年加强科技伦理治理重点工作任务清单》，会同各职能部门逐一细化落实举措和时间进度，确保各项工作落地见效，提升科技伦理治理能力，有效防控科技伦理治理风险。成立浙江省科技伦理委员会，统筹指导和协调推进全省科技伦理治理体系建设工作，为涉及重大伦理问题的科技决策提供咨询建议，处理社会中的重大科技伦理争议和有关公众沟通问题。

第二部分　地区发展篇

本篇主要介绍浙江省 11 个设区市人工智能产业的基本情况、相关政策和未来方向，总结提炼各地人工智能产业发展特色亮点和重点工作，展现了浙江省各地差异化、特色化、创新化推进人工智能产业加速发展。

杭州市人工智能发展报告

杭州市全面贯彻落实习近平总书记考察浙江重要讲话和重要指示精神[1]，深入实施数字经济创新提质“一号发展工程”，围绕国家新一代人工智能创新发展试验区、国家人工智能创新应用先导区建设，抢抓机遇，主动作为，加快打造人工智能产业创新发展高地，人工智能产业发展取得明显成效。

一、基本情况

1. 产业发展态势良好

产业规模稳步提升。2023 年，杭州市纳入浙江省人工智能产业统计体系企业 569 家，实现营业收入 2563.8 亿元，占全省比重 45%；利润总额 353.3 亿元，占全省比重 73%。《中国城市人工智能发展指数报告（2022—2023）》显示，杭州市人工智能发展总体指标排名全国第四，仅次于北京市、上海市和深圳市，居全国第一梯队。产业链条布局完整。形成了涵盖“基础层—技术层—应用层”的完整产业链条，上游基础层涵盖芯片 / 传感器、数据处理及云计算，中游核心技术层覆盖自然语言处理、计算机视觉、语音 / 语义识别领域，下游应用端形成了大模型、机器人等软硬件产品以及人工智能 + 应用场景。企业梯度培育格局初显。杭州集聚了全省超三分之一的人工智能企业，拥有 8 家中国人工智能百强企业，形成了“龙头企业引领、骨干企业支撑、大中小企业融合发展”的良好格局。阿里云、海康威视、网易、新华三等领军企业龙头带动效应明显，

1 《习近平在浙江考察时强调 始终干在实处走在前列勇立潮头 奋力谱写中国式现代化浙江新篇章 返京途中在山东枣庄考察》，新华社，2023 年 9 月 25 日。

虹软科技、安恒信息等骨干企业加速抢占计算机视觉识别、数据安全等细分赛道制高点，强脑科技、宇树科技等独角兽企业发展势头迅猛。

2. 平台项目支撑有力

平台载体有序布局。依托杭州城西科创大走廊、杭州城东智造大走廊，串联滨江区、余杭区、萧山区、西湖区、钱塘区等人工智能产业承载腹地，加快形成“廊带引领、全域联动”的发展格局。杭州城西科创大走廊重点聚焦视觉智能、自然语言处理、智慧金融等领域，持续放大省级未来产业先导区功能。杭州城东智造大走廊重点发展智能网联汽车及关键零部件、机器人等领域。杭州市高新区（滨江）围绕“中国视谷”“中国数谷”等重要平台，加快推进视觉智能产业发展和数据要素价值释放。人工智能小镇、图灵小镇、算力小镇等加快开展产业链上下游强链补链工作，打造人工智能应用创新的重要引擎。项目招引持续发力。2023 年，杭州市共落地亿元以上人工智能产业项目 24 个，总投资 104 亿元，占杭州市智能物联产业生态圈招引项目数量的 24.7%。其中 10 亿元以上项目 5 个，约占项目总数的 20%。项目结构不断优化。招引项目涵盖人工智能芯片、算法框架、数据中心、数据挖掘等基础层、技术层领域以及智能家居、智慧交通、智能制造、智能穿戴等应用层领域。新引进 GPU 独角兽沐曦、DPU 芯片头部企业上海芯启源、人工智能芯片上市企业湖南国科微等项目，有力弥补了杭州在基础层的短板。落户贝壳圣都家居、德施曼家居、谦寻新电商、酷比智能穿戴等项目，强化了杭州在人工智能应用端的优势。

3. 创新能力不断提升

科创载体实力增强。之江实验室被纳入国家实验室体系，并获批建设国家新一代人工智能公共算力开放创新平台（全国首批 9 家），西湖实验室、浙江大学脑机交叉研究院加快建设，人工智能领域获批重组 4 家全国重点实验室，7 家在杭省实验室融合人工智能开展科研创新。技术平台优势突出。阿里云城市大脑、海康威视视频感知等国家新一代人工智能开放创新平台推进应用，之江实验室“之江天枢人工智能开源开放平台”、浙江大学“智海新一代人工智能科教平台”、大华巨灵人工智能平台开放使用。2023 年杭州市纳入统计的人工智能企业研发投入 353 亿元，同比增长 23.3%。大华等人工智能企业承担“面向海量物联感知数据汇聚的大数据分析治理平台”等 46 项浙江省“尖兵”“领雁”项目。算法模型创新活跃，浙江大学医学院附属第一医院与阿里达摩院提出的“人体正常器官的分层分割模型”入选 2023 中国医学人工智能代表性算法。

之江实验室在国际上率先建立基于大语言模型的全 CRISPR-Cas 基因编辑蛋白酶筛选体系。通义千问、蚂蚁 AntGLM、同花顺问财 HithinkGPT、西湖心辰“西湖大模型”等大模型蓬勃发展。

4. 基础设施布局完善

算力基础全国领先。根据国际数据公司（IDC）发布的《2023—2024 中国人工智能计算力发展评估报告》，杭州市连续三年位居中国人工智能算力发展城市排行榜第二，仅次于北京市。加快布局智能算力设施建设，浙江新型算力中心加速落地，推动滨江杭州人工智能计算中心算力投用，加快图灵小镇智算中心建设，提升以算力为核心的产业基础支撑能力。数据要素保障有力。公共数据授权运营、金融领域数据交易等相关试点工作有序推进，公共数据授权运营管理不断规范，公共数据开发利用有序推进。挂牌建设“中国数谷”，促进数据要素加速赋能，浙江大数据交易中心、杭州数据交易所先后落户，累计上架数据产品 1561 个，注册数商 910 家，完成交易金额 38.53 亿元。网络设施建设提速。加快 5G 网络基础设施布局建设，截至 2023 年底杭州市累计建成 5G 基站 5.3 万个，每万人拥有 5G 基站数为 43.2 个，全市重点场所 5G 网络通达率达 100%。

5. 示范应用百花齐放

赋能亚运会精彩呈现。上线全球首个大型体育赛事一体化智能办赛平台，数字火炬手、强脑科技“智能仿生手”、宇树科技四足机器人等典型场景惊艳世界。智能解说、智能裁判、人工智能剪辑等技术广泛应用，智能亚运会深入人心。应用场景迭代升级。截至 2023 年，杭州市累计征集发布人工智能重点应用场景清单 7 批次 264 项，推动工业、医疗、教育、文旅、体育、城市管理等领域人工智能应用场景持续落地。研发落地“政策智能引擎”、政策机器人“亲清小 Q”等政务应用场景，实现“大数据分析 + 政策精准推送”，为企业提供 7 × 24 小时不打烊服务。融合应用持续深化。推进“产业大脑 + 未来工厂”“企业上云”建设，两化融合发展水平指数连续多年位居全省第一。累计建成市级未来乡村共富引领带 12 条，未来乡村 47 个。新增市级“未来工厂”培育企业 280 家，新增评定企业 53 家。全年组织实施数字化攻关项目 382 个，工业企业数字化改造 1.0 阶段及以上覆盖率达 74.45%。阿里云 supET 工业互联网平台连续 5 年入选工业和信息化部“双跨”工业互联网平台清单。

二、相关政策

杭州市在深入落实《杭州市建设国家新一代人工智能创新发展试验区若干政策》《关于促进智能物联产业高质量发展的若干意见》《杭州市人民政府办公厅关于促进集成电路产业高质量发展的实施意见》等一系列政策基础上，聚焦人工智能产业顶层设计、平台支撑、数据要素保障等方面，出台了相应政策。

1. 顶层设计方面

出台《杭州市人民政府办公厅关于加快推进人工智能产业创新发展的实施意见》，构建杭州人工智能产业发展的四梁八柱。围绕建设多元融合的算力支撑体系、高效协同的模型创新生态、高质量数据要素供给、典型应用示范场景四个主要任务，提出了8项具体举措，着力构建“高算力＋强算法＋大数据”产业生态，打造全国算力成本洼地、模型输出源地、数据共享高地。

2. 平台载体方面

出台《杭州市人民政府关于促进开发区（园区）高质量发展的实施意见》，夯实人工智能产业发展的平台基础。围绕优势产业集聚、开放创新引领、要素资源统筹、产城融合发展等方面提出了22项具体举措，推动重要产业平台着力打造集成电路、人工智能等前瞻性战略性产业，助力杭州市重塑“全国数字经济第一城”。

3. 数据保障方面

发布《杭州市人民政府办公厅关于印发杭州市公共数据授权运营实施方案（试行）的通知》，强化人工智能发展的数据底座支撑。发布首批公共数据授权运营重点领域，建立公共数据授权、加工、经营、安全监管等工作机制，进一步规范公共数据授权运营管理，促进公共数据合规高效流通使用，助力打造国家数据要素综合试验区城市范例。

三、下一步工作

1. 强化人工智能核心技术创新

聚焦具有自主知识产权的芯片、传感器、开源基础软件系统等人工智能领域核心软硬件，加大关键核心技术研发攻关力度，强化人工智能基础层、技术层的支撑力度。抢抓人工智能大模型发展机遇，引导科研院所和龙头企业开展多模态通用大模型关键技术攻关，围绕基础架构、指令学习、并行训练等方面，积极开展算法创新，推动 MaaS 模式变革。

2. 加快形成绿色普惠算力供给能力

加快布局杭州新型算力中心建设，以市场化联合运营模式实现城市公共算力、市场算力、科研算力的统一纳管，形成城市智能算力“一张网”。打造低成本、高效率的“公共算力超市”，加快建立算力资源需求对接机制及算力调度、交易结算、收益分配等协同机制，探索打造全国首个“算力交易结算中心”，实现算力券等优惠政策在线一键兑付。

3. 推动数据开发开放和流通使用

组建多模态数据专委会，建立多模态训练数据集共建机制，加快建立高质量人工智能训练数据集、标准数据集等资源库，积极参与公共数据资源开发利用。构建“三数一链”数据基础设施，形成完整的数据生态。依托杭州数据交易所，以“合规体系＋基础设施＋场景应用”三位一体为核心，高标准争创国家级数据交易所。加强数据安全及隐私保护技术研究，构筑全生命周期安全保障体系。

4. 优化人工智能产业发展生态

打造开源大模型行业应用创新生态空间，支持大模型开源社区和协作平台建设，引进培育大模型相关初创团队，加强行业大模型在垂直领域的深度应用，引领人工智能产业化发展潮流。依托杭州市人工智能产业联盟，搭建多层次应用场景供需对接平台，强化产业链上下游资源对接。联合浙江大学、之江实验室等科研院所，积极承办具有国内、国际影响力的人工智能专业论坛、专项赛事等活动，争取常态化落户杭州，吸引国际创新资源开展交流合作，构建开放繁荣的人工智能产业发展生态。

（杭州市发展和改革委员会：赵静、姚益天、董宇澜供稿）

宁波市人工智能发展报告

一、基本情况

1. 产业体系基本构建完善

2023 年，宁波市纳入浙江省人工智能产业统计体系企业有 225 家，人工智能产业营业收入 828.12 亿元。产业赛道多点布局，各细分领域中，智能汽车企业超过 20 家，包括吉利汽车、极氪汽车、均联智行等。吉利汽车自主研发通用大模型，已在自动驾驶、智能座舱、企业效能等场景取得了较好的效果，并牵头制定国内首个汽车行业大模型标准。智能机器企业 58 家，引进浙江人形机器人创新中心，拥有智昌机器人、韦尔德斯凯勒等一批代表性企业，已初步具备伺服电机、减速器、控制器、机器人本体、系统集成的研发生产能力。智能家电企业 69 家，包括方太集团、杜亚机电、月立集团等标杆企业，涌现出一批受消费者青睐的智能家电产品。智能软硬件企业 55 家，引进了群芯微电子、爱芯元智等集成电路设计企业，拥有中芯宁波等芯片制造企业，培育了甬矽电子、芯健半导体等封装测试企业，初步形成半导体材料及集成电路设计、制造、封装测试等集成电路产业链。

2. 重大项目建设持续推进

已引进落地中芯宁波特种工艺集成电路芯片、百度云智 • 宁波大数据产业基地等，基本建成中国（宁波）芯港小镇、慈溪小家电智造小镇、余姚机器人小镇等，逐步形成以集成电路、传感器、智能芯片等核心产业和智能汽车、智能家居等终端产业为基础的人工智能产业体系。多层次开展人工智能技术攻关，重点面向智能计算与人工智能、智能控制与先进技术、高端装备及关键核心零部件等领域，组织开展攻关计划任务，累计立项人工智能及关联领域攻关项目 188 个，补助资金总额超过 2 亿元。在算力建设方面，宁波市首个人工智能超算中心（一期）已建成投入使用，提供 100P[1] 半精度人工智能算力和 5P 双精度高性能计算算力，采用自主可控国产系统，获批“国家先进计算产业创新中心宁波基地”，目前已在科研创新、城市治理等方面开展应用。同时人工智能超算中心（二期）正在加快推进。移动浙东产业园、电信长三角国家一体化算力网络枢纽宁波节点、联通宁波 5G 创新中心、国家北斗导航位置服务浙江（宁波）数据中心等一批特色数据中心建设加快推进。

3. 创新平台建设有序推进

引进建设上海交通大学宁波人工智能研究院、宁波人工智能产业研究院、宁波工业互联网研究院、宁波市智能制造技术研究院、宁波数字孪生（东方理工）研究院等人工智能领域创新资源，吸引人工智能领域高端人才突破 300 人，孵化企业 30 余家。本地高校院所加强人工智能学科建设，浙江大学软件学院、宁波工程学院、宁波诺丁汉大学等开设人工智能专业，设立人工智能实验室，积极培养人工智能专业人才。

4. 实用应用场景特色亮点突出

以人工智能等新一代信息技术赋能，在智能制造、智慧农业、智慧港口等领域谋划建成了一批具有宁波特色、管用实用的应用场景。智能制造方面，推动企业利用人工智能等技术实现智能化升级，梳理出包括智能分拣、设备 / 产品健康管理、表面缺陷检测、工艺优化等在内的 11 个智能制造典型场景，同步梳理出典型场景供应商名录（含 12 家企业）、人工智能融合产品名录（含 22 项产品）等，支撑人工智能在制造领域的推广应用。智慧农业方面，推进数字乡村“大脑 + 应用”集成建设，重点打造农业产业一张图，逐步实现数据采集、分析、研判、预警等“脑级应用”，实现一图总览、一屏感知、一键掌控，农业生产智能化水平不断提升。智慧港口方面，推进港口自动驾驶领域实践创新，加快应用车路协同技术对港区道路开展智慧化改造。智慧城市方面，加快推进甬上云校、甬城泊车、宁波云医院等便民服务、城市治理综合应用场景建设。

1　1P 相当于每秒 1000 万亿次计算。

二、相关政策

针对人工智能出台相关政策，夯实人工智能基础要素保障。高端人才引进方面，引进一批高端人工智能专家、智能计算专家、高端智能芯片与系统领域专家，浙江大学软件学院作为国家示范性软件学院，师资中目前有 5 位国家级人才。数据开发方面，推动公共数据分类分级管理、目录编制、共享开放，持续提升数据高质量供给能力，印发《宁波市公共数据授权运营管理实施细则》等制度规范，公共数据授权运营平台已上线运行，为企业、科研单位利用公共数据开展建模分析提供了数据资源基础，通过平台开放域系统累计开放 2531 个数据集、超 5.3 亿条数据。出台《宁波市推进产业数据价值化改革试点方案》，加快推动宁波市行业数据资源体系建设，为研发行业大模型所需的行业数据集建设提供基础保障。资金支持方面，对重点行业领域数字化改造试点项目和承担试点任务的优秀工程服务公司给予支持，对列入大模型垂直领域的应用试点示范项目、产业数据价值化示范项目和典型应用场景给予分档奖励。

三、下一步工作

1. 加强顶层设计

结合浙江省关于人工智能的指导意见、行动方案等上级文件要求，起草宁波市人工智能产业创新发展实施方案。同时，聚焦人工智能细分领域，专题研究人工智能大模型落地宁波的方向以及本地企业的应用需求，积极谋划大模型发展举措。在政策谋划上，根据国家推进人工智能赋能新型工业化的有关要求，在大智造政策体系中，聚焦大模型创新和人工智能技术应用等方向给予政策支持。

2. 加强产业培育

建立宁波市人工智能重点企业培育库，加大对模型算法、智能软件、智能芯片等领域人工智能优质企业的引育力度，引导企业加强技术攻关和研发创新，实现从创业型、科技型向专精特新、单项冠军的梯次升级。聚焦人工智能细分领域，重点打造涵盖“减速器、轴承等关键部件—机器人硬件—操作系统—应用终端”的智能机器人产业链、涵盖“智能传感器及关键软硬件—智能座舱、自动驾驶解决方案—智能网联汽车整车—智慧出行应用”的智能驾驶产业链等一批人工智能特色产业链。

3. 加强推广应用

围绕打造数实融合标杆城市的目标定位，深入挖掘需求，推动多领域场景建设，加快人工智能技术在产业发展、社会民生、城市管理等领域的典型应用落地。推动人工智能赋能新型工业化，结合“大优强”企业数字化标杆扩面行动，在未来工厂、5G 工厂、企业大脑等试点示范建设中，推动“人工智能 + 智能制造”的融合应用创新，打造一批典型场景及深度应用标杆。在社会民生领域，鼓励人工智能在健康医疗、智能教学、未来社区、未来农场等领域试点创新。在城市管理领域，发展港航物流、智慧交通、公共治理、政务服务等多元应用场景，促进传统领域数智化升级。

4. 加强要素支撑

以“算力 + 数据”两大要素为核心，强化人工智能产业发展基础支撑能力。优化算力供给，加快推进人工智能超算中心二期工程项目建设，加强人工智能国产芯片部署和应用创新生态营造，积极向人工智能创新主体及应用主体开放。深度开发利用数据资源，推进产业数据价值化改革，加快建设产业数据资源体系，促进产业数据的融合流通，提升数字基础支撑、数据安全保障、数据生态服务能力，充分释放数据价值。

（宁波市发展和改革委员会：于源、杜旭东、李照伟供稿）

温州市人工智能发展报告

以生成式人工智能大模型为代表的新一代人工智能技术成为新一轮科技革命的重要驱动力量，如视频生成大模型工具 Sora、音乐生成大模型工具 Suno V3，将对演员、导演、音乐制作人等带来影响，重塑影视行业生产关系，衍生未来产业，成为培育新质生产力的重要引擎。温州市抢抓战略机遇，依托人工智能谷、中国（温州）数安港、国际云软件谷等重大平台，加快推进人工智能技术在“5+5+N”产业的场景应用，为实现经济高质量发展增添强劲动能。

一、基本情况

1. 人工智能产业不断集聚

温州市正积极培育人工智能产业生态土壤，以 2023 中国人工智能数字创新大会为契机，聚焦“4+3+N”人工智能产业体系，成立由 59 家企业组成的人工智能创新发展联盟，签约落地人工智能头部科创平台、重大产业项目和高层次人才项目 32 个。温州现有人工智能企业 194 家，2023 年营业收入超 178.78 亿元。其中，营业收入超 5 亿元企业有 9 家，形成了龙头企业引领、规上企业支撑、小微企业提升的产业发展格局。

2. 项目招引力度不断加大

以人工智能为核心，精准招引科大讯飞等企业，在产业赋能、民生改善、社会治理等领域开启“1+2+N”战略合作，以示范项目为抓手构建完善人工智能产业生态，助力温州市加快打造数字经济领跑区、培育形成新质生产力。引进星曜 5G 射频滤波器硅基晶圆片制造项目，填补了国内高性能射频滤波器设计和制造领域的空白，实现进口替代。埃锐云构建全球首个喷码机全产业链平台，预计2025年达产后可实现年产值10亿元。靶向招引达闼机器人等人工智能龙头企业，初步梳理形成100余家单位的人工智能领域重点企业和平台项目招引清单，对接招引景吾机器人、迅蚁网络科技等29家人工智能领域高成长企业，产业集群逐渐成型。瓯海区依托中国（温州）数安港，精准招引北理新源项目，争取开展新能源汽车产业数据价值化试点，促进新能源和数据产业发展。

3. 创新平台建设成效逐渐显现

温州市将人工智能谷、中国（温州）数安港、国际云软件谷作为“一港五谷”战略布局中的重要组成部分，依托瑞安智能汽车关键零部件“万亩千亿”新产业平台、乐清智能电力物联网“万亩千亿”新产业平台、海经区机器人产业园等平台，抢占人工智能产业新赛道的先机。新增智能装备产业链省级企业技术中心8家、市级企业技术中心7家，浙江省激光智能装备技术创新中心正式成立。苍南仪表智慧燃气物联网云平台被列入浙江省行业级工业互联网平台，奔腾激光光链云工业互联网平台被列入浙江省企业级工业互联网平台。靶向招引中国电子云、海康威视、出门问问等一批高科技创新项目。鹿城区以人工智能谷、中科先进技术温州研究院、中关村信息谷•温州创新中心、浙江大学创新创业研究院等高能级平台为底座，对接招引季华实验室，建成招引载体28个，投用数字科创空间28.7万平方米，智能创新空间全面打开，平台引领效应逐步释放。

4. 数字智造群体日益壮大

2023年温州市新增智能装备产业链专精特新“小巨人”企业2家，省级专精特新中小企业10家。温州理工学院联合地区专精特新企业，获批建设工业和信息化部“专精特新产业学院（智能装备方向）”，加强企业主导的产学研深度融合。智能装备“链主”企业浙江亚光科技股份有限公司在上海证券交易所主板上市。炜冈、希望机械2项产品获评国内首台（套）装备，华联等12家企业产品获评浙江省首台（套）装备，奔腾激光研发的“6万瓦激光切割机”成功上市。

二、相关政策

印发《中国（温州）智能谷产业高质量发展若干政策》，加强人工智能产业校地合作，与温州大学合作成立元宇宙与人工智能研究院，落地浙江安防学院未来城市研究院，进一步完善人工智能人才培育链条。成立中国（温州）智能谷百亿产业引导基金，扎实推进科学家、创投家、企业家“三界融合”，着力培育一流人工智能创投生态。印发《温州市智能装备产业培育发展2023年工作方案》，扎实推进智能装备产业集群建设。印发《温州市高端装备首台（套）装备推广应用指导目录（2022版）》，编制2023版“温州好产品”手册，加大宣传推广力度，擦亮温州市区域品牌“金名片”。

三、下一步工作

1. 优化人工智能产业链

围绕人工智能产业链重点领域和关键环节，谋划一批“高大上、链群配”人工智能项目，提升产业发展规模。针对智能装备、智能教育、智能家居等细分领域遴选出“链主”企业，开展“揭榜挂帅”科技攻关行动，带动产业链上下游关键配套企业协同发展。对科大讯飞、北理新源及人工智能大会签约的重大项目实行清单化管理，协调服务解决推进难题，确保精准招引、高效推进、履约落地。梳理整合算力券相关激励政策，在推广算力应用等方面提供政策支持。

2. 强化各类要素保障

积极探索和推广联合用地、“先租后让”等供地模式，提升产业用地精准度。完善氢气、氨气、氯气等危险化学用品有效供给途径，协同解决产业链相关企业在用气、用电、用能、用地等方面问题，确保企业招进来、留得住。针对企业痛点，搭建行业协会、高等院校人才引进平台，精准招引一批高技术研发人才和高技术蓝领工人，强化产业技术人才支撑。

3. 加强科技创新攻关

补齐核心配套产品生产支持方面存在的短板，梳理攻关一批共性技术难题及“卡脖子”技术，加强激光器和控制系统等关键技术研发攻关，聚焦工业机器人、精密机械零部件、智能化成套生产线和系统集成、电驱动控制与系统、工业控制系统等领域，提高国产化装备替代率。

（温州市发展和改革委员会：杨国胜、朱红恩供稿）

湖州市人工智能发展报告

人工智能已成为新一轮技术革命的重要驱动力量，有望推动诸多产业领域实现变革。近年来，湖州市深入实施数字经济创新提质“一号发展工程”，充分发挥人工智能在支撑产业升级和服务高质量发展方面的积极作用，加大人工智能研发平台和重点产业的布局，打造一批人工智能应用场景，推动人工智能赋能经济社会高质量发展。

一、基本情况

1. 产业规模持续壮大

湖州市人工智能产业一方面重点发展以射频芯片、集成电路、计算机通信设备为主的电子信息制造业，以及智能汽车、智能家居、智能照明等人工智能相关产业，另一方面依托德清北斗地信未来产业先导区、国家级车联网先导区（浙江德清），重点发展物联网、集成电路设计等软件信息服务业。湖州市现有人工智能企业 113 家，2023 年人工智能产业实现营业收入 242.88 亿元，同比增长 6.7%。

2. 重点领域提质增效

一是集成电路领域。初步形成包含泛半导体材料、晶圆生长设备、特色晶圆制造、芯片IP 设计、半导体器件制造、封装测试等在内的全流程产业链。东尼电子第三代半导体项目成功通过国家窗口指导，建成年产 12 万片 6 英寸碳化硅衬底材料生产线和年产 3 万片 4 英寸碳化硅基氮化镓流片线。南太湖新区半导体产业园、南浔区长三角泛半导体新材料产业园均已开工建设，产业承载能力进一步提升。二是地理信息领域。深耕“地理信息 +”产业赛道，累计引育千寻位置、浙江国遥等“地信 +”企业 430 余家。

依托联合国全球地理信息知识与创新中心落户契机，进一步导入地理信息创新资源，落地地球磁场大科学装置，成立莫干山地磁大科学装置研究院，成功揭牌部省共建莫干山地信实验室，着力构建“天空地海地磁监测系统”的全链条创新生态。德清北斗地信未来产业先导区获批首批省级未来产业先导区，地理信息产业园入选浙江省首批示范型数字经济产业园，“地信+”品牌知名度持续提升。三是智能网联汽车领域。获批全国第五个、县域首个国家级车联网先导区，以场景建设优势引领车联网产业建链、强链、延链，拓展人工智能万亿级蓝海，建成投用汽车关键零部件产业园、车联网产业大楼等一批产业配套设施。与浙江省金控合作成立规模10亿元的“地理信息+车联网”产业基金，集聚方正电机、赢彻科技等行业龙头企业36家。千寻位置获批国家北斗产业化重大工程区域重大战略应用项目，中央资金补助3015万元。

3. 数字经济稳步推进

一是高质量数据集建设加快推进。湖州数字集团成立全国第二家、长三角地区首家数据资产登记评价中心，打造了长三角地区首个数据资产登记平台，并于2024年完成全省首单停车数据资产登记入表，实现了数据资源化、数据产品化、数据资产化“从0到1”的创新突破。德清县成功打造全省首笔车联网数据知识产权质押贷款案例，完成全国首个车联网行业数据产品场内交易。二是数据要素市场加快成长。依托湖州数字集团，揭榜国家新一轮全面创新改革任务（以场景应用为基础的数据要素市场建设模式）。制定发布《湖州市公共数据授权运营管理实施细则（试行）》，牵头建立“长三角双碳领域数据要素发展”合作机制，建成湖州数据要素流通平台，推动车联网等50个数据产品场内流通，交易额超亿元。

4. 应用场景不断创新

一是人工智能与先进制造深度融合。迭代升级“产业大脑+未来工厂”模式，完善“数字化车间—智能工厂—未来工厂”梯次培育机制，大力推动智能制造发展，推进企业深度应用人工智能等新一代信息技术和先进制造技术，建设一批新型生产组织示范标杆，加快构建工业数字化转型“新范式”。2023年，新增2家未来工厂、24家智能工厂（数字化车间），分别列全省第四、第二。二是人工智能与现代农业深度融合。聚焦打造全国数字乡村引领地，实施智慧农业“双百”工程，构建起集生产、流通、加工、储运、销售、服务于一体的智慧农业生产链条。积极探索“农业产业大脑+未来农场”模式，加快数字农业工厂试点建设，渔业、湖羊、白茶三个农业产业大脑成为省级标杆，创建省级数字农业工厂 24 家，位列全省第一。三是人工智能与现代服务业深度融合。印发《湖州市支持电子商务高质量发展若干政策》，加快培育电商主体队伍、推动电商园区建设，支持跨境电商、直播电商等业态创新和示范创建。2023 年实现网络零售额 1273 亿元，同比增长 16.7%，增幅位列全省第四。被评为首批数字生活新服务先行市，实现省级数字生活新服务先行市和标杆区县全覆盖。

二、相关政策

出台《湖州市推动制造业高质量发展实施意见（2023—2025 年）》，针对集成电路制造等人工智能相关领域设备投资给予分档奖励，针对软件和信息技术服务企业快速成长、认定为首版次软件的给予分档奖励。出台《湖州市加快推进“太湖之芯”计划若干政策》，针对集成电路制造、智能照明等产业设立总规模不低于 200 亿元的产业基金及 300 亿元以上的项目专项贷款，同时对于该行业设备购置、洁净室装修研发、生产场地租赁、人才引育等给予资金补贴。

三、下一步工作

1. 推进人工智能产业链协同创新

紧紧围绕产业的高端化、智能化、绿色化，聚焦八大产业链建链、强链、补链、延链需求，壮大专业化招商团队，靶向发力、精准招商，吸引长三角地区高端资源要素加速集聚。积极与科技部、中国科学院、中国工程院、国内外知名大学和知名科研机构开展合作，加快引进以两院院士为核心的重量级科研团队，依托杭州城西科创大走廊、德清地信大科学装置、车联智造“万亩千亿”产业平台等载体，开展前沿技术和应用研究。面向国内外知名人工智能类公司招商，重点引进芯片设计 / 制造、新材料、服务器、处理器、传感器等高端关键配件生产企业和智能应用企业。

2. 探索人工智能深度赋能传统产业

结合湖州市传统优势产品（装备）升级，加强人工智能与车联网、文旅等产业的深度融合、协同创新，培育智能融合产业集群。一是加强人工智能与车联网的融合。聚焦智慧出行、精致化公共服务、高效率社会治理等，深入推进一批应用场景建设，并加快形成一批人工智能在自动驾驶方面的解决方案和首创成果。二是加强人工智能与文旅产业的融合，打造新一代的人工互动体验项目，同时通过智能停车、智能导览等系统的应用，有效提升游客的游览体验。同时，通过智能票务、智能支付等功能的实现，为游客提供更加便捷的服务。三是加强人工智能与制造业的融合，推动智能家居、智能装备等优势制造业进一步研发智能生产、生活产品，支持首用先试、迭代优化，促进产业化发展，形成区域新兴产业体系。

3. 加强人工智能产业生态环境培塑

不断拓展大数据产业市场规模，依托云上芯湖州智慧园，建立合理数据交易制度，加快电信、金融、公共管理部门的去敏化数据市场应用。充分发挥市场在资源配置中的作用，促进产业政策和科技政策的有效结合，创造公平、公正、透明的产业发展环境。同时，深入实施营商环境优化提升“一号改革工程”，以省级政务服务增值化改革试点为主线，强化探索、固化经验，全力为人工智能产业项目和企业提供服务和要素保障支持，进一步确保项目引得进、留得住。聚焦高端创新人才引育，全面推进国家和省级引才计划、南太湖精英计划等引才工程，培育创新型人工智能人才。

（湖州市发展和改革委员会：童云芳、施凡基；
湖州市经济和信息化局：颜依寒供稿）

嘉兴市人工智能发展报告

嘉兴市人工智能产业发展渐成规模，赋能带动效应持续提升。2023 年嘉兴市人工智能产业实现营业收入 825.57 亿元，位列全省第三。

一、基本情况

1. 产业规模持续壮大

截至 2023 年底，嘉兴市涉及人工智能领域的规上企业共有 252 家，重点集中在智能汽车、智能装备与机器人、智能安防、智能家居和行业智能化应用等领域，主要分布在南湖区、秀洲区、嘉善县和海宁市，代表企业有闻泰通讯、格科微电子、麒盛科技等，主要平台有嘉兴南湖微电子产业平台、中新嘉善现代产业园、中国（海宁）泛半导体产业园等。

2. 新型算力体系加快构建

深入实施“东数西算”工程各项部署，抢抓人工智能大时代的历史机遇，超前谋划布局算力集群，加快构建具备高算力、高带宽、高能效、高弹性、高安全特征的新型算力体系，以长三角全国一体化算力网络国家枢纽节点城市嘉善县为中心，以桐乡市、平湖市为两翼，布局阿里智算中心、中国电信智算中心、中国移动智算中心、乌镇之光超算中心、平湖润泽智算集群等项目，着力打造长三角区域算力中心和算力产业强市。

3. 软件产业稳步发展

人工智能产业的蓬勃发展正在不断推动软件产业向稳向好。2023 年，嘉兴市实现软件业务收入 187 亿元，同比增长 6.3%，全年申报认定首版次软件 15 项，其中省级以上 4 项。目前，嘉兴市正加快构建“一核三园引领、全域整体推进”的产业发展新格局，以长三角（嘉兴）软件交付基地为重点，打造嘉兴软件产业核心区；以行业应用软件、数据服务为重点，打造桐乡软件产业特色园；以关键基础软件、前瞻新兴软件为重点，打造南湖软件产业特色园；以集成电路设计为重点，打造海宁软件产业特色园。

二、相关政策

出台《进一步优化产业布局加快先进制造业集群发展的实施方案》《嘉兴市打造长三角机器人与数控机床产业集群实施方案（2023—2025 年）》等文件，以智造创新强市为引领，以“高端化、智能化、绿色化”为导向，以提升产业链发展水平为主线，坚持“创新驱动、开放合作、应用牵引、融合发展”，推进“机器人 +”新模式应用，加快产业集聚发展，打造长三角具有影响力和辨识度的机器人与数控机床产业研发和生产基地。

三、下一步工作

1. 加快高能级平台建设

加快推进海宁第三代半导体省级未来产业先导区建设，推动浙江清华长三角研究院、南湖实验室、北京理工大学长三角研究院（嘉兴）等科研院所加强对人工智能领域的研究并取得突破，以现有国家级和省级重点实验室、重点研究院、制造业创新中心、工程技术中心、企业技术中心等平台为依托，打造一批人工智能领域产业基地。

2. 构建算力产业生态圈

加快算力产业梯队化培育，积极引进国内外算力领域领军企业、知名企业来嘉兴设立区域总部、功能型总部，加大对高性能芯片、光模块、服务器、操作系统、数据库系统、基础算力大模型及行业垂直模型、人工智能场景应用等领域的企业招引力度，重点招引与嘉兴本地产业黏合度高的行业垂直模型项目。加快本地算力领域专精特新“小巨人”企业的培育，推进算力产业集群发展。

3. 推进长三角区域协作

发挥嘉兴市制造业基础优势和长三角的区位优势，加快推进人工智能领域长三角一体化协作，加强与上海市、苏州市、杭州市、宁波市等地科研院所和企事业单位的紧密合作，加强项目对接和落地转化，以先行试验、融合应用助力技术转化和产品开发，实现从无到有的创新突破，积极承接成果转化、产业配套和示范应用，招引标杆企业和重大项目，推动“研发＋转化”“总部＋基地”“终端产品＋协作配套”的一体协同发展，加快人工智能领域制造业企业落地。

（嘉兴市发展和改革委员会：梅俊忠；嘉兴市经济和信息化局：刘扬供稿）

绍兴市人工智能发展报告

作为推动新一轮科技革命和产业变革的战略性技术，人工智能通过对传统产业生产制造全流程、全要素、各环节的赋能改造，实现提质增效和降本降耗。绍兴市紧紧抓住人工智能技术发展机遇期，结合产业结构特点，以人工智能、数字经济产业为引领，主攻智能制造方向，加速借助G60科创走廊的研发力量和创新资源，扎实推进人工智能广泛应用及产业融合，为实现经济社会高质量发展赋智赋能。

一、基本情况

1. 产业集群壮大

目前，绍兴市人工智能产业已基本形成以智能关键零部件为主导，集成电路、智能视觉、高端智能装备、智能家居家电等产业集群不断发展壮大的格局。2023年四大制造业集群工业总产值达1433.5亿元，纳入浙江省人工智能统计体系的企业达到153家，新增工业机器人2527台，累计达20927台，所有区、县（市）均入选浙江省新智造集群（区域）试点，数量居全省第一，绍兴市、越城区、上虞区、新昌县成功夺得浙江省制造业领域的最高荣誉“浙江制造天工鼎”，越城区、上虞区集成电路产业集群分别入选省级特色产业集群核心区和协同区。

2. 企业引育有效

创新试点“链长+链主+专精特新”协同机制，推动上下游配套企业集聚，培育引入光伏半导体设备、集成电路、数字视觉等具备国际竞争力的人工智能产业，在数字影视、游戏软件、电子商务等相关产业领域蓬勃发展，在云计算、大数据等领域培育了一批骨干企业，集聚芯联集成、长电绍兴、豪威科技、中科通信、朗讯科技、海特信科、千从科技等以人工智能为核心、数字化为手段、云平台为支撑的视觉产品和服务领域代表性企业，晶盛机电、非线数联、大豪科技等一批企业发展迅猛，为人工智能产业发展提供坚实底层支撑和技术保障，2023 年 5 月芯联集成于国内成功上市。百度智能云人工智能（绍兴）创新中心和百度智能云未来智驾体验中心正式签约落户绍兴市，将建设成为全国最大的智能驾驶产学研用中心。

3. 数字基础扎实

持续推动数据要素市场化改革，组建绍兴市数据有限公司，以场景应用为基础的数据要素市场建设模式入选 2023 年度全面创新改革任务揭榜书清单。大力推广产业大脑，累计向浙江省产业大脑能力中心输出并成功上架能力组件 187 个，织造印染、电机、轴承等 3 个第一批全省试点的产业大脑全面推广使用，袜业、厨具 2 个第二批试点产业大脑完成项目开发。越城区、上虞区、诸暨市入选第二批省级企业数据管理国家标准（DCMM）贯标试点区域名单，环思智慧、陀曼智造获首批国家财政支持中小企业数字化转型平台试点示范。成功创建国家千兆城市，全面推进新型网络基础设施建设，畅通信息“大动脉”，累计建成 5G 基站 19589 座，重点场所 5G 网络通达率达到 100%；全力打造 5G 工业应用之城，累计创建 5G 融合应用示范项目 40 个，新增国家级 5G 工厂 1 家、省级 5G 全连接工厂 3 家。

4. 应用场景涌现

以应用为先促进工业产业升级，面向纺织印染、电机、轴承等本地制造业，在主导优势强、产业数据资源特征突出的垂直应用领域，构建绍兴“一区域一平台、一行业一朵云”的工业互联网平台体系，已覆盖纺织、化工、轴承、电机、铜加工、阀门等 15 个细分行业，新增省级工业互联网平台 10 家，喜临门“5G+ 工业互联网平台创新应用”、捷昌线性“工业声纹质检创新应用”等 4 个案例入选工业和信息化部工业互联网平台创新领航应用案例名单。聚焦教育医疗领域深挖民生场景，推进示范场景建设，浙江讯智未来科技有限公司推广的人工智能教学和测评系统，借助人工智能与大模型技术，形成人工智能教学和测评系统，打造青少年人工智能编程教学平台。诸暨市利用人工智能临床辅助决策提升基层医疗服务能力，打造人工智能临床辅助决策支持平台；绍兴梅奥心磁医疗科技有限公司积极推广手术机器人在心脏手术中的应用（见图 2–1）。抢抓国家级长三角区域车联网先导区建设契机，加快推进自动驾驶测试场建设和试点应用，构建绍兴市智慧快速路自动驾驶环境，全市已布置人像抓拍、视频监控、车辆卡口等监控设备 4.8 万路。

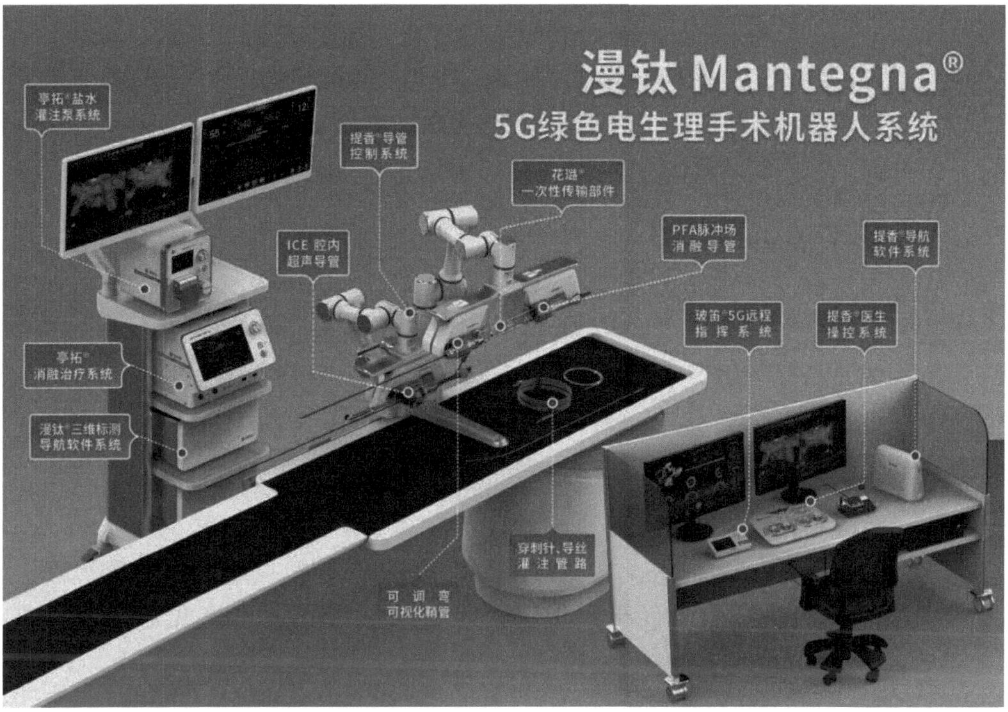

图 2–1　5G 绿色电生理手术机器人系统

资料来源：作者提供。

二、相关政策

出台《绍兴市加快推进工业经济高质量发展若干政策》《先进制造业强市建设“4151”计划专项政策》《绍兴市加快软件产业高质量发展“2515”行动方案（2023—2026 年）》，对重点企业、项目在投资、技术改造、科研投入等方面给予特别奖励与扶持。

1. 加大重大产业项目要素支持力度

《绍兴市加快推进工业经济高质量发展若干政策》规定：对引进的重点项目，积极申报浙江省“4+1”重大项目、“千项万亿”产业投资工程项目、重大产业项目等计划盘子，争取土地、资金等要素资源支持。

2. 重点支持先进制造业发展

《先进制造业强市建设“4151”计划专项政策》规定：做强做大数字经济核心企业，对当年首次列入国家电子信息百强企业、省电子信息产业百家重点企业的，分别奖励100万元、50万元。鼓励软件企业壮大，对通过软件企业评估，且纳入省经济和信息化数据服务平台的软件企业，年销售收入首次突破1000万元、2000万元、5000万元、1亿元的，分别奖励20万元、100万元、200万元、500万元。

3. 加大软件产业资金支持

《绍兴市加快软件产业高质量发展“2515”行动方案（2023—2026年）》补充政策规定：充分发挥各级政府产业基金作用，对初创软件项目和重大软件项目给予资金支持。对新认定为中国软件名园的软件园区，给予园区运营主体500万元的一次性奖励。

三、下一步工作

下阶段，绍兴市将坚持“创新驱动、重点突破、应用牵引、生态共建”原则，推动人工智能产业扩量、提质、攀高。

1. 推进信息基础设施建设

加快5G网络深度覆盖，推动5G行业虚拟专网部署，积极争取6G网络应用示范和率先部署。面向人工智能、云计算、大数据、元宇宙等新兴技术发展需求，综合考虑绍兴市实际情况进行基础算力、智能算力梯度布局，规划布局智能算力中心建设，既分类分批推动存量“老旧小散”数据中心改造，也科学论证新型算力中心建设，强化算力资源整合，科学选址布点，引导社会资本、金融机构参与算力基础设施建设，推动算力技术产业发展。

2. 推动人工智能+产业融合应用

支持人工智能产业与制造业深度融合，拓展人工智能在制造业各环节应用的广度和深度，加快企业数字化、网络化、智能化改造升级。深入推进产业数字化“三个全覆盖”，鼓励人工智能相关服务业龙头企业深度参与“产业大脑+未来工厂”建设，拓展工业软件、工业互联网、工业App创新应用场景。

3. 加强产学研用协同创新

积极引进高能级人工智能研发平台和创新平台，加快推动国家级集成电路产业创新中心建设。进一步优化浙江大学、天津大学、上海大学等高校在绍研究机构能级提升，推动企业与生态伙伴、院校、产业服务机构、用户单位等开展联合创新，构建产学研用协同创新合作机制，畅通企业承接和转化创新项目的通道。

4. 巩固市场主体培育成果

精准绘制人工智能产业链图谱，聚焦产业链重点龙头企业专项招商，积极引入区域总部项目、研发中心，培育一批具有主导力的“链主”企业，推动实施平台化战略，全面整合产业链资源。开展人工智能初创企业孵化行动，引入专业的孵化企业，为人工智能初创企业提供创业支持、创业指导、创业路演、风险投资等一系列服务。

（绍兴市发展和改革委员会：高琦供稿）

金华市人工智能发展报告

人工智能是新一轮科技革命和产业变革的重要驱动力量。金华市全面贯彻浙江省委、省政府“415X”先进制造业集群培育工程的决策部署，强力推进创新深化、改革攻坚、开放提升，以高端化、数字化、绿色化为主攻方向，依托机器人产业链，加快建设具有金华特色的人工智能产业体系，高水平支撑金华“打造国际枢纽城、奋进现代都市区”。

一、基本情况

1. 数实融合，产业升级向高而攀

深入实施数字经济创新提质“一号发展工程”，制定具有金华特色的“1583”架构体系，重点构建“443”数字经济现代产业体系，加快谋划布局量子通信、人工智能等未来产业。深入推进“十链万企”中小企业数字化改造，认定、培育省级“未来工厂”培育库 12 家、数字化车间（智能工厂）52 家；横店东磁成为省内光伏行业首家 5G 全连接工厂。纵深推进数字人民币试点工作，完成 2 项全国首创、10 项全省首创应用。东阳市、义乌市入选首批浙江省数字贸易示范区。

2. 聚链筑基，链上发力向远而行

金华市人工智能领域主要聚焦机器人产业发展，2023 年规上工业产值达 62.7 亿元。目前全市机器人产业已初步形成“上游核心技术及零部件—中游机器人整机制造—下游机器人系统集成”的全产业链（见图 2–2）。从各地产业集聚上看，金华市各县（市、区）均有机器人、人工智能等企业分布，相比较之下，婺城区、金东区、

金华开发区、永康市在机器人产业链布局上更具有集群优势。在技术创新方面，相继落地了巨能科技自动焊接机器人、硕和 ELF 系列机器人、凯富博科特种液压机器人等一批技术创新项目，实施了仓储机器人、巡检机器人、弧焊机器人等 12 项市级重点研发项目。

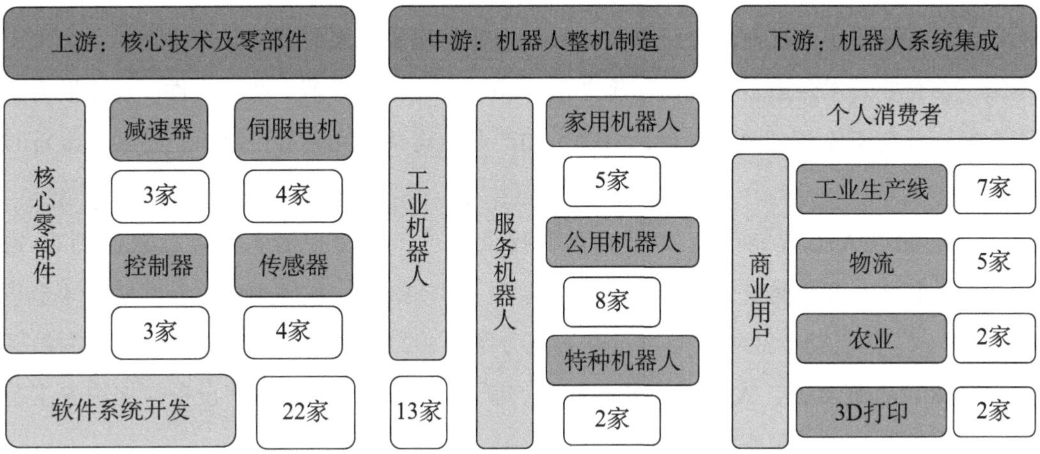

图 2-2　金华市机器人产业链图谱

资料来源：作者整理。

3. 夯实底座，要素资源活力迸发

数字基建是推动人工智能产业发展的新机遇。2023 年金华市积极融入“东数西算”全国算力网络，签约落地浙中人工智能算力中心，已建和在建算力规模分别居浙江省第五、第四；金华市累计建成 5G 基站数量 2.3 万个，数量居浙江省第四。采取“制度 + 系统 + 试点”模式，打造多维度高质量数据认证标准，形成《公共数据质量评价规范》地方标准；上线上海数据交易平台金华专区和全省首家县级商贸领域数据交易专区——义乌（商贸）专区，积极撮合供需两端，推进数据要素市场化。金华城市大脑入选工业和信息化部 2023 年先进计算典型应用案例名单。

4. 多点开花，应用场景亮点纷呈

人工智能加快赋能千行百业，智慧物流、智慧医疗、智慧工厂等方兴未艾。金华市依托零跑汽车、花园生物、横店东磁等，在算力赋能智能驾驶、智能医学、智能制造、影视制作等领域培育形成一批典型人工智能应用场景，赋能新型工业化。例如，义乌中国小商品城 Chinagoods 平台，结合新一代人工智能技术，重构线上线下贸易服务场景；

横店东磁基于磁性材料智能工厂智慧模型的智能算法训练、生产规程优化，打造人工智能应用场景。

二、相关政策

出台《金华市人民政府关于加快推动制造业高质量发展的若干政策意见》《金华市本级工业企业技术改造资金补助实施办法（2023年本）》等若干政策文件，加速助力人工智能产业与实体经济深度融合，引领带动产业结构调整和转型升级，打造数字经济时代核心生产力。

制定促进人工智能产业发展的专项政策，对入园（在孵）企业总数达到20家（含）以上且人工智能企业占比超过60%（含）的，给予一次性100万元奖励。《金华市“2+4+X”先进制造业集群培育行动实施方案（2023—2027年）》提出：大力发展医用机器人、心脏瓣膜、人工器官和消融类、新材料类等高性能诊疗设备；加快人工智能、传感控制、虚拟现实等数字技术导入。

三、下一步工作

机器人是人工智能技术与制造业实体经济深度融合的重要领域。大力发展机器人产业已成为金华市制造业转型升级的关键路径。未来，金华市将稳步推进机器人全产业链创新发展，不断拓展其应用场景，以抢占人工智能产业新赛道。

1. 在政策引导上强保障，助力产业成长壮大

优化机器人产业顶层设计，找准产业链发展定位，合理引导和优化空间规划布局，打造机器人产业特色小镇，以其为平台核心，周边县（市、区）跨区域协作，打造“研发总部+核心制造+周边配套制造”的先进制造业集群。加强对机器人企业在资金、土地、人才、市场等资源要素方面的保障；发挥政府采购作用，促进机器人创新产品应用；推动各类产业基金积极投入，支持机器人创新成果孵化和产业化投资；引导金融机构为机器人企业提供个性化信贷和融资服务；加强机器人产业的人才储备，通过政策引导加强引才育才。

2. 在招引培育上求突破，打造若干标杆企业

针对机器人核心零部件、整机制造、服务型机器人等领域，整合招商资源，优化专

业团队，绘制招商地图，采用灵活招商形式。落实“链长＋链主”协同机制，面向工业机器人、服务机器人、特种机器人等整机制造领域，鼓励骨干企业通过兼并重组、合资合作等方式，培育具有核心竞争力的机器人领航企业；鼓励企业深耕细分行业，加强专业化、差异化发展，着力培育一批高精密减速器、高性能控制器、高性能伺服电机、末端执行器等细分领域的机器人专精特新“小巨人”企业。坚持开放发展，“走出去”与“引进来”相结合，建立机器人行业协会、产业联盟等，支持企业与国内外产业集群对接，引进高质量机器人相关论坛，多层次开展技术、标准、人才等方面交流，引进国内外先进的机器人技术和经验，带动产业协同创新发展。

3. 在稳链强链上下功夫，加快技术自立自强

鼓励骨干企业瞄准薄弱环节，联合配套企业加快关键零部件、高端整机产品等研发和技术升级；支持产业链上中下游协同创新、大中小企业融通发展，组织实施一批协同创新项目，推进高精度减速器、高性能伺服电机、机器人设计开发、多机器人协作应用等关键技术突破和落地。支持机器人企业加强技术中心建设，鼓励骨干企业联合开展机器人协同研发；“揭榜挂帅”实施一批重大科技攻关项目，推动人形机器人、仿生认知、智能传感器、人机自然交互等关键前沿技术研发攻坚。强化“产学研”深度融合，鼓励浙江师范大学、金华职业技术大学加强相关专业人才的培养和项目研究，发挥金华市智能制造研究院、浙江工业大学金华创新联合研究院等创新平台研究作用，针对机器人应用场景特征，加强机器人基础研究与产品应用研发，推动研发成果产业化落地。

（金华市发展和改革委员会：陈鑫伟、倪坤、汪枝俏；
金华市科学技术局：陈阳兵供稿）

衢州市人工智能发展报告

近年来，衢州市明确“工业强市、产业兴市”战略，产业链、创新链、人才链、资金链、服务链“五链”深度融合，有力推动了人工智能产业的发展。目前，衢州市人工智能产业主要集中在基础层和应用层。其中，基础层主要为集成电路、大数据、网络等多项基础设施，为人工智能产业奠定网络、算法、硬件铺设、数据获取等基础；应用层主要为金融、安防、智能家居、机器人等生产和场景应用。

一、基本情况

1. 产业规模稳步壮大

2023年，衢州市规上数字经济核心产业制造业实现营业收入743亿元，同比增长46%，排名全省第一；规上数字经济核心产业制造业增加值114.6亿元，同比增长41.5%，较全省平均水平高33.2个百分点，排名全省第一；人工智能产业营业收入64.15亿元，同比增长18.8%，增速排名全省第一。其中，衢州市作为省级集成电路产业基地，已形成以金瑞泓、凯圣氟化学、博瑞电子、中宁硅业、晓星新材料等为代表的集成电路材料产业集群。衢州市规上集成电路企业共41家，新增A股上市企业1家（中巨芯），实现工业产值102.6亿元，同比增长33.6%。

2. 产业数字化转型加快

一是推进制造业数字化转型三个“全覆盖”。构建“数字化车间—智能工厂—未来工厂”企业数字化升级路径。衢州市共有36家企业进入浙江省“数字化车间”培育库，14家企业进入浙江省“智能工厂”培育库，天际互感成功创建省级未来工厂，极电新能源进入省级未来工厂试点。深入推进产业大脑建设，目前已有165个组件上架浙江省产业大脑能力中心，龙游特种纸产业大脑入选第三批省级工业领域行业产业大脑建设名单。推动华友钴新材料“数字基础设施集成”场景创建工业和信息化部智能制造示范工厂优秀场景，巨化股份、哲丰新材料 2 家企业创建省级工业互联网平台，4 家企业被列入省级工业互联网平台创建企业。二是推进智慧农业“百千”工程，衢州市已创建数字农业工厂 30 家，柯城鲟鱼基地入选国家数字渔业创新应用基地建设项目。三是推进电商直播式“共富工坊”建设，累计建成 88 个电商直播式“共富工坊”，11 个电商直播式“共富工坊”项目被列入浙江省电商直播式“共富工坊”专项激励项目。

3. 创新能力持续增强

一是布局科创平台。积极筹建以杨德仁教授为首席科学家、以金瑞泓公司为核心，浙江大学全国重点实验室、浙江大学长三角智慧绿洲创新中心、产业链优势企业共同参与的先进半导体材料研制与应用技术创新中心。与国家智能传感器创新中心初步达成组建联合实验室的合作意向。推动高端电子化学品创新研究院落地，泛半导体产业园开工。二是引育关键人才。借力“南孔精英”、海外“引才计划”、高层次人才特殊支持计划等重大人才工程和兰州人才周、沈阳人才周、北京高校博士衢州行等引才活动，引进集成电路领域人才。三是培育创新主体。试行“以投代补”，加速创新成果产业化。新认定省级科技“小巨人”企业 1 家、省级研发机构 6 家，获评浙江省科学技术奖 2 项、省级“尖兵”“领雁”研发攻关计划项目 4 项。

4. 应用场景不断丰富

目前，衢州市紧紧围绕“人工智能 +”行动，在科学、医疗、教育、制造等领域开展应用。浙江大学“两院”将人工智能技术中的计算图、自微分和深度学习等一系列模型算法，与计算生物学中的自由能和蛋白质结构优化等概念进行了深度融合，构建了蛋白质结构优化智能平台，有效提高计算效率；衢州市教育局依托本地中小学素质教育实践学校，多措并举打造衢州“AI 人工智能”教学新高地；衢州理工学校通过人工智能赋能智能制造生产线综合实训平台和智慧化教学平台的建设，实现产教融合育人模式的创新和教学的智慧精准化；衢州市卫生健康发展中心利用人工智能进行辅助诊断应用；市政园林股份有限公司将物联网技术与人工智能相结合，用于建筑工程的实时监测和安全预警；一道新能源通过引入先进的制造执行系统（MES）、企业资源规划系统（ERP），以及制造工艺的虚拟仿真和可视化模拟等信息化系统，将人工智能与制造充分融合，实现设备智能化管理，推动制造业向数字化、智能化制造转型。

5. 特色亮点不断凸显

在关键技术方面，提供算力的数据中心是能耗大户，巨化集团为解决数据中心散热问题，基于10余年的含氟制冷剂研发技术积累，研发出高性能浸没式冷却液，攻克液冷降温关键材料合成“卡脖子”技术，填补高性能数据中心专用冷却液的空白。在产业链延链补链方面，以禾川科技、日新电气等为代表的人工智能企业在人形机器人、半导体材料、软件控制等领域加快布局，有望在新赛道上占领新高地。在产学研融合方面，东南数字经济发展研究院孵化的砖助智连通过CMMI3级国际认证，东南飞视成功取得无人机巡检、民用无人机飞行甲级资质。电子科技大学长三角研究院（衢州）立足本地产业基础，开展“人工智能+锂电池产业”课题研究，以达到生产过程中全制造周期成本控制及智能涂布优化控制的目的。

二、相关政策

目前，已出台《衢州市工业数字化改革专项行动方案》《衢州市数字经济创新提质“一号发展工程”实施方案》《大科创专项政策细则（2023年版）》《衢州市实施六大产业链提升工程行动方案（2020—2025年）》等相关扶持政策。

1. 大力实施集成电路产业链提升工程

突破新一代信息技术、先进半导体芯片与材料等关键技术，培育发展工业软件、嵌入式软件、智慧城市应用软件和信息技术服务业等。优先布局高端存储和第三代化合物半导体产业，积极发展新型传感器件、大尺寸集成电路用硅片产业，着力补齐集成电路设计、制造、封装测试等产业短板，完善集成电路制造产业链，打造具有国内重要影响力的省级集成电路材料产业基地。加快形成以智造新城为核心，龙游县、常山县、开化县等地协同发展的产业布局。到2025年，衢州市集成电路产业链规上企业年总产值超200亿元。

2. 加快实施智能装备产业链提升工程

围绕无人机、工业机器人、传感器、轨道交通装备、空气动力与工程掘进机械、智能输配电装备等重点产业领域，推进智能制造单元和装备智能化升级，突破智能制造关键共性技术，打造国内知名的智能装备产业基地。加快形成以智造新城为核心，龙游县、江山市、常山县等地协同发展的产业布局。到 2025 年，智能装备产业链规上企业年总产值突破 400 亿元。

三、下一步工作

1. 做大做强集成电路产业

立足衢州市现有集成电路的产业基础，鼓励企业强化自主创新能力，大力加强专业人才培养，加大产品研发力度，积极开拓市场空间，不断提升科技含量、增强发展优势，实现创新发展。重点围绕“集、成、电、路”四个字做好文章，即集：发挥“五链”融合优势，加速壮大产业集群；电：提高项目推进效率，加速项目落地投产；路：探索一条符合衢州市实际的集成电路产业发展之路；成：打造一批成果，推动创柔、先导年内投产。

2. 加快企业数字化改造步伐

制造业方面，以“产业大脑 + 未来工厂”为引领，加快实现“三个全覆盖”，2024 年实施企业智能化改造项目 250 个以上。聚焦六大标志性产业链建设，组织开展工业互联网平台、数字化服务商进集群活动，赋能园区政府侧数字化治理与企业侧数字化转型。推广江山市“N+X”轻量化智改先进做法，结合本地特色产业，推动特种纸、轴承等传统产业转型升级。农业方面，重点围绕茶叶、双柚、油茶三大产业转型升级，优先支持新型农业生产经营主体特别是农业龙头企业开展数字化改造。服务业方面，推动文化旅游、交通物流、商贸流通、金融等领域数字化升级。充分利用新零售标杆城市、跨境电商综试区等品牌和平台，持续做大规模。

3. 持续夯实数字基础设施建设

建设高质量 5G 公共网络，推进 5GRedCap 的大规模部署，开展 5.5G 试点建设，新增 5G 基站 800 个以上。推动 5G 和算力在工业领域的应用，协助推进智算中心等算力基础设施建设。做好争创“5G+ 工业互联网”融合应用先导区的基础性工作。聚焦公共治理、生态环境、交通物流、清洁能源、未来社区、幸福民生等重点建设方向，开展一批基础设施智慧化融合应用。实施社区、园区（楼宇）等场所的末端基础设施智能化改造。

4. 深化政产学研金开放合作

按照“2+2+11”的架构体系组建一批产学研紧密联结的创新联合体，整合现有高校、科研院所和高端人才，根据产业领域组建 11 支科技服务分队。争创 2 家省级创新联合体。建立财政科技投入 15% 稳定增长机制，市、县（市、区）两级财政科技经费 50% 以上用于产学研合作项目。完善四省边际城市科技创新合作机制，搭建科技创新交流平台，推动科技成果转移转化。打造“衢动力”科技合作品牌，每季度举办系列活动，扩大衢州市各高能级科创平台影响力。

（衢州市发展和改革委员会：李啸；
衢州市经济和信息化局：程耀庭供稿）

舟山市人工智能发展报告

舟山市围绕智慧海洋建设，积极推进人工智能及信息化建设，开展智慧海洋的各类应用，重点发展海洋智能装备、海洋大数据、海洋卫星通信等领域，加快构建以智慧海洋为主导的特色化发展格局。重点聚焦海洋电子信息产业研发、制造及配套，谋划布局光电、芯片、新型显示屏、智能终端、物联网等人工智能领域项目。开展海洋信息化基础设施建设和海洋信息服务拓展，加快发展智慧海洋智能装备产业，开展智慧岛屿示范建设，打造船联网平台等。

一、基本情况

1. 数字基础设施扎实

舟山市持续加快新型基础设施建设步伐，截至 2023 年底，累计建设 5G 基站 5205 个，已实现城区、乡镇街道所在地、行政村和主要景区的 5G 信号覆盖；家庭千兆光纤网络覆盖率达到 100%；全市物联网基站总数达到 7852 个，其中 LTECat.1 基站数量 6435 个、窄带物联网基站数量 1417 个。同时，推动算力中心的集约化、绿色化和智能化发展，加快一体化智能化公共数据平台建设，推进数据开放和高频共享数据治理。

2. 数字化智能化程度加深

化工、船舶、水产等核心产业链产业大脑建设顺利推进，其中化塑行业产业大脑实现自我造血和持续发展，入驻企业总数达到 2000 余家，服务用户总量累计达到 5000 余户。船舶行业工业互联网方面，鑫亚数智综合运营平台入选省级工业互联网平台创建名单。构建“轻量化智改—数字化车间—智能工厂—未来工厂”的培育路径，全市已累计培育建成省级“未来工厂”2家、市级“未来工厂”6家，省、市级智能工厂、数字化车间（试点）21家。持续培育本地数字化服务企业，中船海洋、迪塔班克（浙江）和象来科技入选省级产业数字化服务商。

3. 科技攻关成果丰硕

近年来舟山市先后组织实施了“深海智能机器人”等省“双尖双领”重点科技项目（浙江大学海洋学院等单位）、中央引导资金项目“大气波导探测激光雷达技术研究”（东海实验室），通过科技攻关，形成了一批重要科技成果。如东海实验室在国际上率先成功研制K/Ka波段模拟多波束（8通道4波束）低轨卫星海洋宽带通信芯片，浙江大学海洋学院海洋人工上升流技术获浙江省技术发明奖一等奖，浙江大学舟山海洋研究中心开发了世界上第一台智能鱿鱼切片机，实现100%“机器换人”。2023年舟山市创建市级企业技术中心10家；认定工业新产品、新技术35项；共有3台装备被认定为省级首台（套）装备，1项软件被列入浙江省首版次软件。

4. 创新平台卓有成效

东海实验室（见图2-3）聚焦海洋感知智能装备技术攻关、工程应用和产业转化，先后组建了海底智能机器人研究所、空天遥感装备技术研究所、海岸和海洋环境数字孪生研究所。其中孙文波团队采用全球首创的激光雷达快速测定低空小目标速度矢量技术，研制出角动量涡旋光激光雷达，并完成原理验证样机，解决了低空探测领域非金属复合材料小目标难以被传统雷达探测的难题。浙江省海洋及船舶电子研究院（嘉蓝）加快提能升级，依托中电科36所成功开发了多款无人艇，相关技术处于国内领先水平。

5. 专家团队实力突出

舟山市形成以浙江大学海洋学院、浙江海洋大学、东海实验室等高校院所为主的高端专家团队。目前主要有浙江海洋大学海洋工程与技术研究所团队开发了“水下直升机”、海洋人工上升流技术装备；浙江大学物理海洋与遥感研究所团队研发了海洋多参数水质仪、海洋传感与网络研究所团队研发了智能水下机器人、海洋电子与智能系统研究所团队开发了低轨卫星宽带通信芯片，浙江海洋大学海洋宽带通信技术团队研发了5G智能海洋终端等。

图 2-3　东海实验室效果图

资料来源：作者提供。

6. 特色亮点鲜明

一是智慧海洋大数据中心进入试运营阶段，建设了基于互联网的门户，提供各类数据治理、原型开发、辅助决策的模型、算法、组件、产品服务。二是普陀山“一码通”应用持续推进，按照“政府有为、市场有力、管理有效、文化有味、游客有感”五个建设维度，通过归集吃住行游购娱传统旅游六要素及共享、健康等资源，打通跨区域、跨部门、跨行业数据壁垒。三是其他人工智能场景应用铺开，如同博科技开发的全球海洋渔业大数据服务平台，通过开展基于人工智能的创新研发，在海洋防灾减灾、渔业航运和海洋生态保护等多个领域发挥重要作用；北鲲智能研制的百吨级无人艇，拓宽了民营企业参与国防建设的路径；欣挪瑞海洋研发的沿海小型船艇智能辅助驾驶系统，通过智能感知、数字化监控、辅助驾驶、AR 智能避碰等技术，显著降低游艇驾驶风险。

二、相关政策

印发《舟山市人民政府关于推动工业经济高质量发展的实施意见》，瞄准打造海洋特色先进制造业基地的目标，提出 20 条具体措施，支持企业创新能力提升，引导企业加大研发投入，促进各类创新要素向企业集聚，对获评各级企业技术中心、省级新产品（新技术）的企业给予奖励；积极引导企业开展数字化改造提升，加大对“未来工厂”、智能工厂（数字化车间）、工业互联网平台、绿色工厂等项目的专项奖补力度，通过强化政策扶持持续提升发展环境，优化产业结构。

实施《舟山市外籍人才认定工作办法（试行）》，对拟长期在舟山市工作的高科技领域外籍人才、外国技能型人才和符合产业发展方向的单位聘雇的外籍人才等12类外籍人才，放宽年龄、学历和工作经历限制，制度化实现工作及居留许可期限最大化。

三、下一步工作

继续深入实施创新驱动发展战略，进一步挖掘人工智能产业潜能，推进人工智能产业发展，重点做好以下几方面工作。

1. 紧抓产业谋划

紧紧抓住海洋特色优势和自贸试验区等发展机遇，探索未来产业发展方向，绘制未来产业地图，重点聚焦海洋电子信息产业研发、制造及配套，谋划布局人工智能、光电、芯片、新型显示屏、智能终端、物联网等高精尖技术项目。

2. 鼓励智能化改造

持续加大优惠政策的扶持力度，重点支持企业“未来工厂”、智能工厂（数字化车间）的智能化改造和工业互联网平台建设。推进一批示范性强、产出高、带动力大的智能化改造示范项目，推动一批细分领域工业互联网平台建设。持续开展企业智能诊断，培育智能化改造系统集成商和智能化改造专家队伍。

3. 集聚创新资源

加强人工智能科技和产业合作，支持企业与高校、科研机构联合组建人工智能产学研创新平台，建立促进技术创新和示范应用的协作机制，着力引进集聚一批人工智能高端人才和团队。重点推进以海洋环境感知等智慧海洋为研究方向的东海实验室建设。持续推进省智慧海洋大数据中心迭代升级。

4. 拓展应用场景

按照产业链“缺链补链强链”的要求，继续在智慧海洋等领域找短板、补短板，开展精准招商、以商引商、产业链招商，提高招商工作针对性和有效性。重点推进海洋观测网、海洋通信网、海洋大数据、智慧渔业、智慧港航、智慧旅游、智慧物流等项目的招商，争取一批项目具备落户条件。

（舟山市发展和改革委员会：林日斌；舟山市经济和信息化局：郑哲；
舟山市科学技术局：陈庆建供稿）

台州市人工智能发展报告

台州市委、市政府抢抓新经济、新技术融合突破的重大战略机遇，深入实施数字经济创新提质“一号发展工程”，加强数字产业化、产业数字化、产品智能化、数据价值化“四化协同”，推动算力基础设施建设，加快推进人工智能等新一代信息技术与制造业深度融合，有力推动创新能级、产业能级、城市能级显著跃升。

一、基本情况

1. 产业发展基底良好

随着近几年“机器换人”、智能化技改、两化融合等工程的快速推进实施，台州市人工智能产业稳步发展。台州市机器人领域相关企业有100多家，涵盖工业机器人本体制造、机器人精密减速器、伺服电机、控制系统等各个领域。截至2023年底，全市人工智能制造业规上企业共69家，涌现了吉利汽车、星星集团、伟星集团、钱江摩托、杰克集团、海正药业、苏泊尔、钱江机器人、双环传动、海德曼、迈得医疗、琦星智能等具有战略眼光的智能装备龙头骨干企业。

2. 算力设施建设稳步推进

台州市不断提升算力综合供给能力，全面推动算力绿色安全发展，加速算力布局赋能千行百业，为数字经济高质量发展注入新动能。浙东南数字经济产业园完成一期400P算力建设，于2023年12月26日正式上线。浙东南数字经济产业园由智算中心、创新共享空间、数字科创飞地以及数字经济生产基地构成，搭载了寒武纪最新一代国产人工智能芯片，是目前国内技术水平最高、覆盖算力精度最广、通用度最高的智能计算中心，总投资约 38.2 亿元。目前算力认租率超 150%，寒武纪、南京领行科技等 8 家芯片半导体、人工智能领域头部企业已在园区落地，园区 2023 年实现开票收入 3 亿元。

3. 数字赋能产业发展

人工智能主要应用于智能制造领域，赋能数字经济发展。新能源汽车热交换等 3 个产业大脑被列入第三批工业领域行业产业大脑建设名单，台州市产业大脑数量达到 11 个，总量和上线数量均位列全省第一，成为浙江省唯一实现各县（市、区）产业大脑全覆盖的地市。2023 年新增 3 家浙江省未来工厂试点企业，累计达到 8 家。新增规上企业实现数字化改造 1000 家，医化、缝制、机床、模具等行业率先完成细分行业数字化改造全覆盖。2 个平台入选财政支持中小企业数字化转型试点，居全省第二。台州恩泽医疗集团（中心）浙江台州医院“基于高光谱和 AI 技术的脓毒症多模态早期识别及精准诊疗研究”入选 2023 年度浙江省“尖兵”“领雁”研发攻关计划项目。

4. 数据服务再上台阶

一是推进公共数据授权运营试点建设，建立台州市公共数据授权运营管理协调机制，明确金融服务为第一批授权运营领域。确定台州市金融投资集团为金融服务领域公共数据授权运营单位，完成授权运营区域建设，并顺利通过省级验收。指导椒江区、黄岩区、路桥区等 5 个试点县（市、区），建立协调机制、发布运营通告，做好先进制造、海洋治污、人才服务和外贸服务等县级公共数据授权运营试点工作。二是推动高质量数据向社会开放，新增无条件开放数据集 106 个，数据开放服务水平位居全国第十二位。组织参加 2023“之江杯”数据治理与创新利用大赛，累计发掘 45 个作品参赛，5 个作品入围浙江省决赛，最终“易查云全球智能贸易服务平台”项目获数据开放利用赛道一等奖（浙江省 2 个），4 个项目获优胜奖，台州市大数据局获优秀组织奖，获奖总数居全省第二。

5. 创新平台趋于完善

高标准推进椒江科创谷人工智能及智能产品应用创新中心建设，聚焦智能光电、智能缝制设备、智能家居等重点产业，加大力度引进西安交通大学、同济大学、浙江工业大学等院校团队，重点推进建设浙江大学台州研究院智能产品研究院、与浙江工业大学共建人工智能及数字孪生实验室。推动打造未来汽车协同创新中心。重点推进吉利智能汽车工程中心（研究院）、汽车工程师培训基地等项目，力促新能源汽车设计研发、汽车网联（产业大脑）、产学研用一体化（汽车领域科研成果转化落地）等功能的完善，形成支撑台州未来汽车城发展的一流智能网联新能源汽车产业创新生态系统和人才集聚高地，成为未来汽车城的“创新核”。

二、相关政策

台州市为促进人工智能产业发展，先后出台了一系列相关政策，包括《台州市深入实施数字经济创新提质“一号发展工程”实施方案》《台州市加快推进制造业高质量发展若干政策（修订）》《台州市加快推进制造业高质量发展若干政策（新智造篇）（修订）》《台州市加快发展软件和集成电路产业若干政策》《台州市促进电子商务高质量发展的若干政策》。

三、下一步工作

1. 加强人工智能产业链培育

进一步优化升级基础设施。加强新型算力设施建设，加快边缘算力节点改造，为人工智能企业提供强大的算力支持，为人工智能研发和应用提供算力支持。鼓励本地及引进的高端芯片制造企业和人工智能专用硬件厂商，提升人工智能产业核心硬件自主可控能力。建立人工智能产业链协同机制，促进硬件、软件、数据、算法各环节之间的深度合作与资源共享。支持上下游企业联合攻关，形成涵盖基础层、技术层、应用层的完整产业链条。打造人工智能产业园区，通过优惠政策吸引国内外优质企业入驻，培育一批人工智能领军企业。建立公共技术服务平台，提供一站式人工智能技术研发、测试、验证等服务，降低中小企业进入门槛。

2. 推动人工智能为产业赋能

结合台州市的传统产业优势，推动人工智能技术在智能制造、药品研发等领域的广泛应用。推动传统制造业与人工智能技术深度融合，通过智能化改造，提升传统产业竞争力，实现传统产业升级和转型。深入推进工业互联网应用，利用物联网、大数据、云计算等技术，构建智能工厂和数字化车间，打造更多未来工厂。在交通、环保、公共安全等领域，开展人工智能应用示范项目，提升城市治理能力和水平，推动城市管理的智能化和精细化，推动人工智能赋能智慧城市创建。通过举办培训班、研讨会等活动，增加助企服务，提升传统企业对人工智能技术的认知和应用能力。

3. 推动人工智能科技创新

加大对人工智能研发的投入力度，支持关键技术的突破和创新。以台州湾科创走廊为载体，积极建设人工智能创新平台，加强人工智能实验室、孵化器建设，为技术的研发和应用提供有力支撑。通过平台的建设和运营，促进创新资源的共享和协同，加速人工智能科技成果转化。鼓励产学研用结合，设立专项基金支持基础研究和技术转化，培养高层次科技人才团队。鼓励企业设立研发机构，吸引更多国内外优秀人才来台州市从事人工智能研发工作。

（台州市发展和改革委员会供稿）

丽水市人工智能发展报告

近年来，丽水市坚持“工业强市”发展方向不动摇，扎实推进传统产业转型升级，加大招引新兴产业力度，加快推进产业数字化转型步伐，实施企业自动化、数字化、智能化梯度培育，人工智能产业发展取得良好成效。

一、基本情况

1. 稳步推进数字产业化发展

2023年丽水市累计新投产规上数字经济核心产业企业33家，共招引数字经济核心制造业亿元以上项目57个。丽水市特色半导体产业链累计落地项目35个，总投资近650亿元，初步形成“一园一链两基地”的发展格局。组织实施美视信息个性化视觉算法生产的关键技术研发与应用等8个数字经济示范项目，丽水市数字经济主平台“四园一基地”全年营业收入首次突破100亿元。布局云计算、区块链、自动驾驶、元宇宙等新兴产业集群，青田县发布全国首个县级元宇宙政策；松阳县成为浙江省首个智慧交通产业发展试点县，自动驾驶和智慧交通助推山区共同富裕项目入选浙江省交通强国建设试点（见图2–4、图2–5）。

2. 全面开展企业数字化改造

青田县、松阳县、丽水经济技术开发区入选浙江省第二批中小企业数字化改造试点，获财政专项激励。莲都区成为2022年浙江省实施数字经济“一号工程”升级版、大力发展数字经济成效明显的5个督查激励县（市、区）之一。召开浙江省产业数字化“三个全覆盖”丽水专场推进会；建立丽水市智能化数字化改造专业机构资源库，引进培育华为（丽水）数字经济创新中心、浙江省工程师学会智能制造专业委员会、维拓工业互联网等 12 家产业数字化服务商；规模以上企业开展技术改造 1215 家，覆盖率达 80.5%，形成山蒲照明、上上德盛、宇恒电池、阀毕威等一批细分行业企业数字化改造样本，新入选三田汽车、华威门业 2 个国家级智能制造优秀场景；新增方正电机省级“未来工厂”，华威门业省级试点，累计达 4 家；新增 13 家省级智能工厂 / 数字车间，累计达 33 家。

图 2-4　青田杨梅“元宇宙”应用场景

资料来源：作者提供。

图 2-5　浙江芯微泰克半导体激光退火

资料来源：作者提供。

3. 大力推进“5G+ 工业互联网”

全年新增建成 5G 基站 1201 座，达年度目标 120%，累计 8375 座。创建成为第三批国家级千兆城市。金成木业入选工业和信息化部 2023 年 5G 全连接工厂名录。建成丽水市数字经济产业数据仓，形成全市园区、企业、用地“工业三张图”和特色产业驾驶舱应用场景，赋能宏观经济运行决策；剑瓷、木玩、合成革 3 个省级产业大脑试点项目上线运行，新增青田不锈钢、松阳不锈钢管 2 个试点项目；新增入围开发区滚动功能部件等 5 个省级工业互联网平台创建名单。生态合成革行业入选 2023 年浙江省产品主数据标准（CPMS）培育 9 个试点名单之一，“生态合成革产业大脑”成为省级试点上线的 50 个产业大脑中实现“自主盈利”的标杆型项目。

二、相关政策

积极出台政策鼓励企业实施智能化技术改造，并不断加大扶持补助力度。编制出台《丽水市数字经济创新提质“一号发展工程”实施方案》，提出六大攻坚任务和 19 项推进措施，联合丽水市纪委开展监督调研，实行清单化、项目化推进。出台《丽水市人才科技赋能半导体产业高质量发展专项政策（试行）》，数字经济主题基金规模扩大到 12 亿元。

制定出台《丽水市人民政府关于加快生态工业和数字经济高质量发展若干政策的意见》，支持企业数字化智能化技术改造是该政策的核心内容。对经核准（备案）投资额 500 万元（含）以上且一个年度内技术、设备、软件实际投资额 200 万元（含）以上的企业技术改造项目，按其实际投资额给予阶梯式补助，200 万元（含）～500 万元、500 万元（含）～2000 万元、2000 万元（含）以上的补助比例分别为 12%、15%、18%；对列入智能制造、数字化转型试点示范项目（“数字化车间”“智能工厂”“未来工厂”），给予项目投资额 30% 的补助；对企业技术改造中购置工业机器人和智能化制造系统的（工业机器人按 GB/T 12643-2013 标准定义执行），再给予设备购置款 20% 的奖励。单个项目当年最高补助 1000 万元。

三、下一步工作

1. 大力发展“数智经济”

大力实施数字经济创新提质“一号发展工程”，突出半导体产业培育，发挥数字经济“三园一基地”主战场作用。建立丽水市智能化数字化改造专业机构资源库，引进一批数字化改造综合服务机构。深入推进数字经济系统应用，参与产业数据价值化改革，加快特色产业“一链一大脑（平台）”全覆盖。推进市级产业数据仓建设，充分发挥数据共享优势。

2. 狠抓企业技术创新

围绕产业关键共性技术推进技术攻关、成果转化、产业化应用，开发省级工业新产品（新技术）50个以上。围绕地方特色产业链，加快推动产业链、创新链、人才链“三链”深度融合，配合加快建设特色产业链产业创新服务综合体，力争新增市级以上企业技术中心等企业研发平台20个以上。

3. 积极推进智能化改造

深入实施《丽水市企业智能化改造和数字化转型三年行动计划（2021—2023年）》，以推进规模以上工业企业数字化、智能化改造全覆盖为目标，分层级推进企业智能化改造和数字化转型提升扩面、分行业推广应用典型案例、分层次提升智能制造水平、分系统培育转型赋能生态，抢抓数字化改革红利，构建“数字化生产线—数字化车间—智能工厂—未来工厂”梯队，2023年规上企业智能化技术改造覆盖面达到95%以上，新增市级智能工厂（数字化车间）培育企业20家以上，新增省级“未来工厂”1家。推进龙头企业实施数字化车间/智能工厂建设、骨干企业实施自动化/智能化成套装备改造、中小企业实施“机器换人”智能化改造，力争纳入浙江省重点技术改造项目100项以上。

4. 积极争取试点示范项目

主动谋划、加强储备，组织实施一批产业链协同创新项目、生产制造方式转型示范项目，培育产业链上下游企业共同体，积极争取省工业和信息化专项资金支持。

（丽水市发展和改革委员会：李小妹；丽水市经济和信息化局：纪豪、郑建供稿）

第三部分 特色行业篇

本部分遴选智能芯片、智能软件、人形机器人、智能物联等 10 个浙江省全球知名、国内一流的人工智能特色行业，介绍各行业全球发展态势、浙江省竞争优势以及重点发展方向，突出了人工智能在关键行业的先发应用优势。

智能芯片

一、全球发展态势

1. 全球市场情况

ChatGPT 的推出引爆全球人工智能芯片需求。2022 年 11 月 30 日，美国人工智能公司 OpenAI 开发的通用聊天机器人 ChatGPT 正式上线，因具备突破性功能而迅速获得广泛关注，发布仅一周就拥有超百万用户，60 天内月活跃用户突破 1 亿。2023 年 1 月 23 日，科技巨头微软宣布向 OpenAI 追加数十亿美元的投资，由此引发全球通用人工智能大模型产业大爆发。全球通用人工智能大模型热点贯穿整个 2023 年，并持续成为 2024 年的一个重要关键词。

全球人工智能芯片市场规模持续增长。人工智能芯片是人工智能大模型的硬核底座，2023 年全球通用人工智能大模型产业大爆发，推动形成对人工智能芯片的海量需求。数据显示，2023 年全球人工智能芯片市场规模达到 535 亿美元，同比增长 20.9%；预计到 2027 年，人工智能芯片营业收入预计达到 1195 亿美元，是 2023 年市场规模的两倍以上。

GPU 成为人工智能芯片市场规模增长主力。2022 年全球人工智能芯片出货量高达 1433 万套，同比增长 18.2%，其中 GPU 芯片出货量达 3.192 亿块；2023 年全球人工智能芯片出货量增加至 1640 万套，同比增长 14.4%，其中 GPU 芯片出货量达 4.66 亿块，同比增长 46%，成为人工智能芯片出货增长主力。

欧美地区保持全球人工智能芯片行业领先地位。从全球人工智能芯片区域市场来看，欧美地区一直是全球人工智能芯片的重要市场，长期维持着行业的领先地位。

2. 全球竞争加剧

英伟达人工智能芯片一家独大、供不应求。人工智能数据模型对高性能、高算力的人工智能芯片需求极大。英伟达的高性能 GPU 芯片对构建生成式大模型至关重要，ChatGPT 的大热推动全球企业抢购人工智能芯片，推动人工智能芯片价格急涨且供不应求。2023 年全球人工智能芯片市场规模达到 535 亿美元，英伟达一家占有 70% 以上的市场份额，其中英伟达的 GPU 芯片在全球数据中心中的市场占有率高达 88%，超威半导体和英特尔两大巨头则瓜分剩下的份额。

全球科技巨头纷纷加入人工智能芯片自研队列。目前各大芯片厂商为避免英伟达在人工智能芯片领域（尤其在 GPU 领域）一家独大，都在积极布局高端人工智能芯片。英特尔等半导体巨头公布新一轮的高算力人工智能芯片研发计划；OpenAI、微软等下游客户推动自研芯片，以打破英伟达的垄断；亚马逊和谷歌等科技巨头已经开始使用自研芯片，并部分外供；超威半导体也在 2023 年 6 月发布了最新加速卡 Instinct MI300X，直接挑战英伟达在人工智能芯片领域的主导地位。

3. 我国发展加快

我国人工智能产业快速发展。近年来，我国高度重视人工智能产业发展，加快布局人工智能基础设施。2023 年，我国已建成各类大模型超过 200 个，有 117 个人工智能大模型通过国家网信部门的审查备案；我国人工智能企业数量超过 5000 家，人工智能核心产业规模超过 5000 亿元。我国人工智能产业在技术创新、专利获取、产业生态、融合应用等方面取得积极进展，已进入全球人工智能第一梯队。

我国人工智能芯片市场广阔。近年来，我国在人工智能芯片产业和人工智能市场方面不断加大培育力度。在大力培育国内人工智能芯片产业生态体系，鼓励人工智能芯片骨干企业做大做强的同时，积极推动人工智能芯片广泛应用于云计算、数据中心、边缘计算、消费电子、智能制造、智能驾驶、智能金融及智能教育等领域，人工智能产业与人工智能芯片产业在融合创新应用等方面取得卓有成效的发展。2023 年，我国智能算力市场规模已达到 5097 亿元，算力规模位居全球第二；我国人工智能芯片市场规模已增长至 1206 亿元，同比增长 41.8%。

我国人工智能芯片国产替代机会大。美国出于对我国科技发展的担忧和恐惧，不惜一切代价阻止我国获得先进半导体技术，不断封堵我国获得国际先进芯片的途径，不仅限制我国进口尖端芯片，还限制我国获得最新的芯片生产工具，以维护自身在全球产业链的主导地位。这倒逼我国芯片产业奋起直追，在人工智能芯片上表现出极大发展潜力。目前国内多家芯片厂商正对标英伟达，并成功自研出高性能人工智能芯片，从美国封锁中获得更多的发展机遇。

我国人工智能芯片领域取得长足进步。一方面，我国在人工智能芯片领域正构建从电子设计自动化（EDA）工具和知识产权，到芯片研发、系统开发、行业应用的全生态系统，打破各高校和研究院所之间的壁垒，形成跨领域、跨行业和跨企业合作，推进人工智能芯片行业全维度发展。另一方面，我国如寒武纪、景嘉微、海光信息、芯动科技、燧原科技、壁仞科技等众多人工智能芯片骨干企业奋起直追；阿里、百度、腾讯和华为等系统型大公司都已在自研人工智能芯片并取得重要进展。多家国内企业人工智能芯片部分参数性能已媲美英伟达的标志性产品 A100 芯片，达到较高水平。目前，华为的昇腾 910B、阿里的含光 800、昆仑芯科技的昆仑芯 3 代、寒武纪的 MLU370-S4 加速卡和 MLU590 芯片，其主要性能均超过英伟达 A100 芯片指标。2023 年中国人工智能加速卡市场出货量约为 133.5 万张，同比增长 22.48%。英伟达在中国人工智能加速卡市场份额约为 81%；国产人工智能加速卡出货量 25.4 万张，同比增长 34.86%，占比约为 19%。其中，华为公司市场占有率为 11%，百度、阿里等国内公司市场占有率合计约为 8%。

二、浙江省竞争优势

1. 集成电路产业发展基本情况

浙江省集成电路产业发展稳中有进。2023 年，浙江省集成电路行业规上企业 859 家，比上年增加 51 家，增幅为 6.31%；纳入浙江省半导体行业协会统计数据库的企业有 706 家，入库率达 82.18%。截至 2023 年，全行业从业人员数约为 19.7 万人，比 2022 年同期的 18.4 万人净增 1.3 万人，同比增长 7.07%。2023 年生产集成电路 239.62 亿块，比 2022 年 194.06 亿块净增加 45.56 亿块，同比增长 23.5%，比全国 6.9% 的平均增幅高出 16.6 个百分点，增速在全国集成电路大省中仅次于广东而位居全国第二位；占全国集成电路产量的比重由 2022 年的 5.99% 上升至 2023 年的 6.82%，占比提升了 0.83 个百分点；集成电路产量在全国各省份中排位由上年的第六位晋升至第五位，并明显缩小了与第四名上海市的差距。2023 年全国集成电路产量前十名省市排名情况见表 3-1。

表 3-1　2023 年全国集成电路产量前十名省市排名榜

2023 年排名	2022 年排名	省市	2023 年产量（万块）	同比增速（%）
1	1	江苏省	10548687	5.0
2	2	广东省	6857405	32.7
3	3	甘肃省	6040860	2.3
4	4	上海市	2864213	-0.4
5	6	浙江省	2396218	23.5
6	5	北京市	2113930	-3.0
7	7	四川省	1101777	-0.7
8	9	陕西省	665183	15.4
9	12	安徽省	603519	136.1
10	11	山东省	401097	-1.6

资料来源：浙江省半导体行业协会、杭州国家“芯火”平台。

浙江省集成电路销售收入增速放缓。2023 年，浙江省 456 家集成电路产业链规上企业共实现销售收入 2390.4 亿元，同比增长约 16.91%；增速比上年的 42.45% 锐减 25.54 个百分点。其中集成电路设计业、芯片制造业、封测业、材料业和装备业分别实现销售收入 684.2 亿元、226.44 亿元、290.18 亿元、848.79 亿元和 340.82 亿元，与上年相比，设计业下降 40.27%、制造业下降 15.66%、封测业上升 169.76%、材料业下降 41.12%、装备业下降 45.36%；除封测业增速同比大幅上升至 169.76%，其他四个细分行业的增速均呈现大幅下降趋势，这与 2023 年全球和全国集成电路产业发展趋势是一致的。

浙江省集成电路产业在长三角地区比重不断提高。2023 年，浙江省集成电路产业增幅较 2022 年大幅下降 25.55 个百分点，较长三角同业同期平均增幅高出 6.91 个百分点；浙江省集成电路产业销售收入占长三角集成电路产业总销售收入的比重由 2022 年的 21.04% 提高到 2023 年的 22.44%。浙江省在长三角集成电路产业规模中的占比，在 2022 年提升 2.95 个百分点的基础上，2023 年又继续提高 1.4 个百分点，体现浙江省集成电路产业发展的特有韧性和近几年扩大投资带来的快速增长效应。预计未来 2 ～ 3 年内，浙江省集成电路产业规模占长三角的比重仍会进一步提高，但增速将会逐步放慢。

2. 浙江省人工智能芯片产业发展概况

浙江省人工智能芯片产业规模持续扩大。2023 年，浙江省从事各类人工智能芯片设计的企业数量达 71 家，比 2022 年的 22 家净增 49 家，同比增长 222.73%，占全国同期人工智能芯片设计企业总量的比重达 10.16%，占比相比上年的 11.22% 降低了 1.06 个百分点。省内从事人工智能芯片设计的企业主要来自杭州市、宁波市、绍兴市和嘉兴市，2023 年人工智能芯片核心产业实现销售收入 114 亿元，比上年增长 16.33%，增速高出同期全省芯片设计业 6 个百分点。浙江省人工智能芯片设计企业及其主要产品情况见表 3-2。

表 3-2　2023 年浙江省人工智能芯片设计企业及其主要产品统计表

序号	公司名称	主导产品或应用领域
一、云端数据中心人工智能芯片		
1	平头哥半导体有限公司	拥有基于其 RISC-V 开放芯片平台的 C、E、R 三个系列共 8 款处理器产品家族，代表性产品有含光 800 系列、玄铁 C908 等 4 款芯片
2	杭州中天微系统有限公司	高性能低功耗嵌入式 CPU 芯片架构及授权
3	龙芯中科（金华）技术有限公司	全面掌握 CPU 指令系统、处理器 IP 核、操作系统等核心技术，为国家战略需求提供自主、安全、可靠、高性能、低成本的处理器和基础软硬件解决方案
4	进迭时空（杭州）科技有限公司	致力于高性能 RISC-V 处理器核、高性能芯片、核心软件系统的创新、研发与服务支撑
5	宁波轸谷科技有限公司	CPU 高速存储、SoC 芯片设计
6	联芸科技（杭州）股份有限公司	数据存储控制信息安全 SoC 芯片，是目前国际上为数不多掌握闪存控制核心技术的企业之一
7	杭州华澜微电子股份有限公司	数码存储控制器芯片，数码存储和数据安全领域的集成电路芯片和技术方案提供商
8	嘉兴芯盟科技有限公司	三维异构集成芯片的技术平台型公司，主要专注于大算力、高带宽、低功耗芯片系统集成应用领域
9	杭州嘉楠耘智信息科技有限公司	ASIC 及人工智能芯片设计
10	浙江豪微科技有限公司	致力于开发 HTC 芯片、HPC 芯片、分布式计算及数据存储等解决方案

续　表

序号	公司名称	主导产品或应用领域
二、物联网和工业互联网		
11	杭州国芯科技股份有限公司	代表性产品为GX8010芯片，是专为人工智能和物联网应用设计的嵌入式SoC芯片，为多核异构架构，集成自主产权的NPU神经网络处理器，用于语音信号处理的DSP处理器等模块，兼具图像处理能力，具有高智能、低功耗、全集成等特点
12	杭州微纳科技股份有限公司	数据处理SoC系列芯片和2.4G/BLE/Wi-Fi射频收发SoC系列芯片
13	杭州万高科技股份有限公司	低功耗数模混合SoC集成电路设计
14	杭州中科微电子有限公司	北斗导航智能定位SoC芯片与导航模块，授时模块等
15	利尔达科技集团股份有限公司	物联网嵌入式智能芯片及系统、智能传感器等
16	杭州领芯微电子有限公司	车载自动化控制、新能源控制人工智能芯片及解决方案
17	杭州地芯引力科技有限公司	智能快充芯片、信息安全芯片、智能音频芯片等
18	杭州晟元数据安全技术股份有限公司	异构双核高性能高安全生物识别SoC人工智能芯片
19	海宁奕斯伟集成电路设计	提供人工智能物联网（AIoT）完整SoC芯片组解决方案以及智能AIoT软硬件生态系统服务、智能卡芯片及电子标签芯片
20	杭州芯象半导体科技有限公司	5G物联网通信芯片，用于智慧城市、智能家居、智慧消防、资产追踪、智能楼宇、智慧农业等领域
21	杭州广立微电子股份有限公司	EDA工具及智能测试设备
22	杭州瑞盟科技股份有限公司	低功耗MCU芯片
23	泰芯科技（杭州）有限公司	人工智能+机器视觉领域的软硬件算法、芯片设计
24	杭州雄迈集成电路技术股份有限公司	安防监控、视频处理智能芯片
25	浙江赛思电子科技有限公司	时钟频率人工智能芯片
26	浙江大立科技股份有限公司	非制冷红外焦平面探测器及机芯组、红外热传感芯片
27	浙江铖昌科技股份有限公司	微波毫米波射频芯片的全套解决方案
28	浙江欣奕华智能科技有限公司	自主定位导航芯片系统，用于工业控制
29	宁波基合半导体有限公司	智能驱动和精确探测人工智能芯片
30	杭州芯翼科技有限公司	集成电路产业协作平台，为众多MCU、信号链、RF、ASIC和电源类等芯片设计公司提供芯片全生命周期的研发支持、生产管理和品质保障
31	杭州行芯科技有限公司	算力与能耗芯片、IP授权等

续 表

序号	公司名称	主导产品或应用领域
三、智能终端人工智能芯片		
32	浙江滨芯科技有限公司	≥ 25Gbps 智能网卡芯片
33	宁波希磁电子科技有限公司	人工智能传感器全产业链的设计开发和规模化生产
34	宁波中控微电子有限公司	CMC 系列控制芯片、消费电子等
35	杭州爱纬斯电子有限公司	北斗、GPS 卫星导航信号处理技术及基带芯片设计等
36	澄天伟业（宁波）芯片技术有限公司	智能卡芯片等
37	杭州智芯科微电子有限公司	深度学习离线语音识别人工智能芯片
38	芯启源电子科技有限公司	IP 设计及服务
39	杭州硅星科技有限公司	低功耗 MEMS 智能传感器及数据接口技术、相关芯片及智能可穿戴设备研发等
40	杭州正芯微电子有限公司	为多个领域提供高性能的 PKE 智能芯片产品、应用支持、解决方案及芯片定制等服务
41	深迪半导体（绍兴）有限公司	微机电系统（MEMS）陀螺仪系列惯性智能传感器芯片
42	杭州宙其科技有限公司	智能控制 SoC 芯片，用于消费电子、工业控制
43	杭州博雅鸿图视频技术有限公司	视觉智能芯片及系统解决方案
44	嘉兴市纳杰微电子技术有限公司	以智能 MEMS 器件、硬件产品为核心，为客户定制倾角测量、振动检测、平台稳定和惯性测量单元（IMU）等
45	浙江诺尔康神经电子科技股份有限公司	神经芯片，用于人工耳蜗、人工视觉等产品
46	杭州暖芯迦电子科技有限公司	生物医疗人工智能芯片
47	浙江东胜物联技术有限公司	智能无线芯片的应用开发
48	索玛集科（杭州）科技有限公司	用于消费类领域的高速处理智能芯片的研发
49	杭州威视传感技术有限公司	微机电系统半导体传感器设计研发
50	浙江离娄科技有限公司	致力于智能传感器、人脸识别、新材料等创新软硬件技术的研发
51	宁波飞芯电子科技有限公司	智能驾驶、消费电子、工业和安防等 3D 视觉人工智能芯片
52	浙江巨磁智能技术有限公司	智能传感器芯片技术开发与应用，为磁电传感产业提供 SoC 单芯片级别解决方案
53	宁波奥拉半导体有限公司	时钟频率和人工智能传感器芯片
54	宁波云图半导体科技有限公司	MCU 微控制器等消费类智能 IC 芯片设计

续 表

序号	公司名称	主导产品或应用领域
55	嘉兴芯感智医疗科技有限公司	主要产品：压力、温度、流量、气体等智能传感器
56	杭州开鼎科技有限公司	EPON 芯片、ONU 芯片、EPONONU 全套解决方案
57	杭州宇称电子技术有限公司	PET-CT 用于探测 ASIC、医疗器械、自动驾驶激光雷达、消费电子
58	杭州士兰微电子股份有限公司	消费类人工智能芯片

资料来源：浙江省半导体行业协会、杭州国家“芯火”平台。

3. 浙江省人工智能芯片主要应用场景

面向云端和数据中心的高端人工智能芯片还处于起步阶段。面向云端和数据中心的高端人工智能芯片需求极高性能的处理和计算能力，能够满足大数据、云计算等高算力应用场景对海量计算和存储的需求。它通常采用先进制程技术、高速缓存和存算一体等硬件组件，以提高处理速度和降低延迟。同时具有灵活的可扩展性，此类应用场景要求人工智能芯片具有良好的可扩展性，可根据不同应用场景和需求进行定制和扩展；支持多种算法和框架，并可通过增加计算、存储和其他硬件资源来提高整体性能。当前，浙江省以平头哥、中天微系统、龙芯中科、进迭时空等公司为代表，数量约占浙江人工智能芯片设计公司总量的 14%。

面向物联网和工业互联网的人工智能芯片持续发展。物联网人工智能芯片是一种集成无线通信、传感器、运算与控制等多种功能的微型电子器件，要求应用在物联网和工业互联网领域的人工智能芯片具备高性能、低功耗、可扩展等特性，能应对连接数量庞大、数据处理量大、传输延迟敏感和长时间工作的复杂要求。这类人工智能芯片产品既有系统级的 SoC 芯片，更有各类工控、Wi-Fi、智能接口和智能传感等芯片。浙江省从事物联网和工业互联网的人工智能芯片设计公司有 21 家，占全省人工智能芯片设计公司总数的 30% 左右，代表性企业主要有杭州国芯科技、杭州雄迈集成电路和杭州广立微等公司。

面向人工智能终端和消费类电子产品应用的人工智能芯片发展较快。人工智能终端和消费类电子产品具有体积小、多功能、低功耗和市场普及率高等共同特征，对此类人工智能芯片的功能、体积、价格和能耗等指标要求苛刻。面向人工智能终端和消费类电子产品量大面广，浙江省从事此类人工智能芯片开发的企业有 40 家，占全省人工智能芯片设计公司总数的 56% 左右。代表性企业主要有杭州士兰微、杭州智芯电子、杭州晟元数据、海宁奕斯伟、诺尔康神经电子、科睿微电子等。

4. 浙江省人工智能芯片应用市场规模

消费电子和汽车电子是浙江省人工智能芯片的主要应用领域。2023 年，浙江省人工智能芯片产品应用领域包括计算机、通信、消费电子、汽车电子、工业控制、物联网、仪器仪表、医疗卫生、航空航天和国防军工等。从浙江省集成电路市场应用结构来看，计算机、网络通信、数字安防、新能源汽车、视觉智能、仪器仪表、消费电子和工业控制等成为集成电路产品的主要应用市场。随着 5G 网络、人工智能、物联网、移动智能终端的兴起以及汽车电子、医疗电子、安防电子等领域的快速发展对集成电路的需求持续扩大，浙江省集成电路市场规模将会持续增长。

主要应用领域平均搭载芯片数量不断上升。随着科技进步和人工智能的发展，集成电路应用领域不断扩大，应用细分产品品种快速增多，每个应用产品的芯片搭载量逐年增加，为浙江省集成电路产品特别是人工智能芯片产品提供更大的市场空间。2023 年浙江省集成电路产品主要应用领域使用芯片数量情况见表 3–3。

表 3–3　2023 年浙江省集成电路产品主要应用领域使用芯片数量情况

序号	应用产品	搭载芯片数量（颗）	备注
1	传统汽车	600 ～ 800	主要包括 MCU、功率半导体、传感器和各类模拟器等
2	新能源汽车	1300 ～ 1600	芯片种类数量也从 40 种上升至 150 种。一些性能好些的车型，芯片使用数量甚至达到 2000 颗
3	智能手机	130 ～ 200	一部 Note10 Pro 就需要 114 颗芯片
4	微型计算机	80 ～ 150	最主要的芯片是 CPU、GPU 以及主板芯片组
5	仪器仪表	15 ～ 50	QD–Mini LED 电视需要 576 颗控光芯片

资料来源：浙江省半导体行业协会、杭州国家“芯火”平台。

人工智能芯片消耗量约占集成电路产品总消耗量的 15% 以上。对 2023 年浙江省微型计算机产品、移动通信产品、汽车产品和仪器仪表等四大类产品年产量以及需消耗集成电路产品数量进行统计，需消耗各类集成电路产品共计 100.97 亿块，约占浙江省集成电路应用市场需求量的 40.15%。其中人工智能芯片消耗量约占集成电路产品总消耗量的 15% 以上。2023 年浙江省主要应用市场部分产品消耗集成电路产品数量情况见表 3–4。

表 3-4　2023 年浙江省主要应用市场部分产品消耗集成电路产品情况

序号	产品名称	需求数量	单位产品消耗集成电路产品数量（块）	合计需求量（万块）
1	微型计算机设备平板电脑	140 万台	120	16800.0
2	移动通信手持机（按智能手机计算）	3032 万台	160	485120.0
3	汽车 其中：新能源汽车	152.6 万辆 59.7 万辆	700 1500	106820.0 89550.0
4	仪器仪表	14127.7 万台	25	353192.5
	合计			961932.5

资料来源：《2023 年浙江省国民经济和社会发展统计公报》。

三、重点发展方向

1. 从通用人工智能芯片向定制人工智能芯片转变

目前全球人工智能芯片技术发展趋势是从通用型向专用型转变，从集中式向分布式转变，从云端向边缘转变，从单核向多核转变，从规则驱动向数据驱动转变，从数字化向模拟化转变，从硅基向非硅基转变等。未来大规模部署定制人工智能芯片将取代当前占主导地位的芯片架构（离散 GPU），以适应各种基于人工智能的工作负载，特别是基于生成式人工智能技术的工作负载。

2. 人工智能芯片设计需要以客户终端需求为导向

目前人工智能芯片设计更多从技术需求的角度出发，如芯片架构选择、芯片性能指标提升等。随着人工智能芯片领域竞争越来越激烈，各芯片企业除了在技术层面有所突破，还需加大应用场景布局，以抢占更多发展机遇。适应碎片化的应用市场，未来人工智能芯片设计需要以客户终端需求为导向，从需求量、商业模式、市场壁垒等各个方面综合分析落地可行性，借助场景落地实现人工智能芯片规模发展。

3. 人工智能芯片发展从侧重云端向端云一体化发展

云端芯片聚焦非实时、长周期数据的大数据分析，能够支持大量运算共同运行，目前云端人工智能芯片应用已经相对成熟。随着智能音箱、自动驾驶、无人机、安防监控等应用日益丰富，云端的部分推理乃至训练算力将迁移至边缘和终端侧，支撑本地业务实时智能化处理与执行。边缘和终端侧对人工智能芯片的需求更为多样、更强调低功耗低成本，技术要求进一步降低。随着边缘计算兴起，端云一体化的算力布局方案渐成主流，不仅可以实现对算法结构的优化，还从本质上赋能各边缘和终端应用，提供更好更完整的解决方案。

4. 人工智能芯片国产化进程加速

中国市场面临的算力缺口给国内人工智能芯片发展带来前所未有的机遇。中国本土的人工智能芯片厂商发展正处于快速增长阶段并取得了显著成就，吸引大量投资和关注，带来更多企业和社会资本进入半导体材料、工艺装备、芯片设计、算法优化、生产制造等环节，加快工艺创新进步，推动构建本土人工智能芯片供应链和生态链体系，未来几年人工智能芯片国产化进程有望进一步加速。

（浙江省半导体行业协会：陈光磊供稿）

智能软件

一、全球发展态势

1. 产业进入高速发展期

人工智能产业进入高速发展期。2023 年是人工智能大模型元年，人工智能技术在全球范围内飞速发展，渗透到各行各业。2023 年全球人工智能产业规模高速增长，市场收入达 5132 亿美元，同比增长 20.7%。其中软件在市场中持续占据主导地位，其市场份额占比近九成，市场规模达 4488 亿美元，同比增长 20.4%。从区域来看，美洲地区市场规模最大，占人工智能软件市场的 64.3%；亚太地区市场规模较小，2023 年为 550 亿美元。从企业发展来看，全球人工智能企业的分布格局鲜明地体现了“中美双强”的态势。据中国信息通信研究院数据，截至 2023 年第三季度末，美国与中国两国的人工智能企业数量合计几乎占到全球总量的一半，其中美国占比 34%，中国紧随其后，占比 15%；此外，英国、印度、加拿大、德国、以色列、法国、韩国以及新加坡等国家的人工智能企业合计占比超过全球总数的四分之一，展现出全球人工智能领域多元化发展的趋势。

2. 规划政策持续加强

各国纷纷出台人工智能监管政策引导产业健康发展。纵观全球主要区域人工智能监管体系，以美国和英国为代表的一些国家或地区对人工智能采取部门或“垂直”监管方法，按部门或领域制定法规；以欧盟为代表的其他国家或地区选择跨部门的人工智能监管方式，并提出适用于所有部门的人工智能监管框架。但无论采取何种方式进行监管，各国对于人工智能监管涉及的一些特定维度都给予高度关注。在北美地区，美国商务部国家标准与技术研究院发布《人工智能风险管理框架》，指导人工智能管理者进行人工智能技术的风险识别和管理；加拿大更新有关《人工智能和数据法案》的配套文件，进一步明确加拿大人工智能监管格局和监管方法。在欧洲地区，欧洲议会、欧盟成员国和欧盟委员会就《人工智能法案》达成初步协议；英国《人工智能（监管）法案》在上议院一读通过，该法案预计设立人工智能管理局进行专门监管。在亚太地区，新加坡发布《国家人工智能战略 2.0》，引导个人、企业和社会信任并使用人工智能；韩国个人信息保护委员会（PIPC）发布《人工智能时代个人信息安全使用指南》，为人工智能开发和服务阶段制定个人信息处理标准；中国发布《生成式人工智能服务管理暂行办法》，提出根据生成式人工智能服务的风险高低进行分类分级监管，以及根据生成式人工智能服务适用的不同领域进行行业部门监管等两种监管政策。

3. 技术创新多方突破

人工智能大模型技术创新百花齐放。从尖端大型语言模型（LLM）首次亮相，到人工智能胸针（Humane AI Pin），2023 年见证了人工智能的快速发展和广泛影响。人工智能现在已经融入我们的生活，深刻影响我们的文化和艺术。以 ChatGPT 为首的生成式对话模型一枝独秀，在人工智能领域独领风骚，引领自然语言处理技术不断成熟。OpenAI 发布千亿级参数的多模态预训练模型 GPT-4，能够理解和生成自然语言文本，并在各种应用场景中都表现出色；Meta 发布开源且免费的人工智能模型 Llama 2，这是一种可生成文本、进行对话、摘要写作以及解决数学定理或预测蛋白质结构等复杂任务的语言模型。谷歌发布 PaLM 2，可以使用 100 种语言，擅长数学、软件开发、语言翻译推理和自然语言生成。中国人工智能大模型市场呈现爆发式增长，龙头企业陆续发布多款产品赋能行业应用。百度的“文心一言”能够与人对话互动，回答问题，协助创作，高效便捷地帮助人们获取信息、知识和灵感；阿里发布通义千问大模型，具备多轮对话、文案创作、逻辑推理、多模态理解、多语言支持等功能；月之暗面发布 Kimi 智能助手，支持 200 万字超长无损上下文；此外，国内模型还有百川智能大模型、抖音云雀大模型、中国科学院“紫东太初”大模型、上海人工智能实验室的书生通用大模型、MiniMax 的 ABAB 大模型等。

二、浙江省竞争优势

浙江省立足数字经济优势，人工智能产业发展态势良好，杭州市被列入国家新一代人工智能发展试验区，德清县成为全国首个县域国家新一代人工智能创新发展试验区，阿里、海康威视、同盾科技被列入国家新一代人工智能开放创新平台，已形成从核心技术研发、智能终端制造到行业智能化应用的完整产业链，区域发展竞争力位居全国前列。

1. 软件产业规模稳步增长

浙江省软件产业积极布局云计算、大数据、人工智能等新兴领域。2023 年，浙江省软件和信息技术服务业稳步增长，盈利能力全国领先；据工业和信息化部统计数据，2023 年浙江省实现软件业务收入 9316.4 亿元，产业规模位居全国第六；实现利润总额 2722.3 亿元，占全国利润总额的 18.7%，同比增长 20.4%，增速高于全国平均水平（6.8%）；软件业务收入利润率为 29.2%，高于全国平均水平（17.4%）。

2. 基础设施建设全国领先

浙江省不断加强网络基础设施、算力基础设施建设，强化人工智能创新发展条件支撑。在网络基础设施方面，截至 2023 年底，浙江省移动通信基站总数达 73.2 万个，2023 年净增 3.8 万个；每万人拥有 5G 基站数已达 34.2 个，位于北京市、上海市、天津市三个直辖市之后，居全国第四。在算力基础设施方面，浙江省贯彻落实全国一体化算力网络长三角国家级枢纽节点建设要求，在原有“以杭州为主核心，宁温金义为副核心”的算力空间布局基础上，逐步形成长三角枢纽区、都市圈核心区、边缘节点区“整体统筹、多级联动”的空间发展新格局。据《2023 年浙江省算力产业发展报告》披露，截至 2023 年 6 月，浙江省数据中心共计 166 个，其中已建大型、超大型数据中心 28 个；浙江省已建算力规模达到 8.86EFLOPS，杭州市、嘉兴市、宁波市、温州市、金华市分列浙江省前五。

3. 开源生态建设显成效

浙江省积极推动人工智能大模型领域自主可控开源社区和开放创新平台建设，打造 MaaS 新范式。2022 年 11 月，阿里达摩院与中国计算机学会开源发展委员会共同推出人工智能模型开源社区“魔搭”，旨在降低人工智能的应用门槛；截至目前，“魔搭”社区已成为国内规模最大、最活跃的人工智能开源模型社区，汇聚了3000多款优质模型及上千个数据集，为超过400万开发者提供模型及免费算力服务。在2024全球开发者先锋大会上，“魔搭”社区启动“ModelScope-Sora计划”，推出一站式工具链和Data-Juicer多模态数据处理系统，旨在为中国类Sora模型的研究与创新提供全方位的支持。

三、重点发展方向

1. 技术创新展现新方向

技术创新是人工智能不断前进的主要动力，决定人工智能企业与产业的发展水平。根据2023年Gartner发布的人工智能成熟度曲线，生成式人工智能和基础模型处于膨胀的巅峰期，智能应用程序、云人工智能服务、数据标记和注释以及计算机视觉正在走向生产力高原。未来，一方面以语言、视觉领域的大模型为代表的基础模型正在成为人工智能技术的核心，它支撑人工智能内容生成、计算机视觉、知识图谱等下游技术或应用，并逐步侵入上一代深度学习模型（如深度卷积神经网络、长短时记忆网络等）的保留地；另一方面因果人工智能、神经符号、负责任的人工智能等领域研究有希望孕育另一种颠覆性的人工智能趋势。

2. 应用需求呈爆发式增长

许多公司已在尝试ChatGPT等生成式人工智能产品，随着试验阶段逐步结束，企业正考虑更大规模地部署新技术。从2023年下半年开始，人工智能大模型就已经从“卷技术”向“卷应用”转变，不只是国产大模型在降价，OpenAI等国外大模型公司也在不断下调大模型价格，让中小企业和个人开发者更加轻松地开发出直面消费终端的丰富应用。从市场环境看，2024年以来，大模型应用需求正快速增长，大模型高速渗透进传统行业，反映其跨行业应用价值。

3. 监管面临新挑战

人工智能在创造前所未有的机遇的同时，也伴随着超越以往范畴的风险，对监管提出严峻考验。人工智能带来的安全问题，呈现在人工智能模型的数据获取、数据训练以及应用上线运营全过程。人工智能内生安全要重点关注人工智能模型和算法自身在可靠性、公平性、可解释性、透明性等方面的安全缺陷；人工智能应用安全包括人工智能模型从开发、测试、部署到运行交互等完整生命周期内的应用安全；人工智能衍生安全，也叫 AIGC 内容安全，主要是对生成内容的涉黄、涉暴等违法违规内容的审核。长期来看，伴随着生成式人工智能的发展，人工智能伦理和 AGI 可控性将是人工智能安全的焦点。

（浙江省软件行业协会供稿）

人形机器人

随着科技的不断进步，人工智能已经成为全球技术创新的关键驱动力。在人形机器人领域，人工智能的发展极大地促进了人形机器人技术的成熟，提高了自动化和交互性的水平。人形机器人在执行复杂任务时展现出的高度灵活性和适应能力，使其在多个行业中得到了广泛应用，如医疗、家庭服务和教育等。

以人形机器人作为人工智能领域代表性的技术之一，浙江省在全国乃至全球的人形机器人发展中，承担着引领创新和技术实践的重要角色。浙江省政府已将机器人定位为未来发展的战略重点，致力于构建以机器人为引擎的新型产业生态系统，推动经济结构的优化和升级，并逐步将浙江省打造成为全球人形机器人技术的重要研发基地和生产基地。

一、全球发展态势

1. 人形机器人市场将呈爆炸式增长

人形机器人的技术进展和应用前景在过去几年中取得了显著的增长，特别是随着2022年初高级仿生人形机器人“阿梅卡（Ameca）”的发布和Atlas机器人的进步。这些发展不仅标志着技术成熟度的提高，还预示着人形机器人可能在未来几年内在多个领域中扮演关键角色。诸多科技巨头，包括波士顿动力、特斯拉、软银机器人以及多个新兴的机器人创业公司，都在积极推动人形机器人的研发和市场化。人形机器人的应用范围正在迅速拓展，从传统的制造业和物流支持，扩展到医疗辅助、家庭护理、教育和娱乐等领域。根据最新的行业报告，全球人形机器人市场预计将在未来十年内呈现爆炸性增长。以美日为代表的国家在推动人形机器人技术的商业应用方面处于领先地位。欧洲、中国和韩国也不甘落后，正在快速追赶，通过制定支持性政策和资助创新项目来促进该技术的发展。人形机器人技术迅速迭代，逐渐成为机器人行业内的一个重要分支。随着技术的不断成熟和应用场景的不断扩大，以及对数据隐私、机器人伦理和成本效益等方面的深入考虑，人形机器人的发展正逐步走向深度融入人类社会和工业应用的新阶段。

2. 人形机器人产业尚处于发展初期

目前，人形机器人产业尚处于产品发布的早期阶段，但市场融资投资热情高涨，特斯拉、波士顿动力、Figure AI、智元机器人、宇树科技等一大批国内外高科技公司纷纷进军人形机器人领域，商业化进程明显加快。《2024 中国人形机器人产业生态发展研究》显示，2023 年人形机器人领域迎来强劲的投融资热潮，共计发生投融资案例 22 起。考虑产品技术进步速度、大规模商用进程、下游渗透率等多种因素，投资机构普遍认为至 2030 年全球人形机器人市场规模可达数百亿美元。根据 2023 年 7 月 Markets and Markets 发布的报告数据，全球人形机器人市场规模预计将由 2023 年的 18 亿美元提升至 2028 年的 138 亿美元，年均复合增速约为 50.2%。据高盛预测，未来 10～15 年内，全球人形机器人市场规模将增至 60 亿美元以上，乐观估计，2035 年市场规模可能达到 1540 亿美元。在国内，首届中国人形机器人产业大会上发布的《人形机器人产业研究报告》预测，2026 年中国人形机器人市场规模将达到 104.71 亿元，2029 年达到 750 亿元，将占世界总量的 32.7%，到 2035 年有望达到 3000 亿元规模。远期来看，人形机器人作为通用人工智能的重要载体之一，有望作为颠覆性产品重塑全球产业格局，被广泛应用于工业、家庭服务、应急安防、助残养老等领域，有效缓解人口老龄化、劳动人口下降和人力成本上升等重大问题。马斯克预测，最终人形机器人与人的比例是 1 ∶ 1 甚至 2 ∶ 1，未来人形机器人需求量可达 100 亿台以上，成为全球万亿级的蓝海市场。

3. 行业技术加快迭代完善

当前行业普遍认为通用人形机器人是 AGI 在物理世界中的最佳载体，而为了让人形机器人能够适应复杂环境、执行多变任务，最终实现自主决策与作业，当前人形机器人的稳定行走能力与灵巧操作能力均亟须提升，而与预先设定任务、无须与环境交互的传统机电系统相比，当前人形机器人的运动更强调基于复杂环境实时感知与反馈的全身高自由度协调控制与自主作业，这对人形机器人的硬件技术、软件技术、控制技术以及自主决策技术均提出了较高要求。

（1）硬件技术。人形机器人的硬件关键技术集中于一体化关节、六维力传感器、柔性触觉传感器、减速器、行星滚柱丝杠以及仿生设计机理等领域。

一体化关节作为人形机器人的核心硬件之一，综合应用了各种新型材料，如轻质合金、高强度复合材料等，并且集成了高精度传感器和先进的控制系统，能够实时感知关节的位置、速度和力矩，并根据这些信息对电机进行精确控制。一体化关节的技术发展方向集中于满足人形机器人高爆发、高功率密度的旋转关节性能需要，研究融合驱动、传动、力感知、伺服控制、热控的关节设计方法，研发高响应、轻量化、变刚度、高精度、模块化的电机驱动力控关节，从而提升人形机器人高动态运动能力。

六维力传感器（见图 3–1）可为人形机器人提供高精度的力感和力矩信息，是实现精细操作、碰撞检测、平衡控制等功能的重要组成部分。随着人形机器人准确获取驱动关节和肢体末端触感力学信号的需求日益旺盛，六维力传感器的技术突破集中于稳定可靠的力传感器结构设计与制造、智能化信号解耦与分析等关键方面，未来的六维力传感器将更加智能化、小型化、高精度化，能够适应更广泛的应用场景。

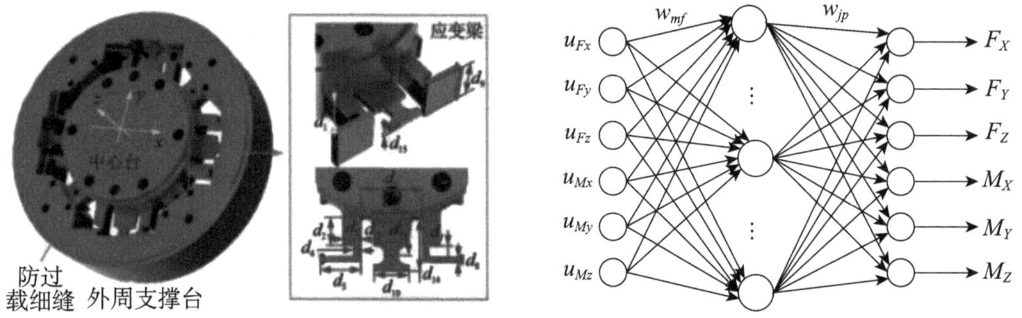

图 3–1　六维力传感器示意图

资料来源：作者提供。

触觉传感器可以感知操作目标的位姿、硬度、肌理等特征，对提高灵巧手的智能化操作能力至关重要（见图 3–2）。当前触觉传感器的技术发展集中于柔性感应技术、多传感器融合技术，并利用深度学习和神经网络等算法，机器人可以从触觉传感器获得的数据中提取有用信息。未来将研发小体积、高可靠性、高柔性的人形机器人手部触觉传感器，以满足人形机器人灵巧手的感知、操作、交互等需求。

行星滚柱丝杠是人形机器人线性传动的核心部件，综合了行星齿轮传动、谐波齿轮传动、滚珠丝杠、滚针轴承等结构的优点。当前行星滚柱丝杠可分为标准式行星滚柱丝杠、反向式行星滚柱丝杠、循环式行星滚柱丝杠、差动式行星滚柱丝杠、轴承环式行星滚柱丝杠等。未来行星滚柱丝杠的技术突破将集中于高精度加工，以获得更高的丝杠精度与表面热处理性能，朝着高精度、高负载、智能化和集成化发展。

图 3-2　高性能灵巧手及触觉传感器

资料来源：作者提供。

减速器是人形机器人关节的核心零部件之一，主要用于降低机器人关节转速，提升扭矩。包括谐波减速器、RV 减速器、行星减速器以及摆线针轮减速器等。未来减速器将向着综合小体积、高精度、高负载、高刚度等特性发展，对于人形机器人实现高爆发、高功率密度的旋转关节性能至关重要。

（2）软件技术。人形机器人的软件技术主要集中于实时系统领域。构建满足高并发和实时性需求的机器人操作系统，对于机器人的高动态运动控制至关重要。当前实时系统的技术发展集中于实时通信总线技术，实现驱动及传感高速响应，保证复杂工况下的系统实时性和可靠性，从而满足人形机器人信息采集、智能计算、通信交互等需求。未来实时系统将实现分布式任务构架和低延迟数据传输。

（3）控制技术。人形机器人的控制技术当前存在四大技术路线，包括基于模型的控制、强化学习、人机映射和类脑控制。

基于模型的控制方法需要对人形机器人系统进行运动学以及动力学建模，并根据稳定运动的约束条件来设计控制算法，其中模型预测控制 + 全身控制是基于简单 / 复杂的动力学模型进行力的预测控制，进而全身优化，可实现臂足协同及物体接触，这是目前最具潜力的方法之一，也是目前行业内应用最多的一种技术路线。

许多初创公司在模型运动控制和规划以及底层控制方面都有自己的算法库，并正在基于深度强化学习、模仿学习的方式形成自身特色。其中，基于强化学习的本体控制，展现出了非常好的高动态控制效果，强化学习也展现出了更好的适应未知环境的潜力。

另外，遥操作作为一种中间态的控制方式，已经被广泛应用于收集训练机器人所需的大量数据，从而将人类用户数据用于大模型训练。在此基础上通过模仿学习，例如视觉端到操作上的规划，可使机器人获得较好的操作能力。

而针对人形机器人多关节、多传感器带来的大量数据实时计算的需求，类脑计算系统靠运动皮层和基底层脑干核心等结构，采用基于中枢神经系统的仿生运动控制系统来实现高计算能效比。

（4）自主决策技术。人形机器人的自主决策技术在大模型出现之前，主要靠深度学习完成，由于没有文本生成能力，所以针对不同的交互问题只能给出机械固定答案，且由于泛化性较低只能解决特定的常见问题。在大模型出现之后，大语言模型＋感知算法＋交互决策控制算法架构使得机器人人机交互能力大幅度提高，只需在大模型下游搭配语音算法，即可应用于许多服务场景。机器人的大模型系统搭载于云端，全部语言交互都可以由云端计算生成。

由于多模态大模型特别是涉及动作行为的大模型发展尚不成熟，大模型仅能在人机交互方面为机器人赋能，在运动控制方面仍需技术迭代。未来机器人自主决策仍会广泛应用大模型，在现有基础上实现语言大模型任务＋思维链任务分解＋感知算法安全轨迹＋复杂动作决策控制架构。

二、浙江省竞争优势

1. 产业与集群优势

浙江省作为中国的经济强省之一，在人形机器人产业的发展中展现出了独特的集群优势。人形机器人产业发展迅速推进，地区性的技术创新和产业布局正逐渐形成。

（1）产业基础强大。浙江省拥有坚实的工业基础，尤其是在机械制造、电子信息技术等相关领域。这为人形机器人的硬件开发和制造提供了良好的土壤。浙江省宁波市、杭州市等已经形成了较为完整的电子制造和软件开发产业链，能够为人形机器人的研发和生产提供关键的技术和材料支持。

（2）高校和研究机构集聚。浙江省内多所高校和研究机构在机器人技术、人工智能和材料科学等领域有着深厚的研究积累，例如浙江大学建立了机器人研究院，并在宁波市成立了人形机器人创新中心，不仅培养了大量技术人才，还推动了许多前沿技术的研发，加速了人形机器人技术的创新和应用。

（3）创新氛围和政策支持。浙江省政府高度重视高新技术产业的发展，为人形机器人等高科技项目提供了包括资金支持、税收优惠和政策引导等在内的多方面扶持。此外，浙江省的创业氛围浓厚，有众多的创新平台和孵化器，为人形机器人企业的成长提供了良好的外部环境。

（4）经济特区和自贸区的优势。浙江省拥有多个经济特区和自贸区，这些区域内企业享受更多的经济自由和开放的政策，为人形机器人企业的国际合作和技术引进提供了便利。

（5）连接长三角一体化发展。浙江省与上海市、江苏省等地紧密相连，是长三角一体化战略的重要组成部分。这一地理和经济优势使得浙江省的人形机器人产业能够在更广阔的区域市场中获得发展，同时也促进了产业资源和信息的高效流动。

2. 优秀产品优势

人工智能的进步正在成为机器人产业发展的关键引擎。在人工智能技术的加持下，机器人不再是单纯执行预定程序的机械设备，而是具有了自主学习和决策能力的智能机器人。人形机器人作为人工智能系统落地物理世界的最佳载体，已成为机器人产业发展的弄潮儿。在生成式大模型、强化学习、模仿学习等先进人工智能技术的引领和浙江省机器人制造强省的底色双重作用下，浙江省机器人产业也涌现出了一批性能卓越、行业领先的人形机器人产品，如上文提到的宇树科技的 H1 和 G1 机器人、浙江人形机器人创新中心的领航者 1 号、浙江大学熊蓉教授团队的悟空 –4 和朱世强教授团队的高性能人形机器人等，为人形机器人技术研发、成果转化、人才培养及产业发展打好基础。

3. 政策扶持与发展优势

浙江省政府历来高度重视机器人产业的发展，机器人产业是浙江省重点打造的千亿级特色产业集群之一，也是浙江省正在重点推进的“415X”先进制造业集群和人工智能融合产业集群的重要组成部分，是打造人工智能创新应用场景、塑造未来产业体系的关键着力点。浙江省正在构建以杭州市、宁波市为核心，其他地区特色差异化发展的机器人产业发展格局。杭州市出台的《杭州市促进智能机器人产业高质量发展的实施意见》，提出打造以人形机器人创新引领，工业、服务、特种机器人支撑发展的“1+3+5”智能机器人创新发展体系；宁波市则编制了《宁波市机器人产业高质量发展实施方案（2023—2027 年）》，并在 2023 年底成立浙江人形机器人创新中心，推动人形机器人产业发展。相关政策正不断推动浙江省人形机器人产业高质量发展，培育形成新质生产力，高水平赋能新型工业化，有力支撑浙江省现代化产业体系建设。

三、重点发展方向

1. 技术创新方向

人形机器人的行走能力可能会逐步趋同、成熟，竞争更偏向于手臂操作端。这项工作更加倾向于如何利用人形机器人实现产业化以及如何为我们的生产生活提供服务，带来更多的帮助。

在大脑层面，着重探索机器人基础大模型的发展创新，构建具身智能的体系结构大模型，从具身代理嵌入交互、任务、感知、控制等四个层次实现机器人的自主决策与作业，同时发展算力，探索低功耗专用小模型 GPU 与编译器，基于生成式数据，探索复杂操作分解与机器人动作库的高效训练。

在小脑层面，着重探索实时技能操作、行为智能控制、实时安全评测等小模型，实现焊接、清洁、搬运、抛光、打磨、炒菜、按摩等技能。在可以预见的未来，基于模型的人形机器人控制方法将会更加完善，其发展方向将会集中于对机器人与环境接触的处理以及优化问题的快速求解上；而针对基于学习的方法如深度强化学习等，数据集和大模型训练的重要手段会成为行业核心壁垒，许多国际大型企业开始进行数据收集的竞赛，探索免编程与安全算法编译器和隐私计算等。

在硬件层面，未来创新方向将集中在通过主体与上游核心部件实现高动态高精度高负载驱动单元、刚柔耦合新材料灵巧手、人工肌肉与电子皮肤、低成本生物传感器、上游正向设计的电机或减速器等；重视脑机接口、生理解剖学、脑机大模型、微针电极传感器、植入机器人等。

在应用层面，应重视垂直模型应用，积极开发通用机器人与人形机器人应用；探索数据服务，如垂直模型服务公司、专用技能数据服务公司等。

2. 发展思路及建议

人形机器人的关键技术包括感知—决策—控制一体化的“大脑”关键技术群、全身协调鲁棒移动与灵巧操作的“小脑”关键技术群和高性能本体结构的“肢体”关键技术群。要推动人形机器人技术革命，培育形成新质生产力，赋能千行百业，离不开先进可靠的产业链供应链体系以及人工智能、控制、传感等多学科深度交叉融合。这需要发挥好有效市场与有为政府的作用，打造人形机器人技术创新体系。

强化人形机器人产业协同供给能力，打造高性能、高可靠、低成本的核心零部件、关键部组件和整机产品。智能化决定人形机器人渗透率上限，而成本决定下限。当前核心零部件成本高，需要持续降低成本来推动商业化进程。浙江省应发挥体制优势，整合机器人产业链“供给侧”优势资源，支持龙头企业牵头联合产学研用组成创新联合体，加强共性关键技术和产品攻关，完善人形机器人生态系统，提升浙江省人形机器人产业国际竞争力。

打造开放、创新、全球化的人形机器人研究平台。聚焦人形机器人核心技术研发和生态建设，深度整合创新链、产业链、资金链、人才链，形成政府指导、企业主导、产业链协同的研究平台，探索跨学科、跨领域的创新模式，建设人形机器人开源社区，汇聚群智群力协同创新，为其他机器人企业提供技术基础和开发环境。

构建人形机器人场景应用创新生态。加大对特定场景的深度挖掘和共性场景的规模化推广力度，组织实施人形机器人应用验证工程，选择重点行业的重点企业或重点项目，建立“机器换人”行业示范应用，培育一批优质解决方案，有效填补应用空白，加强技术与场景深度融合。

浙江省将继续引领潮流，通过强化产业协同供给能力，推动关键技术加速进步，并同时致力于建设开放、创新、全球化平台，构建场景应用创新生态，提升商用落地验证能力，推动我国在人形机器人领域达到全球领先水平，增强国际竞争力。

（浙江省机器人协会：宋伟、郑涛、张浩阳、张缪彧、钱豪夫供稿）

类脑智能

人工智能的迅速发展将深刻改变世界发展模式和人类生活方式。为抢抓人工智能发展重大战略机遇，各国均在构筑先发优势。类脑智能作为人工智能的另一条发展路径，也是实现通用人工智能的最可能路径。类脑智能与各行业的深度融合，特别是在浙江省，推动了企业的数字化转型升级，显著提升了企业的竞争力。类脑智能已成为各行业的新质生产力，对高质量发展具有重要意义。浙江省作为类脑智能产业的创新引领者，地位愈加稳固。浙江省在政策支持、科技创新、人才引进等方面持续发力，推动类脑智能在各个行业领域的应用和发展。

一、全球发展态势

1. 类脑智能发展潜力巨大

在过去五年中，与人工智能的结合彻底改变了汽车、航空航天、国防、消费电子等多个行业领域。然而缺乏对类脑智能的了解以及研发投入不足等因素阻碍了类脑智能市场的增长。根据各市场研究公司分析，类脑智能具有巨大的发展潜力。Mordor Intelligence 的市场分析报告指出，2028 年神经形态芯片市场规模预计将达到约 28.54 亿美元。其中，消费电子领域将占据重要市场份额，类脑计算芯片有潜力让智能手机在不需要互联网的情况下执行高性能和超低功耗计算。

2. 各国对类脑智能愈加重视

欧盟在 2013 年启动的欧盟人脑计划（Human Brain Project）项目，开发了 BrainScaleS 和 SpiNNaker 两个大规模类脑智能平台。日本在 2014 年启动 Brain 项目，基于神经科学深化跨学科合作。2016 年，在美国白宫国家人工智能研发战略计划中，多个部门都对类脑智能包括类脑芯片进行了布局。2021 年，中国在科技创新 2030—“脑科学与类脑研究”重大项目中正式将类脑智能与脑机智能规划为发展方向。然而，与人工智能的投入相比，类脑智能领域的投入远远落后。欧盟委员会在 2018 年至 2020 年期间对人工智能投资 15 亿欧元。2020 年美国政府对民用人工智能技术的资助为 9.73 亿美元。日本政府 2017 年支出 1.86 亿美元开展人工智能研究。2023 年中国在人工智能方面总投资约达到 80 亿美元。2023 年全球对人工智能总投资为 980 亿美元左右。相比之下，类脑智能领域的研究经费是零碎的，是项目层面而不是战略层面的。

3. 企业界和学术界百家争鸣

业界成果的代表有 IBM 在 2014 年发布的 TrueNorth，以及英特尔分别在 2018 年和 2021 年发布的 Loihi 和 Loihi 2，均采用数字 CMOS 实现，以脑启发应用为导向。此外，中国也有了专注类脑计算芯片的创业型企业，如时识科技、灵汐科技、九天睿芯等。在学术研究方面，斯坦福大学的 Neurogrid、海德堡大学的 BrainScaleS 专注于实时模拟神经系统。曼彻斯特大学的 SpiNNaker 用 ARM 核模拟神经元，兼顾神经系统建模与类脑应用。苏黎世联邦理工学院的 ROLLS 和时识科技的 DYNAP 系列采用数模混合实现，倾向于低功耗。清华大学的 Tianjic 芯片则实现 ANN 和 SNN 的混合。虽然类脑计算芯片正在蓬勃发展，但尚未形成统一的技术体系与产业生态，对系统性生态建设关注度不足。

二、浙江省竞争优势

1. 类脑智能基础条件良好

浙江省类脑智能产业的发展得益于技术创新、市场需求和政策支持等多种因素的共同作用，涌现出了一批具有较强引领带动作用的龙头企业和科研平台，并形成了完整的产业链和集群。浙江省类脑智能产业链体系相对完整且复杂，涵盖从上游的类脑芯片、中游的类脑设备制造与算法研发，到下游的系统集成与应用服务等多个环节。浙江省具备类脑智能产品自定义能力、类脑智能服务需求响应能力，以及类脑智能场景应用落地试验能力，形成了以中电海康、浙江大学等企业和高校为主体的科研平台。国务院国资委已将类脑智能主阵地布局在中电海康，中电海康已与清华大学等机构构建类脑计算创新联合体，推动类脑智能技术的研发和应用。浙江大学建有脑机智能全国重点实验室，并成立了教育部脑与脑机融合前沿科学中心，为类脑智能领域提供强大的科研支持。浙江省已经形成了良好的类脑智能应用生态，为行业的智能化升级提供了有力支撑，使浙江省类脑智能产业在国内外市场中更具竞争力，在全球范围内确立了行业领先地位。

2. 拥有一批类脑智能优秀产品

（1）类脑智能——芯片及系统。浙江大学在类脑芯片和类脑计算机领域取得了显著成绩。2015 年，浙江大学成功研制出国内首款类脑芯片“达尔文”Ⅰ代，支持 2048 个神经元。2019 年发布“达尔文”Ⅱ代，神经元规模达 15 万。2023 年，浙江大学联合之江实验室研发出亿级神经元的“达尔文”Ⅲ代，性能与英特尔的 Loihi 2 相当。浙江大学研制了国内单芯片神经元规模最大的类脑芯片，处于国内第一方阵。此外，浙江大学与之江实验室还研制了亿级神经元的 Darwin Mouse 类脑计算机，搭载自主开发的操作系统和工具链，追平国际先进水平，并正在研发百亿级神经元的类脑计算机。

（2）类脑智能——智慧农业。在科技创新 2030—“脑科学与类脑研究”重大项目的支持下，中国电子科技南湖研究院与浙江农林大学、浙江聚贤盛邦农业科技有限公司一起建成了国内首个“类脑智慧农业示范项目”，并落户杭州市临安区太湖源镇的水果笋产业园。现场仅用一台可多地转场的田间“黑科技小货车”，通过“感算融合、类脑云端协同、稀疏计算”的类脑智能计算模式，实现了对临安雷笋种植的 10 分钟内“测土 + 种植方案智能生成”，有效缓解了雷笋种植中的测土配肥时间紧和成本高的问题（之前第三方测土长达 1 ～ 2 周，容易耽误雷笋最佳施肥时机，同时因为单亩检测价格昂贵无法大批量检测）。

（3）类脑智能——脑启社区。中国电子科技南湖研究院的脑启社区是一个专注于脑科学和类脑智能研究的平台。该平台提供了一系列神经网络建模和脑仿真工具，支持多种类型的神经元和突触学习模型，旨在满足精细化、个性化和规模化的脑仿真需求。脑启社区通过融合交互式和可视化的建模方式，推动类脑智能技术的发展，为行业人员和开发者提供强大的支持。

（4）类脑智能——脑机智能。脑机接口将在脑与机器之间形成一条直接通路，实现脑与外部设备的双向信息交互。为了迎接脑机智能时代的到来，应对硬件兼容难、软件重用难、标准互通难、临床试验难等重重挑战，中国将打造一个脑机融合计算平台。浙江大学西投脑机智能研究中心作为平台建设的重要参与者之一，已初步建成脑机 I/O 子平台，将进一步发展脑信息分析与计算子平台，帮助打破脑机研究壁垒，助力脑机应用落地。

3. 政策扶持力度持续加大

浙江省通过多项政策推动类脑智能等高新技术的发展。首先，通过“415X”先进制造业集群培育工程，提升制造业的全球竞争力，强调高端化、智能化、绿色化和国际化发展。其次，《关于强化企业科技创新主体地位　加快科技企业高质量发展的实施意见（2023—2027 年）》重点支持科技企业的发展，尤其是类脑智能领域，增强企业创新能力，扶持科技领军企业和科技“小巨人”企业。最后，通过“8+4”政策体系，投入资金用于支持中小微企业的发展，并通过专项产业基金支持高科技企业。杭州市的紫金港科技城设立了国内首个脑机智能产业园区，聚焦类脑智能技术的发展，吸引了大量高新科技企业和人才。该产业园区提供了完善的服务体系，支持企业在类脑智能技术领域的创新和发展，助力浙江省在全球类脑智能产业中占据领先地位。

三、重点发展方向

1. 技术创新方向

当前类脑智能技术体系主要包括五个层面的内容（见图 3–3），分别是包括各种数学及计算模型的模型层、类脑模型求解的算法层、类脑机制具体硬件实现的芯片层、对类脑硬件进行高效管理与使用的软件层，以及面向各种应用场景的应用层。这些领域当前在学术界及工业界都处于蓬勃发展阶段，但皆尚未形成统一的技术体系与产业生态。

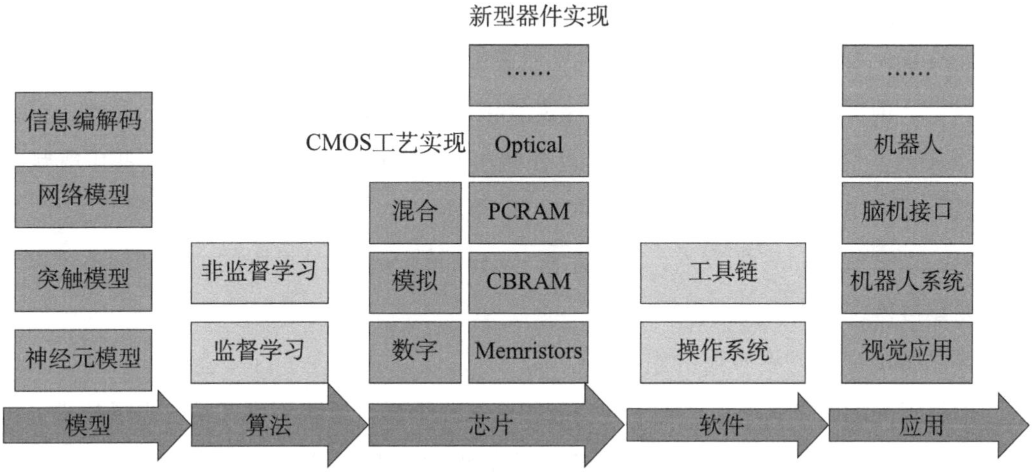

图 3–3　类脑智能研究的五个层面

资料来源：作者整理。

类脑智能如果能真正实现生物脑的运行规则，从而构建类似于生物脑的电子芯片，其优势将不可比拟。然而，要实现真正的类脑智能，开发出新的非冯·诺依曼计算机模型和体系结构，去解决通用智能计算的底层问题，研究还要从各个领域取得突破。

（1）芯片层：找到更加适合类脑智能的新器件。目前大规模的类脑计算芯片都采用传统的 CMOS 工艺，凭借当今纳米级材料的制造能力，如果能开发出新颖的器件，具有极小、超快的神经拟态类脑计算能力，能够定制神经拟态类脑计算的行为，那将极大推动类脑计算芯片的发展。

（2）算法层：适合类脑计算的训练、学习算法。类脑计算系统的学习算法需要超越传统训练算法（如反向传播），跳出冯·诺依曼的框架。这不是一项容易的任务，但如果成功，将有可能彻底改变对机器学习和人工智能应用的认知。

（3）软件层：开发未来可供普通用户使用的类脑计算系统。类脑计算机需要与传统冯·诺依曼架构完全不同的思维方式，需要专门为类脑计算机构建编程语言、操作系统、开发工具等。

（4）应用层：现有设备接入类脑计算系统，构建异构系统。目前的数字世界是基于冯·诺依曼架构处理器构建的，所有的外部设备、传感器、通信接口等都是基于冯·诺依曼架构设计的。如何让这些设备能够接入类脑计算系统，与类脑计算系统的计算模式兼容，也是一项巨大的挑战。

2. 发展思路及建议

类脑智能研究需要更多的资金支持。尽管类脑智能具有颠覆人工智能的潜力，但目前还没有令人信服的商业演示，因此类脑智能缺乏足够的关注与投入。虽然已经取得初步发展，但要想取得理想的成果，还需要激励、机遇和基础设施建设。为此，资金投入是关键，目前对类脑智能的投资远不及人工智能或量子计算。只有一些中等规模投资的例子，比如美国 DARPA 的 SyNAPSE 计划资助 IBM 的 TrueNorth，欧盟 HBP 对 SpiNNaker、BrainScaleS 的投入，英特尔对 Loihi 的投入，但是投资的金额都远不足以支撑想要颠覆传统人工智能的目标。

类脑智能研究需要政府的组织与引领。尽管该领域出现了许多会议、研讨会和期刊，但将不同的研究领域汇聚在一起仍有很多工作要做。因为不同于传统电子技术，每个抽象级别（材料、设备、电路、系统、算法和应用程序）都已经形成体系，研究者可以聚焦于特定的领域。类脑智能的体系需要完全重新构建，因此研究过程中需要贯穿整个体系并发进行。比如对于类脑芯片设计者而言，在设计系统之前仅咨询神经科学家是不够的。两者必须在整个过程中共同努力，以确保将仿生原理尽可能充分地集成到硬件中。因此，需要政府在国家层面与学术研究人员和工业界合作，创建以任务为导向的研究中心，以加速类脑智能的发展。

类脑智能研究需要多方协同培养类脑智能跨专业人才。电子工程师可能对神经元和突触有一定的了解，但是不太可能熟悉高深的神经科学，同样神经科学家也是如此。因此设立硕士课程或者博士培训项目来培训类脑智能跨专业人才是很有必要的。

（良渚实验室：潘纲供稿）

智能物联

一、全球发展态势

1. 全球物联网规模持续快速扩张

自全球物联网市场突破性发展以来，相关技术、标准、产业、应用、服务保持高速发展。根据 IoT Analytics 数据，2022 年，全球活跃的物联网设备连接数为 143 亿个，2023 年增长至 167 亿个，预计到 2027 年，全球活跃的物联网设备连接数有望超过 300 亿个，年均复合增长率达 16%。世界物联网大会预计，到 2030 年，全球物联网连接数或将超过 800 亿个，全球物联网数字经济年产值有望超过 40 万亿美元。

2. 以大模型为代表的技术应用推动智能物联蓬勃发展

2023 年，以 ChatGPT 为代表的系列生成式人工智能产品与大模型技术的发展引发新一轮科技热潮。大模型不仅提升了物联网的感知能力，更构建了强大的智能决策中枢。通过多模态融合，物联网设备能够综合处理来自视觉、听觉、触觉等多源信息，实现情境感知与理解。在此基础上，大模型运用其强大的推理能力，作出超越传统规则系统的复杂决策，推动制造业、物流、能源等行业的自动化、智能化水平迈上新台阶，而大模型与物联网的深度融合更将催生一系列新业态、新模式，不断拓宽智能物联网的应用边界，例如基于多模态交互的虚拟助理、全自动驾驶汽车、智能医疗诊断系统等创新应用已蓄势待发，而 5G、大数据、云计算等新一代信息技术的广泛应用将进一步提升物联网设备的智能化水平，使其得以在更高效、更稳定的数据传输与处理环境中运行，为智能物联行业的发展提供强大的技术支撑。

3. “通感智值一体化”开启“智能物联 AIoT 2.0”时代

随着人工智能、云计算、大数据、区块链等技术的不断创新和深度融合，物联网的应用变得更加智能化、高效化，以“物超人”、互联互通为标志的智能物联 AIoT 1.0 时代正在向以“通感智值一体化”为典型特征的智能物联 AIoT 2.0 时代迈进。“通”是指通信，涵盖实现通信必备的两大要素——网络和终端零部件 / 集成器件等。“感”是指感知，包括各种主动式和被动式的传感器。“智”的范围较广，包括智慧应用、智能终端、人工智能大模型，以及作为支撑底座的基础设施，如边缘计算、云平台、云系统软件等。“值”是实现或者服务于“分配、交换、消费”，亦即实现“价值确认和利益落地”的相关技术与基础设施。“通感智值一体化”也就是通信、感知、智能、价值的一体化，一是将传感、通信和计算能力深度打通，在算网等基础设施之上，通过软件动态按需配置网络功能，实现通信、计算、人工智能、感知、大数据和安全等能力的一体融合，实现 XaaS（一切皆服务）；二是结合价值分配和交易的相关技术与基础设施，实现个体间的网络连接、信息交换和资源调配从“中心化”向“分布式”演变，进而推动物理世界的众多基础设施通过全球社区中个体的大规模协作，“自下而上”地来建设，与当前由中心节点主导的“自上而下”建设的基础设施，形成良好互补。随着传感、通信、计算、执行等能力的深度打通，智能物联将实现更高水平的智能化和价值化。

4. 蜂窝网络引领物联网高速发展

自 2022 年 8 月中国正式迈入“物超人”时代以来，“物”连接快速超过“人”连接（见图 3–4）。从技术上看，无线连接仍是物联网连接的主流，蜂窝网络的物联网连接对我国物联网快速发展的引领作用明显。工业和信息化部数据显示，截至 2023 年底，我国移动网络终端连接数达 40.59 亿户，其中蜂窝物联网终端用户数达 23.32 亿户，占移动网络终端连接数（包括移动电话用户和蜂窝物联网终端用户）的比重达到 57.5%，同比增长 26.4%（见图 3–5）。蜂窝物联网终端应用于公共服务、车联网、智慧零售、智慧家居领域的规模分别达 7.99 亿、4.54 亿、3.35 亿和 2.65 亿户，规模效应凸显，预计未来五年蜂窝物联网连接将保持年均 21.1% 的增速。

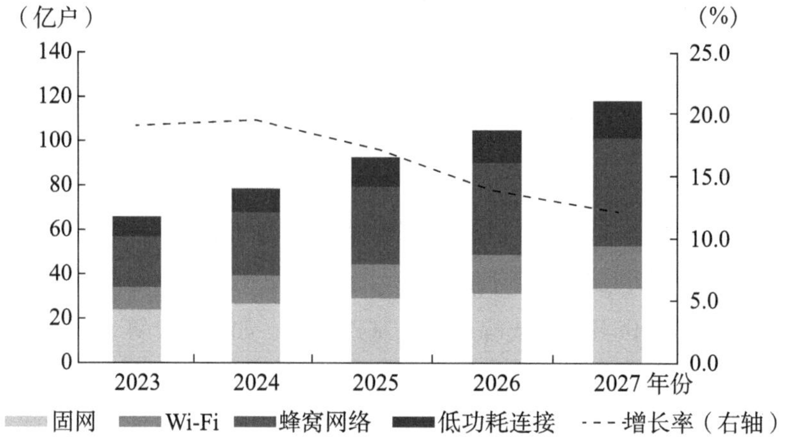

图 3-4 我国物联网连接规模预测（2023—2027 年）

资料来源：IDC 中国。

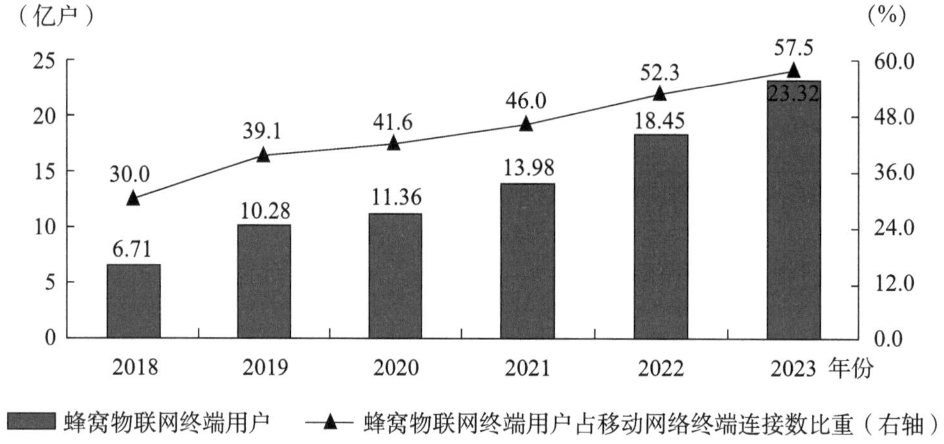

图 3-5 我国蜂窝物联网终端用户情况（2018—2023 年）

资料来源：作者整理。

5. 我国深入推进 5G 物联网普及应用

近年来，我国将 5G 作为蜂窝物联网的重点领域，持续推动 5G 物联网高质量发展。网络基础设施日益完备，累计建成 5G 基站 337.7 万个，具备千兆网络服务能力的端口达到 2302 万个。在技术方面，5G 定制化基站、5G 轻量化技术实现商用部署，6G、量子通信等创新能力大幅提升。在应用方面，5G 应用已融入 71 个国民经济大类，“5G+ 工业互联网”项目数超过 1 万个。在文旅、医疗、教育等重点领域广泛开展试点应用，助力恢复扩大消费。普惠服务持续向纵深推进，全国行政村通 5G 比例超过 80%，2577 家老年人、残疾人常用网站和 App 完成改造升级。随着 5G 轻量化（RedCap）、“5G+ 工业互联网”等领域一系列政策文件的落地实施，基于 5G 的物联网应用将得到进一步拓展。

6. 物联网细分场景应用快速拓展

从行业看，物联网正深入各行业的细分应用场景，制造、医疗健康、交通等领域的物联网连接呈现较快增长态势。在制造业领域，各种对生产过程监测的传感器设备、机器人、软硬一体 AIoT 边缘计算等技术产品的应用部署，为企业尤其是中小型企业智能制造奠定基础，预计未来五年将保持年均 31.3% 的高速增长。在医疗健康领域，医疗物联网围绕医疗机构的管理服务水平和质量提升开展产品创新和应用，逐步探索在个人健康监测服务及公共卫生监测管理方面的应用，预计未来五年将实现年均 28.1% 的增长。在交通领域，物联网连接以道路桥隧的智能监测、智能道路、智能网联汽车、智能停车、智能杆柱等为主要内容，预计未来五年将实现年均 23.1% 的复合增长。

二、浙江省竞争优势

1. 政策引领高位推进

浙江省是智能物联产业起步较早、产业基础较为扎实、技术研究实力较强、应用场景不断拓展的省份之一。浙江省委、省政府历来高度重视智能物联产业发展，将其作为未来产业发展的重要方向、建设制造强省的重要内容和数字化改革的重要载体予以支持。目前已形成以杭州市滨江区、嘉兴市嘉善县、余姚市为代表的 9 个核心区、协同区以及“一核两极多点”布局，加快推动各地市智能物联产业协同发展。2023 年，浙江省智能物联产业集群营业收入达 1.15 万亿元。

2. 企业主体实力突出

浙江省智能物联产业集群共有规上企业 3768 家，制造业企业 3299 家，软件和信息服务业企业 469 家，全国电子信息百强企业 11 家，新华三、聚光科技被纳入工业和信息化部链主型企业培育名单。在智能感知领域，海康威视、大华、宇视安防监控市场份额分列全球第一、第二、第四；在智能网络领域，新华三刀片服务器国内市场占有率超过 50%，排名全国第一；在智能计算领域，阿里云市场占有率位列全球第三、全国第一。

3. 创新载体全面布局

近年来，浙江省加快在物联网领域布局建设省级重点实验室，之江实验室、湖畔实验室等围绕智能计算、数据科学等物联网前沿方向开展基础研究和颠覆性技术创新，2023 年认定的 15 家浙江省重点实验室中有三分之二与物联网领域密切相关。浙江省建设的 10 家省级技术创新中心中，物联网领域相关的技术创新中心也达到半数以上。其中，浙江省智能感知技术创新中心主攻物联网技术领域多频段信号感知、多模态智能计算、特种材料与精密制造工艺等三大方向，建设实现多模态信号感知、传输、存储、分析等关键技术国产化和前沿引领的高能级技术创新平台。浙江省智能工厂操作系统技术创新中心围绕自主可控的智能工厂操作系统平台，工业软件及产业生态，边缘计算、工业芯片及协议，工业信息安全及新一代工业网络，工业大数据与人工智能等五大方向开展关键技术攻关，预计到 2025 年，将建成国际一流的智能工厂操作系统创新高地和高黏性的工业软件孵化与产业生态圈。截至 2023 年底，浙江省累计认定物联网产业相关国家企业技术中心（不含分中心）13 家（见表 3–5）。

表 3–5　浙江省物联网产业相关国家企业技术中心名单

序号	企业名称	企业技术中心名称
1	浙江中控技术股份有限公司	浙江中控技术股份有限公司技术中心
2	正泰集团股份有限公司	正泰集团股份有限公司技术中心
3	聚光科技（杭州）股份有限公司	聚光科技（杭州）股份有限公司技术中心
4	三维通信股份有限公司	三维通信股份有限公司技术中心
5	浙江大华技术股份有限公司	浙江大华技术股份有限公司技术中心
6	杭州海康威视数字技术股份有限公司	杭州海康威视数字技术股份有限公司技术中心
7	信雅达科技股份有限公司	信雅达科技股份有限公司技术中心
8	银江技术股份有限公司	银江技术股份有限公司技术中心
9	华立科技股份有限公司	华立科技股份有限公司技术中心
10	杭州永创智能设备股份有限公司	杭州永创智能设备股份有限公司技术中心
11	网易（杭州）网络有限公司	网易（杭州）网络有限公司技术中心
12	新华三技术有限公司	新华三技术有限公司技术中心
13	浙江宇视科技有限公司	浙江宇视科技有限公司技术中心

资料来源：作者整理。

4. 人才培养支撑有力

据不完全统计，浙江省物联网从业的技术人才有超 20 万人。杭州电子科技大学等 8 所普通高校开设物联网工程专业，核心课程包括《嵌入式原理及应用》《无线传感器网络》《汇编语言与微机原理》《传感器微操作系统原理与设计》等。部分高校设立了电商物联网、智能机器人、物联网大数据采集与分析等专业方向。杭州职业技术学院、嘉兴职业技术学院、浙江省机电技师学院、浙江建设技师学院等职业院校及技师院校开设物联网应用技术专业培养专业技术人才。

5. 标准引领走在前列

截至 2023 年底，浙江省企事业单位累计参与预研、制定物联网重点领域的国际标准、国家标准、行业标准 50 余项，浙江大学、之江实验室、阿里、蚂蚁集团、网易、海康威视、大华、宇视、金卡智能等单位参与了全国信标委物联网分技术委员会基础与支撑工作组（WG1）、网络通信工作组（WG2）、应用工作组（WG3）、标准体系研究组（SG3）的专题标准制定工作。之江实验室作为全国智能计算标准化工作组（SWG32）秘书处单位，围绕异构算力协同、超算互联、存算一体等重点产业方向，立项国际标准 19 项、国家标准 11 项、行业标准 8 项、团体标准 49 项，是计算领域唯一的国家技术标准创新基地。

三、重点发展方向

1. 强化芯片感知能力

随着物联网应用的不断发展，未来需要更高精度的传感器、更复杂的信号处理和更先进的算法，以满足对环境、物体和生物的更多层次、更深层次的感知需求。未来感知芯片可能需要支持多模态感知，即通过融合多种传感器类型（如图像、声音、雷达、气体传感器等）来获取更全面、更准确的信息。这涉及多模态数据融合和处理的技术挑战。解决这些挑战需要跨学科的研究和创新，涉及材料科学、电子工程、计算机科学、人工智能等多个领域，还需要芯片设计人员和工程师在能耗、资源利用率、集成度、安全性等方面进行深入思考和创新。同时，制定和遵守相关的伦理和法规框架也是确保芯片感知发展的重要因素。

2. 建立通信协议标准

未来通信协议面临着多方面挑战。一是更高的数据速率：随着多媒体内容和大数据应用的普及，未来通信协议需要支持更高的数据速率，以满足用户对高清视频、虚拟现实、增强现实等大带宽应用的需求。二是更广泛的连接性：物联网和边缘计算的发展将导致数十亿甚至数百亿设备互相连接。通信协议需要适应这一变化，支持海量设备的可靠连接和数据交换。低延迟和实时性：对于一些应用，如智能交通、远程医疗、工业自动化等，低延迟和实时性是关键。通信协议需要在保持高性能的同时降低通信延迟。三是安全性和隐私保护：随着网络攻击日益复杂，通信协议需要强化安全性和隐私保护机制，防范各类威胁，确保用户数据的保密性和完整性。四是异构网络整合：未来通信环境将包括多种异构网络，如5G、Wi-Fi、LoRA等。通信协议需要支持这些网络的整合，实现无缝切换和互操作性。因此，随着全球物联网技术和生态的发展，通信协议需要在全球范围内建立国际标准，更好地促进设备和应用之间的互通性，以促进跨国沟通和合作，形成更加开放和融合的物联网生态系统。

3. 提升云端平台承载性能

物联网云端平台将针对性能、安全性、可扩展性、数据隐私等多个方面挑战形成突破。①大规模设备连接：随着物联网设备数量的不断增加，物联网云平台需要支持大规模设备的连接和管理。这包括设备注册、身份验证、状态监控等方面的挑战。②数据处理和分析：物联网设备生成的数据量巨大，物联网云平台需要具备强大的数据处理和分析能力，以从海量数据中提取有用的信息。③标准和互操作性：物联网设备和云平台通常来自不同的厂商，因此确保它们之间的互操作性和遵循通用标准是一个挑战。标准化的努力有助于解决这个问题。④设备安全和身份管理：保障设备的安全性是至关重要的。云平台需要提供有效的设备安全和身份管理机制，防范设备被攻击、滥用或篡改。⑤冗余、可扩展性：随着物联网规模的不断扩大，云平台需要具备良好的可扩展性，能够处理增加的设备连接和数据负载。⑥灾备和容灾：云平台需要设计有效的灾备和容灾机制，以确保在意外事件或硬件故障发生时，系统能够迅速恢复并保持稳定运行。

4. 全方位加强物联网安全保障能力

随着物联网的不断普及，新技术、新应用、新模式层出不穷，新问题、新风险、新挑战不断出现，传统安全防护手段面对更加开放多元的应用场景，难以保障物联网产业的平稳、可靠、有序和高效运营。未来保障物联网安全应从网络、平台、系统、数据、安装和人工智能等多个方面入手。具体包括：加强标准化与数字技术的融合，推动标准数字化，利用数字技术对标准本身及生命周期全过程赋能，使标准承载的规则与特性能够通过数字设备进行读取、传输与使用，最终实现标准机器可读可译，能够进行规模化的平台管理，从而大大提高互操作性；通过身份认证、数据加密、设备管理和威胁检测等技术，共同保障物联网系统的安全性，推动物联网产业的可持续发展；通过安全措施的综合应用，推动物联网生态系统更加稳健、安全地运作。

（浙江省物联网产业协会供稿）

智能制造

智能制造是基于新一代信息技术，集成自动化、数字化、网络化和智能化技术，全面提升制造业的生产效率、产品质量和服务能力的先进生产方式。在智能制造领域，人工智能的应用能够优化生产流程、预测维护需求、提升产品质量，实现从传统制造向智能制造的转变。这不仅提高了生产效率和资源利用率，还推动了制造业向高端化、柔性化和定制化发展，为制造业的转型升级和可持续发展提供了强大动力。

一、全球发展态势

1. 市场规模持续扩大，市场需求不断增长

美国继续推进其“先进制造伙伴计划（AMP）”，强调发展和推广新的制造技术、培养制造业技术工人、扩展产业供应链。此外，美国国家科学技术委员会发布的《先进制造业美国领导力战略》强调通过应用先进的传感技术、控制技术和机器学习技术，推进数字制造和智能制造的发展。德国在前期“工业 4.0”战略基础上，2023 年进一步强调在制造业中广泛应用数字技术，提高制造业的附加值。德国政府通过支持重点工业领域的发展和技术创新，巩固其制造业的全球竞争优势。欧盟在 2023 年通过了《人工智能法案》，旨在规范人工智能技术的应用，并为智能制造的发展提供法律保障。日本在 2023 年继续实施其“机器人新战略”，旨在通过机器人技术的普及和应用，推动制造业的智能化转型。日本经济产业省发布的《制造业白皮书》提出了广泛应用数字技术，以增强制造业的竞争力和创新能力。2023 年，中国进一步推进智能制造技术的研发和应用，特别是在人工智能、大数据和物联网等领域。各地方政府也积极响应国家战略，出台了相应的行动计划和支持措施，如浙江省的智能制造行动计划。企业方面，跨国公

司和本土企业积极布局智能制造，投资智能工厂、智能生产线和智能设备，推动制造业向高端化、智能化发展。

2. 智能制造技术呈现多元化和融合化发展的趋势

人工智能技术在制造过程中的应用日益广泛，如机器学习、深度学习等技术被用于质量检测、生产优化和预测维护等环节。物联网技术实现了设备、生产线和系统的互联互通，提高了生产效率和资源利用率。机器人技术在制造领域的应用也越来越广泛，从传统的焊接、装配、搬运等环节扩展到精密加工、柔性生产等领域。未来，智能制造市场将继续保持快速增长，预计到 2030 年，全球智能制造市场规模将突破万亿美元。技术方面，人工智能、5G、大数据、云计算等技术将进一步融合，推动智能制造向更高水平发展。数字孪生、边缘计算和自主系统等前沿技术将逐步应用于智能制造，提升制造过程的智能化、柔性化和精细化水平。

二、浙江省竞争优势

智能制造是浙江省正在重点推进的“415X”产业集群重要组成部分和人工智能应用主要领域。浙江省积极推进制造强省建设，以智能制造为主攻方向，显著提升了浙江省制造业的整体水平。通过一系列政策措施和专项资金的支持，浙江省智能制造产业发展基础扎实，创新能力强。

浙江省智能制造发展取得显著成绩。一是智能制造产业规模持续扩大，涌现出一批具有国际竞争力的智能制造企业；二是智能制造技术水平显著提升，多项技术达到国际先进水平；三是智能制造应用场景不断拓展，涵盖汽车、电子、机械、纺织等多个领域。截至 2023 年，浙江省累计实施国家智能制造应用和试点项目 96 个，省级工业互联网平台 535 个、示范平台 160 个、重点平台 49 个，supET 平台、supOS 平台入选国家“双跨”平台，浙江省规上企业数字化改造覆盖率已达 80.61%，累计上云企业超 50 万家，在 36 个重点产业集群（区域）开展新智造试点，重点行业典型企业装备数控化率超 60%、工业设备联网率超 42%。

1. 产业与集群优势

浙江省智能制造产业具备显著的集群优势，已形成多个具有国际竞争力的产业集群。这些集群涵盖了电子信息、装备制造、汽车及零部件、纺织服装等多个领域，通过集聚优势资源、整合创新力量，推动全省智能制造水平的整体提升。

（1）电子信息产业集群。电子信息产业是浙江省智能制造的重要组成部分，特别是杭州市、宁波市等地拥有强大的技术创新能力和丰富的产业资源。杭州市作为中国的互联网和电子商务中心，集聚了以阿里为代表的一大批高科技企业。阿里通过其强大的电子商务平台、云计算和大数据技术，推动了众多制造企业的数字化转型。阿里旗下的阿里云为企业提供强大的计算能力和数据分析服务，助力制造企业实现智能生产和运营优化；菜鸟物流在智能物流方面的创新，也为智能制造的供应链管理提供了有力支持。

此外，大华和海康威视作为全球领先的安防企业，利用人工智能和大数据技术，在智能安防、智能制造等领域取得了显著成绩。其产品广泛应用于智能安防、智慧城市和智能制造等领域，通过智能视觉技术，提升了生产线的自动化和智能化水平，推动了制造业的智能升级。

（2）装备制造产业集群。装备制造业是浙江省传统优势产业，通过智能化改造，正逐步向高端化和智能化迈进。宁波市、台州市等地集聚了众多装备制造企业，形成了完善的产业链和配套体系。杭州汽轮机股份有限公司是国内知名的装备制造企业，通过引入智能制造技术，提升了产品的质量和生产效率。杭叉集团作为国内领先的物流装备制造企业，通过智能化改造和数字化转型，不断提升产品的智能化水平和市场竞争力。杭叉集团的智能叉车和自动化仓储解决方案，广泛应用于制造业和物流行业，推动了物流装备的智能化发展。

（3）汽车及零部件产业集群。浙江省的汽车及零部件产业集群主要分布在杭州市、宁波市和台州市等地，形成了以整车制造为核心，零部件配套齐全的产业链条。吉利是浙江省汽车制造业的代表性企业，致力于新能源汽车和智能汽车的研发和生产。吉利作为中国领先的汽车制造企业，在智能制造和新能源汽车领域取得了重要突破。吉利通过引入智能制造技术，构建了智能化生产线和数字化工厂，提升了生产效率和产品质量。其智能汽车和自动驾驶技术也在不断发展，为智能出行提供了新的解决方案。均胜作为全球领先的汽车电子企业，通过智能化生产线和工业互联网技术，为全球汽车制造商提供高质量的智能化产品和解决方案。

（4）纺织服装产业集群。纺织服装业是浙江省传统支柱产业，通过智能制造技术的应用，正在向高附加值和智能化方向转型升级。绍兴市、嘉兴市等地集聚了大批纺织服装企业，形成了从原材料、纺织到服装制造的完整产业链。雅戈尔作为国内知名的服装品牌，通过引入智能制造技术，提升了生产效率和产品质量，实现了个性化定制和柔性化生产。绍兴市柯桥区是全球最大的纺织面料集散地，通过建设智慧纺织园区，推动纺织产业向智能化、绿色化方向发展。

2. 智能制造技术优势

浙江省在智能制造技术领域具有显著的优势。一是领先的技术创新能力。浙江省拥有众多高水平的高校和科研机构，如浙江大学、浙江工业大学等，这些机构在智能制造相关技术领域的研究具有很强的实力。此外，浙江省还汇聚了大量高新技术企业，如阿里、海康威视、吉利等，这些企业在人工智能、大数据、物联网、机器人技术等领域不断创新，推动了智能制造技术的快速发展。二是成熟的智能制造平台。浙江省的智能制造企业积极构建和应用智能制造平台，通过数字化和网络化的手段，实现生产过程的自动化和智能化。例如，阿里旗下的阿里云平台，提供了强大的云计算和大数据处理能力，助力企业实现智能生产和运营优化。通过这些平台，企业能够实现设备互联、数据采集和实时分析，提升生产效率和产品质量。三是强大的产业链协同能力。浙江省拥有完整的智能制造产业链，从基础材料、核心部件到整机制造和系统集成，各个环节的企业密切协作，形成了强大的产业链协同能力。这样的协同能力有助于缩短技术研发和成果转化周期，提高产品的市场竞争力。特别是在装备制造和汽车及零部件等领域，浙江省的产业链优势尤为明显。

3. 政策扶持及发展优势

浙江省在智能制造领域取得的突出成绩离不开政府的政策扶持和多方面的优势，具体如下。

（1）规划和战略。浙江省政府高度重视智能制造的发展，出台了一系列规划和战略文件，如《关于高质量发展建设全球先进制造业基地的指导意见》《浙江省“415X”先进制造业集群建设行动方案（2023—2027年）》《浙江省培育建设“未来工厂”试行方案》和《中国制造2025浙江行动纲要》等，明确了未来几年智能制造的发展目标和重点任务。通过这些文件，政府为智能制造企业指明了发展方向，并提供了清晰的政策指引。

（2）财政支持。政府通过财政补贴和专项资金支持智能制造企业的研发和技术改造。例如，浙江省设立了智能制造专项资金，用于支持企业的技术创新和智能化改造项目，降低企业的创新成本，促进新技术、新产品的快速应用和推广。

（3）税收优惠。为鼓励企业进行智能制造技术的研发和应用，浙江省政府出台了多项税收优惠政策，包括高新技术企业所得税优惠、研发费用加计扣除等，减轻了企业的税负，激励企业加大在智能制造领域的投入。

（4）人才引进。浙江省重视高端人才的引进和培养，通过实施各种人才政策引进国内外优秀的智能制造人才。同时，政府鼓励高校和企业合作，建立智能制造人才培养基地，提升本地人才的素质和技能。

（5）示范项目。政府大力推进智能制造示范项目建设，通过树立典型示范企业和项目，以点带面，推动全省智能制造的发展。示范项目涵盖了多个行业和领域，展示了智能制造技术的应用场景和成功案例，具有很强的示范效应。

三、重点发展方向

尽管浙江省智能制造发展取得了显著成绩，但仍面临一些挑战。一是技术创新能力有待提升，部分关键核心技术仍依赖进口；二是产业结构亟须优化，传统制造业智能化水平有待提高；三是人才短缺问题突出，高端智能制造人才供给不足。未来，浙江省智能制造应以技术创新为核心，深化智能制造与新一代信息技术的融合，推动制造业向高端化、智能化发展。

1. 加强技术创新，突破关键核心技术，提升智能制造技术水平

技术创新是智能制造发展的核心动力。针对实施智能制造所需关键技术装备受制于人的问题，通过高端智能装备首台（套）、短板装备突破等专项政策，支持企业加快研制一批自主化的智能制造关键技术装备（工业软件），鼓励企业和科研机构合作攻关。政府可以通过设立专项基金、提供科研补贴等方式，支持技术创新项目的开展。同时，应加强对创新成果的保护和应用，建立健全知识产权保护机制，促进科技成果的转化和产业化。

2. 推进智能化改造升级，促进传统制造业向智能制造转型

传统制造业的智能化改造是实现智能制造的重要途径。浙江省应推动制造企业加快智能化改造升级，提升生产过程的自动化、数字化和智能化水平。政府可以通过财政支持、技术指导和示范项目等措施，帮助企业进行设备更新和生产线改造。重点行业和领域如纺织服装、机械制造、汽车及零部件等，应率先实现智能化转型，树立行业标杆，带动整体制造业的智能化发展。

3. 构建智能制造生态体系，打造产业链协同创新平台

构建完善的智能制造生态体系，有助于实现产业链上下游的协同创新和资源共享。浙江省应加强产业链的协同合作，打造集研发、生产、服务于一体的智能制造平台。政府可以推动建立智能制造产业联盟，促进企业间的信息交流和技术合作。通过建设智能制造示范园区和创新中心，集聚各类创新资源，形成协同创新的良好氛围。推动企业、科研机构、高校和政府之间的紧密合作，共同提升智能制造水平。

4. 加强人才培养，建立完善的智能制造人才培养体系

高素质的人才是智能制造发展的关键保障。浙江省应加大智能制造人才的培养力度，建立完善的人才培养体系。政府可以通过加强与高校、职业院校和企业的合作，培养具有实践能力和创新意识的智能制造专业人才。设立智能制造人才培训基地，开展多层次、多形式的培训项目，提高在职人员的技能水平。引进国内外高端人才，打造高水平的智能制造专家团队，满足智能制造快速发展的需求。

通过以上四个方面的努力，浙江省将进一步巩固和提升在智能制造领域的竞争优势。加强技术创新、推进智能化改造升级、构建智能制造生态体系和加强人才培养，是推动智能制造高质量发展的重要举措。通过政策引导和多方协同，浙江省有望在智能制造领域取得更大的突破，为全省经济转型升级和高质量发展提供强大动力。

（浙江省人工智能学会智能制造分会：肖丙刚、吴吉义、许彩娥、
赫永平、卜琰、高飞等供稿）

智能医疗

医疗人工智能，是在协助人或解放人的状态下，以提升院内外医疗服务效率和效果为目的，将以人工智能为核心的干预技术手段融入传统的院内外医疗环节，从而产生相应软硬件产品的新型医疗应用技术。医疗行业是人工智能率先落地的行业之一。目前，医疗人工智能已经形成了医疗多模态大模型、医疗机器人、人工智能影像、人工智能制药等多个前沿赛道，在智能诊断、医疗影像分析、疾病辅助筛查与诊断、个性化医疗、药物开发、健康管理、临床治疗辅助决策等多个医疗健康领域取得明显成果，极大提升了医疗服务的诊疗效率和患者的诊疗体验。根据全球医疗市场研究公司 Maximize Market Research 的数据，医疗成像领域的人工智能市场规模将在 2029 年增至 275.2 亿美元。

一、全球发展态势

1. 医疗多模态大模型

医疗数据涵盖医学文本、图像、生命组学等多模态数据，传统医疗人工智能模型往往是为解决特定任务而设计、训练的，依赖大量的有特异性注释和标签的数据集，只能分析疾病某一层面的信息，具有较大的局限性。多模态大模型基于多种模态的医学数据信息，可完成自然语言处理、计算机视觉、图学习等多种任务，能够有效应对医学数据的多样性、复杂性和高维性，有望成为通用医疗人工智能的核心技术和基础设施，为医疗健康领域提供高效、准确、个性化的服务和支持。目前国内外已经出现多个医疗多模态大模型案例，服务于患者诊断、手术导航、康复训练等场景（见表 3-6）。未来，医疗多模态大模型将进一步丰富应用场景，从诊断辅助向治疗规划、患者监护扩展，在药物发现和设计、公共卫生和疾病预防等领域作用进一步增强。

表 3–6　近年发布的代表性医疗多模态大模型

发布时间	发布单位	大模型名称	主要特点
2024 年 4 月	谷歌	Med–Gemini	基于谷歌的 Gemini 模型构建的多模态医学模型家族，融合了高级推理、多模态理解和长文本处理能力
2023 年 8 月	上海交通大学 & 上海 AI Lab	RadFM	支持 2D/3D、图像 / 文本混合输入，构建了当时最大规模的医疗多模态数据集 MedMD
2023 年 7 月	谷歌	Med–PaLM M	多任务多模态的通用生物医学大模型，可以处理包括临床文本、医学图像和基因组学数据在内的多种医疗健康数据
2023 年 5 月	智慧眼	砭石大模型	采用知识图谱与大模型相结合的技术路线，在 500 亿参数条件下对比单纯使用大模型技术，医学问题回答准确度提升近 10%

资料来源：作者整理。

2. 医疗机器人

医疗行业受到国家政策的重点支持。《“机器人 +”应用行动实施方案》提出，加快推进机器人和医学人工智能在基础理论、共性关键技术、创新应用等方面的突破，推动人工智能辅助诊断系统、机器人 5G 远程手术、脑机接口辅助康复系统等新技术新产品加速应用，推动机器人在医院康复、远程医疗、卫生防疫等场景应用。在政策的支持下，医疗机器人行业发展前景广阔。

3. 人工智能医疗影像

人工智能医疗影像是医疗人工智能市场中发展较为成熟的赛道，在临床诊断中主要分为图像识别阶段和深度学习阶段，主要满足病灶识别与标注、靶区自动勾画与自适应放疗以及影像三维重建等需求，可实现快速读片，提供报告解读，提高阅片精度，辅助医生诊断和治疗，节约治疗时间，减轻影像科负担，增强基层医疗机构的阅片能力。据相关机构预测，到 2025 年全球人工智能医疗影像市场规模将达到 646 亿美元，年复合增速为 147%。

4. 人工智能制药

人工智能技术在药物开发领域的运用遍及整个流程，能够有效缩减靶点发现、化合物筛选、化合物合成、药物晶型、剂型预测等研发时间，同时协助实现对患者的精准招募以及临床试验方案的设计优化、真实世界数据分析与不良反应检测等，可有效降低研发成本。2019 年至 2023 年，全球人工智能制药相关的项目交易数量稳定上升，海外和中国企业分别完成 39 笔和 21 笔交易。截至 2023 年 11 月，中国共有超过 90 家人工智能创新药初创企业，其中作为该领域头部企业的英矽智能和晶泰科技皆已提交 IPO 申请。大多数的人工智能制药企业集中在医疗产业发达省份，尤其是长三角地区。

二、浙江省竞争优势

浙江省依托在人工智能和大模型等相关领域的技术基础，以企业为主体在医疗场景中开展广泛尝试，在医疗行业大模型、专科大模型等领域形成了一定的领先优势。

1. 阿里云通义医疗行业大模型

阿里云通义医疗行业大模型是以通义生成式语言大模型为基底，在通义 Qwen 整体训练数据超过 3 万亿 token 基础上，融入海量医学知识文献与医疗数据所训练出来的行业大模型；并针对医疗行业知识密集以及严肃医学的特性，使模型在医疗领域具备更强大的行业知识的推理、认知等能力，包括知识问答准确性、单轮问诊权威性、多轮问诊场景化、领域制式文本生成以及领域文献理解等。除了在 MMLU、C-Eval、GSM8K、MATH、GaoKao-Bench 等 12 个权威评测中取得优秀的成绩外，在医学数据集评测中也表现优异。阿里云通义医疗行业大模型通过 API 与交互式问答形式提供服务，并提供用于模型二次训练与评测的完整操控平台，已经开始在行业应用层面探索落地。

2. Deepwise MetAI 智慧影像 & 大数据通用平台

Deepwise MetAI 是国内首款智慧影像 & 大数据通用平台，融合计算机视觉、NLP、深度学习等人工智能前沿技术，将影像科日常应用产生的数据结构化，形成数据资产，可以在技师、医生、科室的管理者之间自由流通，实现重建、打印、诊断、会诊、教学、科研的一站式影像数智化。此外，基于 Transformer 架构的图像大模型，深睿医疗自主研发了通用医学影像理解模型 DeepWise-CIRP Mode，可以自动从原始影像和报告信息中学习理解医学影像，不需要过多的人为标注。其国内首创的软硬件一体化智能装备人工智能 X 射线骨龄仪，将硬件设备的拍摄模式和智能软件的评估模式合二为一，已经获得 NMPA 三类证。

3. 人工智能大模型聚合产品 BsoftGPT

创业慧康与浙江大学计算机创新技术研究院、浙江省智慧医疗创新中心共同构建 BSoftGPT 聚合平台，以 API 调用结合本地部署的方式，通过利用通用 GPT 模型、本地部署向量数据库以及公司自有的领域知识库，完成对医疗垂直领域的语言模型的训练和微调。BSoftGPT 融入临床决策支持等业务系统，可实现在医院、互联网、新应用、基础设施等多个板块的应用，进一步推动人工智能大模型在临床决策支持、公共卫生和个人健康场景下的研究和开发。

4. 眼科专用大型语言模型 EyeGPT

EyeGPT 是由温州眼视光国际创新中心（中国眼谷）开发，基于大量自然语料以及医学专业语料进行预训练，并针对医学场景使用专业数据进行微调而得到的，主要应用于科研场景以及临床医疗辅助等医学相关内容，以交互式问答形式提供服务，未来将进一步向眼健康早期检测和智能诊断场景拓展。EyeGPT 的训练内容不仅涵盖了通用医学知识，还针对眼科专科电子病历信息，如视网膜疾病、近视、青光眼等眼科疾病相关信息，将为眼科知识图谱建立、分诊问诊系统开发、用药治疗建议提供重要工具。

5. 健康管理领域大语言模型应用 CareGPT

CareGPT 是微脉基于国内开源大语言模型自主研发的健康管理应用产品，目前参数规模约 70 亿，可支持真实医疗健康场景下多模态输入和输出，发挥健康管理价值，实现预防、咨询、预约、康复的全周期智能化健康管理。

6. 浙江数字健康人“安诊儿”（Angel）

“安诊儿”由浙江省卫生健康委打造，运用人工智能、大数据等新一代数字技术，为浙江全省居民提供导医导诊、智能陪诊、用药提醒、病历整理等贴心服务，将给医疗健康服务理念、模式、手段带来全新变革。“安诊儿”能全流程陪伴患者就医，是全国首个可陪诊的数字人，目前已经覆盖了包含浙江大学医学院附属第一医院、浙江大学医学院附属第二医院、浙江大学医学院附属邵逸夫医院等在内的全省 30 家医院。

三、重点发展方向

1. 高质量数据集合规应用

多模态技术的发展，为医学成像、可穿戴、环境生物传感器采集的生物医学等数据的系统化应用提供了可能。未来，亟须建立统一的电子病历记录标准，推进医疗数据标准化，完善国家四级全面健康信息平台，建成高质量医疗数据集，用于人工智能模型训练。此外，还需在数据合规和安全保障的前提下，加强数据安全监督管理，打通医院内部、医院之间的数据共享渠道，促进医疗数据共享流通，从而解决数据利用效率低、数据标注成本高等问题。

2. 可解释的人工智能

由于人工智能算法的复杂性，其决策过程往往难以被人类理解。这导致人工智能的决策结果可能难以被医生和患者接受，从而限制人工智能在医疗领域的应用。因此，提高人工智能模型的可解释性和透明性是一个重要的发展方向。例如，开发新的或改进的机器学习技术，以产生更多可解释的模型，并结合最先进的人机界面技术，将模型转化为最终用户可理解和有用的解释对话等。

3. 医疗人工智能应用场景拓展

伴随医学影像软硬件技术迭代速度的不断加快，部分影像设备可能在正常生命周期尚未结束前仍不能满足持续精细的医院需求，以算法的方式增强这些设备的性能，使其中低端设备也能获取高端设备的成像效果是发展方向之一。此外，通过合成数据的方式突破影像数据不均匀分布对模型训练的影响，提升模型训练的效率，利用合成数据集设立对照组从而优化临床试验等，也是生成式人工智能在医疗应用领域的潜在应用。

智能驾驶

一、全球发展态势

1. 新能源汽车产业进入智能化竞争“下半场”

新能源汽车智能化融合了人工智能、大数据、物联网等先进数字化技术，改变了汽车产品属性，推动汽车由传统的交通工具向智能移动终端转型；重塑了产业生态，将传统的垂直生态演变形成汽车制造商、信息通信技术企业、数据服务供应商等多领域多主体参与的“网状生态”，极大拓展了汽车价值链边界。因此，智能化作为新能源汽车产业未来发展方向和战略制高点，成为产业竞争“下半场”的重要特征。各国高度重视推进汽车智能化，中国抢抓智能化发展先机，率先提出智能化网联化融合发展技术路线，智能汽车渗透率全球领先。欧盟、美国、日本等纷纷出台支持智能汽车发展的政策，不断完善法规和标准，加快抢占新赛道。在政策的驱动下，全球智能汽车市场快速发展，根据 IDC 预测，2025 年全球智能汽车销售规模将达到 7830 万辆，5 年复合增长率将达到 11.5%。

2. 智能驾驶正处于迈入 L3 级的临界点

当前主流的量产智能驾驶技术处于迈入 L3 级的临界点，可部分实现基于场景的点到点自动驾驶，高速自动辅助导航驾驶（NOA）功能已基本成熟。城市 NOA 功能由于存在复杂的道路路况和众多交通主体，技术难度较大，是目前市场争夺的重点。2023 年，国内有将近 10 家车企公布城市 NOA 方案的落地计划，其中华为、小鹏走在行业前列，采用华为智驾方案的问界已在全国范围内开发城市 NOA 功能，小鹏城市 NOA 功能已覆盖243个城市。L3级自动驾驶逐步迈入量产阶段。特斯拉基于神经网络技术的FSD V12已在北美实现量产，规模商业化使用2个月以来，用户超过170万；华为、小鹏、蔚来、吉利等国内领先企业已开展大规模L3级智能驾驶测试，有望实现量产。

3. 人工智能大模型赋能智能驾驶加速演进

智能驾驶技术包括感知、决策和执行三大环节，决策是实现智能驾驶的关键，决策层由软件算法和硬件芯片构成。算法包括对信息数据的处理、道路短期未来情况的推演预测、行驶方案的制定等，目前行业内主要采取规则算法，基于具体判别规则完成决策。随着人工智能大模型的发展，基于神经网络技术，利用人工智能大模型可以实现全流程自动驾驶，形成端到端的新技术架构，改变目前通过编写大量规则代码实现决策控制的传统模式，具备更高效、更准确的优势。百度、华为等国内厂商正在致力于利用神经网络高效完成视觉识别，并综合运用规则算法融合激光雷达、毫米波雷达等感知数据完成决策过程。同时，大模型对芯片算力提出了更高要求，具备人工智能能力的GPU架构芯片成为主流，英伟达、超威半导体、Mobileye等主流芯片厂商已推出200TOPS以上算力的人工智能芯片。预计到2030年，基于人工智能大模型的智能驾驶技术有望达到L4级水平。

4. 企业加快布局智能驾驶测试和应用

随着智能驾驶技术路线更加明朗，各大整车企业加快推进智能驾驶技术研发和测试。华为智能汽车解决方案业务部门自成立以来投入超过300亿元，研发团队达7000人；小鹏每年在智能驾驶技术方面投入约35亿元，团队将扩展至4000人；比亚迪将在智能化领域投入1000亿元，建立超过4000人的智能驾驶团队；此外，吉利、上汽、广汽、蔚来、理想等车企也加大智能驾驶投入。同时，车企已在各地开展了L3级智能驾驶测试，吉利、宝马、奔驰、阿维塔、深蓝、极狐、智己、赛力斯、比亚迪、埃安等整车企业已经获得L3级智能驾驶测试牌照，并宣布在北京市、上海市、重庆市和深圳市等地区开启测试。2023年11月，工业和信息化部等四部门联合发布《关于开展智能网联汽车准入和上路通行试点工作的通知》，取得准入的智能网联汽车产品，可在限定区域进行L3级智能驾驶试点运营，有望进一步推动智能驾驶功能迭代。

二、浙江省竞争优势

1. 智能驾驶汽车整车处于国内“并跑”的位置

浙江省内吉利、零跑、合众等整车企业在智能驾驶领域与国内竞争对手保持同步，新车型中 L2+ 级智能驾驶功能实现普及，L3 级以上智能驾驶汽车已开展测试和验证（见表 3–7）。吉利是国内较早开始智能网联技术研发的企业，自主研发了浩瀚等智能整车架构、车规级芯片、智能驾驶算法等关键技术，布局建设星睿智算中心，旗下的极氪与 Waymo 成为战略合作伙伴，共同打造 L4 级智能驾驶汽车。零跑坚持全栈自研，自主开发凌芯 01 智能驾驶芯片、智能驾驶算法、车机系统，目前新车中 L2 级及以上辅助驾驶功能、智能座舱渗透率接近 100%。合众依托全栈自研的山海平台、浩智超算等技术，在哪吒 S 车型中实现了基于国产智能驾驶芯片的 L2+ 级智能驾驶。

表 3–7　浙江产新能源汽车智能驾驶技术方案情况

<table>
<tr><th>企业</th><th>车型</th><th>智能驾驶芯片</th><th>感知方案</th><th>算法方案</th><th>智能驾驶分级</th></tr>
<tr><td rowspan="3">吉利</td><td>银河 E8</td><td rowspan="2">英伟达 Orin X</td><td rowspan="3">激光雷达 + 摄像头融合方案</td><td rowspan="2">自研规则算法</td><td>L2+</td></tr>
<tr><td>极氪 007</td><td>L2+</td></tr>
<tr><td>极氪 001</td><td>Mobileye（以色列科技公司）</td><td>Mobileye 规则算法</td><td>L2+</td></tr>
<tr><td rowspan="4">零跑</td><td>C16</td><td rowspan="3">英伟达 Orin X</td><td rowspan="3">激光雷达 + 摄像头融合方案</td><td rowspan="4">自研规则算法</td><td>L2+</td></tr>
<tr><td>C10</td><td>L2+</td></tr>
<tr><td>C11</td><td>L2+</td></tr>
<tr><td>C01</td><td>自研凌芯 01 芯片</td><td>毫米波雷达 + 摄像头融合方案</td><td>L2</td></tr>
<tr><td>合众</td><td>哪吒 S</td><td>地平线征程 3
华为 ADC610</td><td>激光雷达 + 摄像头融合方案</td><td>自研规则算法</td><td>L2+</td></tr>
</table>

资料来源：作者整理。

2. 智能驾驶关键零部件各环节齐全

浙江省智能驾驶各环节产业布局较为齐全。智能感知领域具备国内外竞争力，高清摄像头领域国际领先，舜宇光学车载镜头连续多年全球市场占有率第一，海康威视、大华车载摄像头出货量位居全球前列；激光雷达、毫米波雷达领域国内领先，拥有智波科技、岸达科技、均胜电子（图达通）、老鹰半导体等优势企业。线控底盘领域国内领先，瑞立集团、万向集团、拓普集团、亚太机电、孔辉科技等已具备线控制动、智能悬架等关键零部件生产能力。MCU 芯片领域具备一定优势，矽力杰、士兰微、芯联集成完成车规级 MCU 芯片量产。算法和集成方案方面，吉利、零跑具备自研算法能力，集成方案均实现量产装车。此外，阿里、零跑等企业加快布局智能驾驶算力芯片，但与英伟达、Mobileye、华为等领先企业相比仍有一定差距。

3. 各地市以试点推动智能驾驶示范应用

杭州市 2015 年即被列入国家 5G 车联网应用示范区，近年来以更大力度争取国家试点，已获批国家智能网联汽车高精度地图试点，正全力争创国家智能网联汽车“车路云一体化”应用试点。目前，杭州市是全国首个以地方立法明确自动驾驶车辆上路具体流程的城市，也是首个全域开放用于智能网联车辆测试与应用的超大城市，重点在公共交通、物流配送领域打造应用场景，已建成全国首条智能网联汽车高铁站示范运行线，在未来科技城运营自动驾驶接驳示范线，无人物流配送、无人售卖等低速无人车应用正逐步扩大。宁波市被列入国家城市智慧汽车基础设施和机制建设试点，重点在港口示范应用、公交领域培育特色场景。宁波市舟山港投运全球最大规模的港口 L4 级无人集卡车队，数量达到 60 辆，将在 2025 年基本建成宁波市舟山港梅山港区自动驾驶试验区。宁波市已基本具备智能网联公交项目落地条件，正在规划建设 2 条智能网联公交线路。湖州市德清县获批全国首个以县域为主体创建的车联网先导区，重点谋划推进“地理信息 + 车联网”融合发展，应用高精度地图，开展了无人清扫、无人配送、自动驾驶重卡、无人巴士等试点应用。

三、重点发展方向

1. 加强智能驾驶关键技术创新

立足浙江省整车制造和数字经济产业优势，支持智能汽车整车企业、核心零部件供应商、互联网公司、高校及科研院所等开展智能驾驶关键技术攻关，重点突破环境感知、高精度定位、车规级芯片、车载操作系统、汽车超算平台等关键共性技术。立足省内通信技术、地理信息等产业基础，在 5G-V2X、仿真平台、边缘计算等人车路网协同关键领域开展核心技术研究，推动 5G 移动通信、北斗高精度定位在智能驾驶中的应用。重点研发基于车路协同的车联网云控平台，加快形成实时监测和大数据分析能力。

2. 提升智能驾驶汽车产业能力

提高整车智能化水平，推动 L3 级智能驾驶车型量产，支持吉利等企业率先实现更高级别智能驾驶。实现智能驾驶关键核心零部件技术突破，发展机器视觉、毫米波雷达、激光雷达、超声波雷达和车用传感器等新一代融合传感器。加快布局车规级 MCU 芯片、人工智能芯片、网联芯片，突破车规级芯片“卡脖子”局面。打造车用操作系统开发及应用生态，加快车用操作系统迭代升级，提高产业化应用水平。加快无线通信设备、北斗高精度定位装置等硬件研发生产，培育智能算法、高精度地图、信息安全等业态。推动传统汽车零部件厂商转型，加快发展线控转向、线控制动、线控悬架等线控底盘技术。

3. 推进智能驾驶示范试点应用

积极推动开放交通环境下的智能驾驶测试及试验示范，杭州市、宁波市等智能驾驶基础较好的地区积极争取国家智能网联汽车“车路云一体化”应用试点，推动省内整车企业争取智能网联汽车准入和上路通行试点。鼓励优先在机场、港口、旅游景区等短程接驳、路况稳定的路线进行 L4 级智能驾驶汽车出行服务应用。

4. 完善智能驾驶法规标准体系

完善智能驾驶测试管理、商业牌照发放、商业应用、数据监管等方面的政策法规，推动制度创新，明确相关主体责任，支持真实场景下的智能汽车应用示范。支持省内企业和科研机构加强研发投入和标准建设，参与智能汽车领域的国家标准和国际标准的制定，促进行业规范化体系的搭建，率先形成智能驾驶标准体系，加快建立基于技术标准的产业竞争优势。

智能安防

随着科技的迅猛发展，人工智能已成为推动各行各业创新发展的重要引擎。特别是在安防行业，人工智能技术的融入不仅极大地提高了安全防范的效率和准确性，还为传统安防产品和服务带来了颠覆性的创新。人工智能与安防行业的深度融合，推动了浙江省安防企业的数字化转型升级，企业竞争力显著提升。人工智能已成为安防行业的新质生产力，对促进安防行业高质量发展具有十分重要的意义。浙江省作为中国安防行业的创新引领者，地位更加坚实，浙江省安防行业中小企业数字化转型工作继续走在全国前列，浙江省为全球安防行业的技术创新和应用提供了重要借鉴。

一、全球发展态势

1. 海外安防市场需求旺盛

安防行业的智能化变革驱动着海外市场对中国产品的需求增长，呈现出强劲的发展动能，除了欧美地区传统市场外，东南亚、非洲、中东及拉美等业务毛利率较高、增速较快的市场，有望成为增长的新动力。

（1）欧美地区依然是安防主力市场。北美地区依然主导网络摄像头市场。有关数据显示，美国依然是全球安防产品最重要的市场之一，预计未来 8 年的年复合增长率在 4% ～ 5%；欧洲终端用户对于低运营成本、实时报告与数据融合的需求更加强烈，通过人工智能等技术，帮助用户降低传统人力需求，升级安全管理水平。但是欧美在隐私方面的要求比较高，相关法律法案也比较多，萤石和乐橙等行业龙头企业已经通过欧盟的《通用数据保护条例》认证，未来很多新兴企业同样要在合规方面下功夫。

（2）东南亚和南美洲的安防系统需求快速提升。据有关机构统计，印度智能家居安防摄像头市场出货量增速超过44%；越南被誉为东南亚最有前景的市场；泰国被誉为东南亚最成熟的市场。巴西等南美国家的安防产品自产能力较低，对进口安防产品的需求较大，市场规模稳定增长。

（3）中东成为安防厂商的重点竞争市场。近年来，以沙特阿拉伯为代表的海湾国家，为摆脱石油经济束缚，正积极拥抱数字经济与全球能源转型浪潮，发展健康医疗、智慧农业、信息与通信技术、数字创新基建、智能制造等创新型科技产业。其中，沙特阿拉伯被誉为全球最具爆发力的市场。沙特阿拉伯政府通过“2030愿景”和“国家转型计划”将数字化和人工智能作为实现经济多元化的关键工具，并计划在人工智能领域吸引约200亿美元的国内外投资，创建300多家企业，还计划斥资5000亿美元在红海沿岸打造名为“新未来”的智慧城市，重点发展人工智能和物联网。大华与沙特公共投资基金（PIF）的全资子公司埃耐特（Alat）在沙特阿拉伯首都利雅得达成战略合作，双方共同成立合资公司Alat AIVisio，总投资约2亿美元，在沙特阿拉伯设立全自动化、先进的全球智能制造中心，共同探索智慧城市、智能交通、智慧建筑、智慧教育等城市基础设施领域的合作。

（4）非洲是全球最后的十亿级互联网市场。非洲的消费市场开始苏醒，电商消费迎来升级。根据非洲发展银行统计数据，非洲中产阶级约有3.13亿人，占非洲人口的34%，每人每天平均花费2.2美元至20美元。作为一个整体，非洲拥有可以与中国和印度相媲美的购买力，成为亟待开发的电商新蓝海。

2. 消费类市场成新风口

得益于科技的进步，以及人们安全意识的增强，大众消费者对安防产品的需求正在显著提升。智能摄像机、可视门铃、人工智能工业计算机（AI IPC）等一系列消费类安防产品日益崛起，促进了消费类安防市场的繁荣。以消费类工业计算机为例，有行业人士预估，海外一年家用摄像头出货量约1亿个，按照每个摄像头20～60美元计算，每年家用摄像头市场规模达数百亿元人民币。其中，2023—2032年全球网络摄像头市场规模年复合增长率预计为14.52%；全球视频门铃市场规模预计到2035年将达到100亿美元，2023—2035年年复合增长率约为15%。

3. 国内安防市场持续扩大

随着安防应用领域不断拓宽，国内安防行业市场规模不断扩大，且发展势头良好。得益于平安城市、“雪亮工程”等国家大型项目，安防行业市场规模快速增长，在过去几年均维持了较高的增长率。近年来，中国智能安防行业发展迅速，市场规模从 2018 年的 357.50 亿元增长到 2022 年的 625.30 亿元。

同时，国内安防行业的竞争不断加剧，资源向龙头企业集中的趋势愈发明显。中国智能安防行业企业大致可分为三个梯队。海康威视、大华注册资本在 25 亿元以上，属于第一梯队；宇视、苏州科达、东方网力、佳都科技、旷视科技、捷顺科技等属于第二梯队；其他企业属于第三梯队。随着大华、海康威视两大龙头企业快速崛起，大型企业与中小型企业之间的差距逐渐拉大，再加上产业链延伸、横向跨界、行业深耕等方面的优势，其在行业中的竞争地位已逐渐巩固。

二、浙江省竞争优势

1. 产业与集群优势

浙江省安防产业发展得益于技术创新、市场需求和政策支持等多种因素的共同作用，涌现出了一批具有较强引领带动作用的龙头企业，形成了完整的产业链，壮大了产业集群。浙江省数字安防产业链体系相对完整且复杂，涵盖了从上游的芯片与元器件供应、中游的智能设备制造与算法研发到下游的系统集成与应用服务等多个环节，具备人工智能产品自定义能力、人工智能服务需求响应能力以及人工智能场景应用落地试验能力，形成了以海康威视、大华、宇视、新华三等龙头企业为引领，大中小企业融通发展的格局。海康威视、大华、宇视已经连续多年居于世界领先地位（根据全球知名科技媒体 *a&s* 发布的 2023 年“全球安防 50 强”，三家企业分别位居第一、第二、第九）。浙江省安防产业较为完整的产业链和集群化发展的优势，为行业的智能化升级提供了有力支撑，使浙江省安防产业在国内外市场中更具竞争力，在全球范围内巩固了行业领先地位。

2. 优秀产品优势

随着大量多模态数据（如视频、图像、声音等）的广泛采集，安防行业在人工智能技术的加持下，技术快速发展。在新一轮以大模型为核心的人工智能技术引领下，浙江省安防产业涌现了一批以视频应用为特色的大模型技术与服务企业，如海康威视的观澜大模型、大华的星汉大模型、宇视的梧桐大模型以及联汇科技的 OmModel 多模态大模型，为场景应用提质升级打好产业服务基础。

（1）海康威视观澜大模型。观澜大模型采用三层架构（见图 3-6），包括基础类大模型、行业大模型、场景任务大模型，并通过人工智能开放平台，衔接用户场景、行业模型、基础模型，赋能千行百业。

图 3-6 海康威视观澜大模型架构

资料来源：作者整理。

（2）大华星汉大模型。星汉大模型是以视觉为核心，融合多模态能力，构建面向行业的大模型，聚焦城市高效治理与企业数智化升级，帮助构建视频数据产业价值，助推数字经济发展。其凭借准确性和泛化性跃升、图文提示定义新功能、突破视觉认知能力、全场景自主解析、大小模型与算力协同等优势，全面构建好用、用得起的行业大模型，支撑大模型全场景落地（见图 3-7）。

（3）宇视科技梧桐大模型。宇视科技借鉴通用大模型训练的优秀算法，以十余年的深度学习技术积累和行业经验积累为基础，从客户实际需求出发，以“通用大模型 + 行业场景 + 训练调优”为架构，推出了 AIoT 行业大模型。该模型集 CV 行业、NLP 行业及 MM 多模态行业于一身，能够充分满足多样化的任务和场景需求，为合作伙伴共建生态、实现更多跨领域发展赋能，驱动 CV 行业二次变革（见图 3-8）。

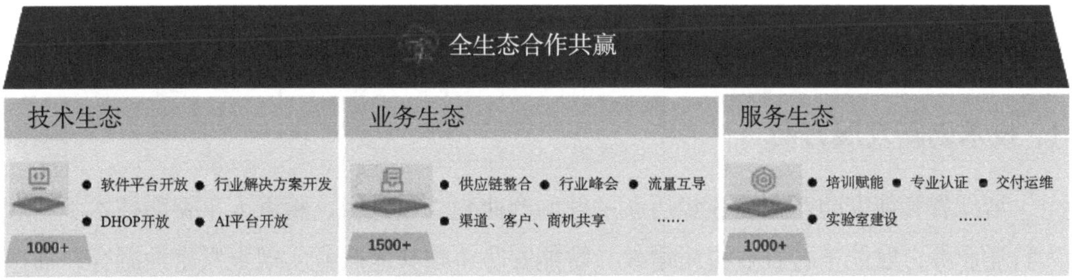

图 3-7 大华星汉大模型架构

资料来源：作者整理。

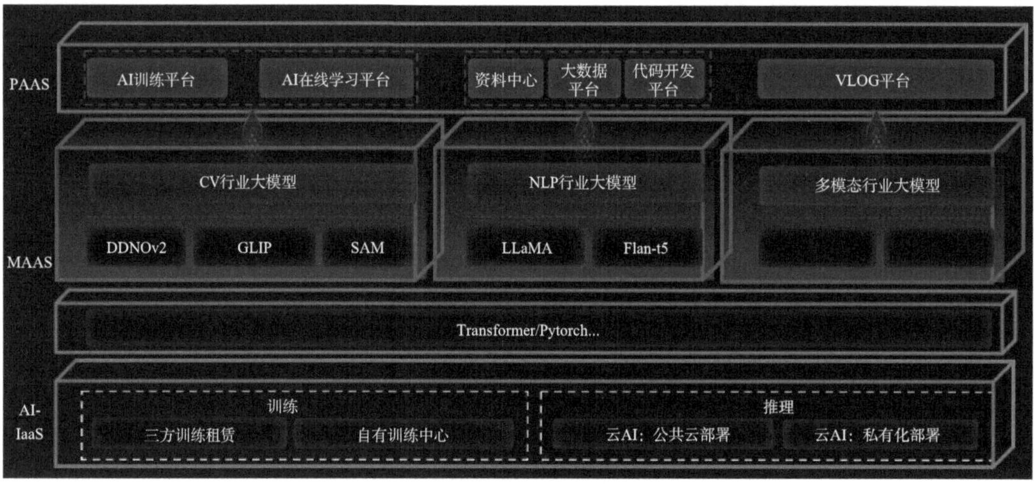

图 3-8　宇视梧桐大模型架构

资料来源：作者整理。

3. 政策扶持及发展优势

智能安防（数字安防）产业是浙江省着力打造的四大世界级先进制造业集群之首，也是重点打造的十大产业链之首。作为浙江省正在重点推进的“415X”产业集群重要组成部分和人工智能应用主要领域，智能安防产业是推动数字产业化、产业数字化的重要出发点，是串联传统产业、战略性新兴产业和未来产业的关键着力点。目前，浙江省智能安防产业正在形成以杭州市为核心，宁波市、温州市、嘉兴市、绍兴市等地协同发展的产业布局。杭州市作为全国数字安防产业发展的核心区，针对智能安防产业编制了“一链一团一方案”和“五图五清单”，已创建有国家先进制造业集群、国家电子信息（物联网）产业示范基地、国家级战略性新兴产业集群、国家创新型产业集群试点（数字安防产业）等试点示范。

三、重点发展方向

1. 技术创新发展方向

浙江省智能安防产业正在经历新一轮的产业变革和升级，随着人工智能技术不断融入行业业务，赋能千行百业提质增效，智能安防将与其他产业实现更紧密的融合，加速向工业视觉、自动驾驶、医学影像、虚拟现实、新一代视频会议终端、数字文娱等领域渗透。

（1）构建全面的感知能力，获取丰富的模态数据。全面的感知能力是物理世界通往数字世界的桥梁，随着技术的不断发展，安防行业的感知技术也在不断迭代。从传统的视觉感知到雷达、红外、光纤等多维感知技术的引入，为安防系统提供了更强大的适应性和应对能力，同时也将助力打造具备多维感知能力的大模型。

（2）大模型与行业属性融合后将大幅提升生产力。“预训练 + 微调”大模型能显著降低人工智能工程化门槛，预训练大模型在海量数据的学习训练后具有良好的通用性和泛化性，细分场景的应用厂商基于大模型通过零样本、小样本学习即可获得显著的效果，使得人工智能有望构建成统一的智能底座，赋能各行各业。多模态是人工智能发展的重要技术方向，随着 GPT 和多模态的技术发展，人工智能大模型可以对视觉进行更深度的理解，并进行多种元素的综合表达。

（3）打造垂直视觉大模型是安防行业的发展方向之一。通过对视频数据的智能识别、检测、跟踪、分类等任务，可以实现对视频内容的理解和优化，进而使得视频物联应用的使用便捷性及外延丰富性极大提升。但真正找到大模型落地的价值还是需要基于对行业的理解进行深度探索，目前还处在起步阶段。安防领域在视频人工智能方面有很大投入和长期积累，头部企业对行业理解较深刻，通过打造通用的底座，再结合各行业的属性或特性，行业通用大模型将在服务行业客户的时候更加智能化。

（4）应用场景的智能化赋能安防行业高质量发展。人工智能技术在安防行业将体现“小切口、大智慧”的特点，算法模式研究深度服务于千行百业，与社会治理、数字经济、精工制造、民生服务等相关的智能化场景应用的新业态、新模式、新赛道将逐渐涌现。

2. 发展思路及建议

智能安防系统的关键部分（智能感知、视觉、视频处理、人工智能计算）的效果都与芯片水平密切相关。要实现智能安防赋能千行百业并成为未来社会的坚实底座，多维感知技术和人工智能核心理论的突破和原始技术的创新至关重要。这需要有效市场和有为政府共同发力，不断拓展智能安防新边界。

一是完善新型研发机构的多主体协同机制，加大对新型研发机构的支持力度。通过项目资助、政府采购等方式提供资金和政策支持，为多维感知技术和人工智能大模型的原创性研发及应用孵化提供制度保障。

二是支持安防产业链主企业投资新质生产力项目，扎实开展产业链供应链体系提能升级专项行动。在视频图像分析与处理技术、操作系统、基础软件工具、GPU 制造、高清光学技术等方面获得重大突破，争取早日形成完备的安防专用关键芯片设计、制造、测试、应用产业链。

三是加强数据安全与隐私保护。随着安防设备智能化水平的提高，数据安全与隐私保护问题日益突出，企业需要加强数据安全管理和隐私保护技术的研发应用，确保用户数据的安全和隐私。坚持“智能向善”，在发掘人工智能潜力的同时加强风险管控，降低其风险。

四是推动行业标准化，发掘人才生产力。营造公正透明的法治环境，全面推动标准规范、管理规则和知识产权与国际接轨。鼓励行业骨干企业和科研机构积极参与智能安防国内国际技术标准和技术规则的制定。优化人才领域营商环境，吸引人才、留住人才、用好人才。推进企业与高校院所、服务机构、应用领域的紧密合作，组建新型研发机构，形成各类企业创新共同推进、多轮驱动的局面。

（浙江省安全技术防范行业协会：李建华、谢迪、朱树磊、金延东、俞江峰、马惠丽供稿）

智能商贸

在全球化和数字化快速发展的当下，数字贸易已经成为全球贸易高质量发展的新引擎，受到越来越多国家的重视。当前，全球主要经济体正通过区域贸易协定、国际多边框架积极推动数字贸易规则新体系的制定和完善。中国也正积极争取数字贸易治理的话语权，让企业在未来能够享受更多贸易权益，提升国际竞争力。

一、全球发展态势

1. 数字贸易将改变全球经济增长方式

新一轮科技革命和产业变革突飞猛进，以数据为关键生产要素、以数字服务为核心、以数字订购与交付为主要特征的智能商贸蓬勃兴起，已成为国际贸易发展的新趋势和经济的新增长点。数字贸易通过改善资源配置、发挥规模效应、促进技术创新、提高学习机会等方式推动经济发展。根据世界银行和世界贸易组织的研究，以数字方式开展服务贸易是生产力和生活水平提高的主要驱动力，电子书、有声读物和在线课程的跨境数据流动也说明了数字技术在提供学习机会方面的重要性。数字化提高了各经济体的经济韧性，使其能够抵御难以预测的潜在风险。此外，数字技术可以预防和降低风险，一旦难以预测的事件发生，数字技术可以灵活调整生产过程，维持业务运营。据世界贸易组织统计，2020—2023 年，全球跨境数据流动规模增长 120%，数字服务贸易规模增长 36%，均高于同期全球服务贸易和货物贸易规模的增速。

2. 智能商贸成为应对经济不确定性的关键

2023 年全球可数字化交付服务出口额同比增长 9.0%，达 4.25 万亿美元，占全球货物和服务出口总额的13.8%。其中，欧洲和亚洲分别占全球市场份额的52.4%和23.8%，出口额同比分别增长11%和9%。非洲、中南美洲和加勒比地区占比分别为0.9%和1.6%，尽管占比不高，但市场增长强劲，增速达13%和11%，超过全球平均水平。从细分领域来看，商业、专业和技术服务占全球可数字化交付服务出口额的41.2%，计算机服务、金融服务、知识产权相关服务占比分别为20.5%、16.0%、10.9%。

3. 我国智能商贸发展综合水平全球领先

根据商务部国际贸易经济合作研究院的研究，中国数字贸易综合发展水平居发展中经济体第一位、全球第四位。从分项指标看，电子商务、数字贸易产业基础等方面表现优异，而数字服务贸易、数字贸易综合环境（包括开放程度、数字营商环境）等方面还有一定差距。全国已分7批先后设立165个跨境电商综试区，各综试区相关企业约20万家，彰显出我国持续推进跨境电商提质升级，利用数字技术为跨境电商全链条全环节赋能，不断创新供应链金融、智慧物流、数字供应链、智能通关、数字支付等应用。

二、浙江省竞争优势

近年来，浙江省深入实施“八八战略”，推进创新深化、改革攻坚、开放提升，锚定高质量发展目标，大力推动贸易数字化转型与数字化贸易发展。数字技术、数字服务、数字内容、数据交易和跨境电商等各种业态蓬勃发展，涌现了以阿里、海康威视、网易等为代表的一大批数字领域全球知名企业。2023年，浙江省数字贸易进出口额为7716.5亿元，同比增长20.4%，发展速度全国领先。

1. 数字服务贸易

据浙江省商务厅统计，2023年浙江省数字服务贸易进出口额为2587.22亿元，同比增长23.5%。数字服务贸易进出口额占全省服务贸易进出口额的比重达43.3%，较2022年提升2个百分点。从行业看，电信、计算机和信息服务，其他商业服务，知识产权使用，金融服务，个人、文化和娱乐服务，保险服务进出口额分别占数字服务贸易的52.0%、29.3%、9.6%、6.5%、1.5%、1.0%。电信、计算机和信息服务占比过半，占据主导地位。从各市看，浙江省各市数字服务贸易进出口额均实现快速增长，丽水市、绍兴市、温州市、衢州市数字服务贸易进出口额增速达三位数，领跑全省，同比分别增长

263.2%、235.3%、202.3%、160.3%，其他 7 个地市数字服务贸易进出口额均实现两位数增长。

2. 跨境电子商务

据浙江省商务厅全业态测算数据显示，2023 年浙江省跨境电商进出口额为 5129.3 亿元，同比增长 18.9%，其中，出口 3932.8 亿元，同比增长 24%，规模仅次于广东，保持全国第二，进口 1196.5 亿元，同比增长 4.9%。截至 2023 年 12 月底，浙江省出口活跃网店 19.9 万家，较上年增加 2.3 万家。跨境电商平台中，阿里国际站成为全球最大的跨境 B2B 平台，速卖通、Wholee、Lazada 等已成为共建“一带一路”国家领先的购物平台。从地市情况看，杭州市、宁波市、金华市跨境电商进出口规模居全省前三，规模依次为 1266.8 亿元（占比 24.7%）、1217.0 亿元（占比 23.7%）、1133.4 亿元（占比 22.1%），合计占比 70.5%。近年来，浙江省各市相继出台跨境电商相关政策，跨境电商综试区实现全省覆盖，杭州市、宁波市、义乌市位列全国十大优秀综试区，试点示范作用逐步显现。

三、重点发展方向

1. 数字贸易的政策体系正逐步完善

一是出台省级数字贸易政策文件。浙江省委、省政府印发《关于大力发展数字贸易的若干意见》，构建数字贸易“458”系统架构。积极推动数字贸易立法，出台数字贸易领域的地方性法规《杭州市数字贸易促进条例》。二是出台多项行业标准。发布数字贸易标准化研究报告和数字贸易领域的全国标准，浙江省主导的数字贸易行业标准《数字交付贸易行业分类与代码》获得商务部立项，是全国首个成功立项的数字贸易行业标准。浙江省商务厅联合浙江省财政厅连续两年实施了《浙江省数字贸易高质量发展重点项目计划》，对数字贸易企业的优秀项目进行重点扶持，数字贸易政策体系正逐步完善。

2. 数据跨境流动正加快脚步迈向未来

在数字经济时代，数据的有序流动和高效利用，对数据要素的优化配置至关重要。特别是在跨境数字贸易活动中，高效且安全的跨境数据传输已成为推动形成数字贸易新秩序的基础。美国、欧盟、东盟等都在从法律层面推动数据跨境传输制度建设，意图抢占全球数据跨境传输规则的制定权和话语权。中国也先后制定了《数据出境安全评估办法》《个人信息出境标准合同办法》等高质量数据跨境传输规则，产生了良好的效果。2024 年 3 月，国家互联网信息办公室公布了《促进和规范数据跨境流动规定》，旨在对数据出境安全评估、个人信息出境标准合同、个人信息保护认证等数据出境制度进行调整，以保障数据安全，保护个人信息权益，促进数据依法有序自由流动。

3. 对话式人工智能正逐步影响生活及工作方式

对话式人工智能技术是典型的数字技术。近年来，对话式人工智能的出现，不仅改变了人们的生活方式，也对工作方式产生了深远的影响。生活中，智能家居已经屡见不鲜，可以通过语音控制智能音箱播放音乐、查询天气、控制家电等等。工作中，对话式人工智能在自动化生产、智能语音客服、智能办公等领域也有了深度融合和应用。未来，人工智能技术的应用将会越来越广泛。一方面需要不断学习和适应这种新的生活和工作方式，另一方面也可以将更多的精力用于创造性工作，培养创造性思维。

（浙江省钱塘数字贸易研究院：罗国正供稿）

第四部分 基础要素篇

本部分重点介绍浙江省在数据、算力和算法等人工智能基础要素方面的发展现状、特色亮点、未来计划等内容，以夯实“数据、算力、算法”发展基底，强化协同建设，提升浙江省人工智能发展水平。

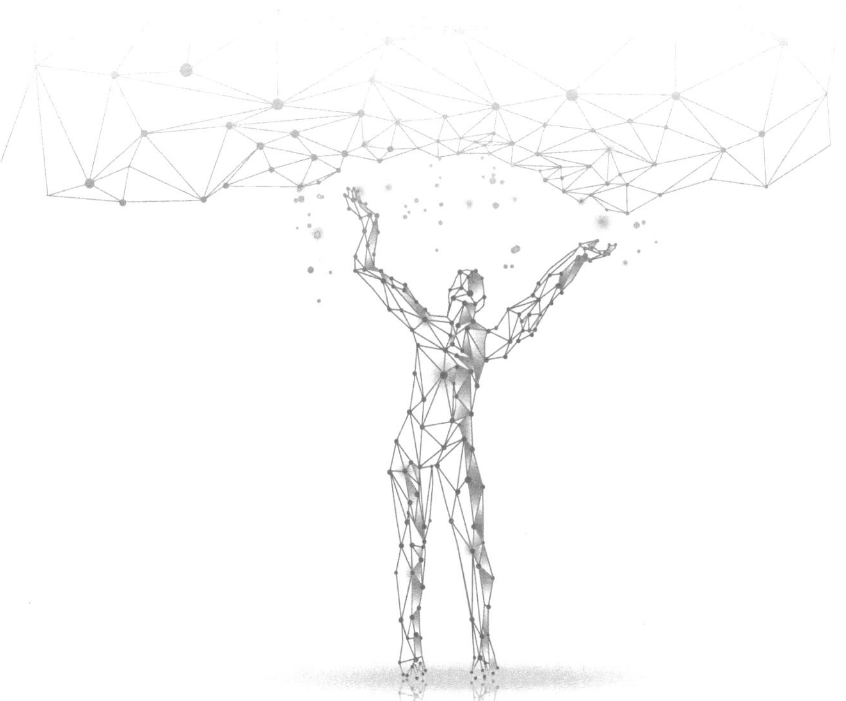

浙江省数据知识产权改革试点

一、基本情况

作为全国首批试点省份，近年来，浙江省在国家知识产权局的指导下，认真学习贯彻《知识产权强国建设纲要（2021—2035年）》、《中共中央 国务院关于构建数据基础制度更好发挥数据要素作用的意见》和《“十四五”国家知识产权保护和运用规划》等文件精神，聚焦数据权属不清晰、创新利用不充分、权益保护举证难等问题，系统把握“四个充分”“三权分置”原则理念，探索构建集存证公证、登记服务、流通交易、收益分配和权益保护于一体的数据知识产权保护和运用体系，初步形成了“企业登记有意愿、评估定价有标准、转化运用有通道、价值实现有场景、权益维护有保障”的数据知识产权治理格局。

截至2023年底，浙江省共受理数据知识产权登记申请9229件，登记发证5004件，涉及北京市、上海市、江苏省、四川省等省市，涵盖浙江省90个县（市、区）、20个数字经济核心产业、800余家市场主体，保护数据权益2.9亿条；数据知识产权交易、质押、保险、证券化等运用路径全面破题，实现数据价值21.6亿元；培育数据知识产权专业服务机构171家，市场生态初步形成。相关理论实践成果先后获评国务院知识产权强国建设典型案例、国家服务业扩大开放综合试点示范建设最佳实践案例，揭榜挂帅国家发展改革委、科技部全面创新改革试点，入选全国唯一的数据知识产权国家标准化试点项目。

二、特色亮点

高位谋划推动。浙江省委、省政府高度重视，将数据知识产权制度改革列入省委重大改革，作为数据基础制度构建的重要内容，纳入浙江省数字经济创新提质“一号发展工程”实施方案、产业数据价值化改革工作要点和中国（浙江）自由贸易试验区建设2023年工作要点，统筹谋划、一体推进。

深入调研论证。坚持“谋划一步、论证一步、实践一步”，广泛听取意见建议，不断修正路径方法。改革以来，浙江省知识产权局先后实地走访数据企业、研究机构、数商，面向行政部门、司法机关、基层单位召开数据安全管理、存证登记、权益保护等专题座谈会，围绕数据知识产权定义内涵、收益分配机制、侵权行为规制等开展调研论证，提出以数据知识产权登记为起点，涵盖价值评估、交易流转、收益分配、权益保护的一整套制度规则，确保制度科学、有效、接地气、可操作。

突出法治先行。积极争取社会各界支持，在全国率先将构建数据知识产权登记保护制度写入地方性法规《浙江省知识产权保护和促进条例》，提出对“依法收集、经过一定算法加工、具有实用价值和智力成果属性的数据”进行保护，明确登记证书可以作为持有相应数据的初步证明。浙江省市场监督管理局等11部门出台规范性文件《浙江省数据知识产权登记办法（试行）》，杭州高新区（滨江）等7家单位制定实施《数据知识产权质押服务规程》等系列标准规范，初步构建起数据知识产权制度体系。2024年1月底，发布《浙江省优化营商环境条例》，在这个条例中，数据知识产权作为要素保障，专设一条，对数据知识产权登记证书效力和一体化协同保护机制等方面作出进一步规定。

强化部门协同。针对数据要素治理覆盖面广、链条长、场景多的特点，充分发挥浙江省知识产权联席会议机制优势，强化部门联动，实现职能互补、制度互融、场景互动。浙江省知识产权局与浙江省发展改革委联合实施“数据价值释放攻坚行动”，与浙江省经济和信息化厅一体推进产业数据价值化改革，与浙江省财政厅联动开展数据资产入表试点，与浙江省大数据局合力推进公共数据授权运营中的数据知识产权登记、运用和保护，与浙江省商务厅共同开展自由贸易试验区数据知识产权创新试点，与中国人民银行浙江省分行等部门联合推出数据知识产权质押融资、保险等金融产品，与浙江省高院、杭州互联网法院探索建立数据知识产权保护在线调用、证据互认、信息共享机制，初步打通数据知识产权登记、运用、保护链条。

开展登记实践。面向主战场、找准发力点，上线全国首个多跨贯通的数据知识产权登记平台，先行开展海洋大数据、地理信息等数字经济核心产业数据知识产权登记试点。立足市场所需、企业所盼，为数据处理者提供数据存证公证、数据知识产权登记申请、审查补正、公示并征询异议、发证公告、分类检索、证书核验、数据验证等服务。统筹安全、效率与公平，迭代运用“区块链＋敏感数据甄别＋无效数据智能发现”，强化数据知识产权登记中的数据安全和审查质量管理，登记平台入选中央网信办“2023年区块链创新应用典型案例”。创新“集合申请＋集中审查”制度，提升登记审查效率。完善登记异议、公示公告、智能合约、举证责任转移等制度，有效平衡各方利益。

推动数据流通使用。数据知识产权登记平台与浙江省大数据交易中心、杭州数据交易所、浙江知识产权交易中心、杭州知识产权交易中心等四大交易平台直连打通，着力构建数据流通交易市场生态，实现登记交易一键挂牌、信息检索一体同步、变更备案一链直达。浙江省知识产权局推出双向互动、月度晾晒和典型选树“组合拳”，组织浙江省各地创新应用场景，推动数据知识产权登记运用。全国首单数据知识产权质押融资、保险、证券化、交易、许可、联盟共享等运用场景全部落地浙江省。

三、未来计划

未来，浙江省将以打造国家数据要素创新试验区为契机，以数据要素高效配置和赋能实体经济为主线，全方位打通数据知识产权的权属登记、价值评估、转化运用、权益保护路径，加快形成更加系统完备、更加成熟定型的数据知识产权保护制度。

持续研究探索。重点深化数据知识产权分级分类、价值评估、治理模式等基础理论研究。

丰富登记实践。完善登记审查规则，聚焦产业大脑、未来工厂、电商企业、实验室等重点平台和主体，持续推动商业数据、产业数据、科研数据和公共数据等各类数据知识产权登记扩面提质。

深化保护运用。制定出台数据知识产权保护和运用专项政策，全面打通登记确权、流通交易、收益分配、安全治理链条。

强化技术治理。坚持“以数治数”，深化可信、加密、安全接口等数据技术的运用，建设全过程上链固证、全方位多跨协同、全流程动态监管的登记运营保护一体化平台。

完善标准规范。扎实推进数据知识产权国家标准化试点工作，制定一批数据知识产权价值评估、交易转让、共享许可、权益保护等标准。

（浙江省知识产权局供稿）

浙江省数据价值化改革探索

一、基本情况

2022 年 12 月，中共中央、国务院印发《关于构建数据基础制度　更好发挥数据要素作用的意见》（简称“数据二十条”），将浙江省作为唯一被点名支持先行先试的地区。2023 年，浙江省将产业数据价值化改革列为数字经济创新提质“一号发展工程”八大攻坚行动的重要内容，在全国率先完成系统性部署，并获浙江省改革突破奖金奖。

二、特色亮点

以内部建设为核心，规范企业数据。一是宣贯数据管理国家标准。数据管理能力成熟度评估模型（DCMM）是中国首个数据管理能力评估国家标准。浙江省迅速行动，从试点示范、政策支持、人才培养、氛围营造等方面加快推进 DCMM 贯标工作。印发《浙江省企业首席数据官制度建设指南（试行）》，引导企业设置首席数据官岗位，遴选首批首席数据官试点企业 26 家。如化纤龙头企业新凤鸣公司在对生产数据进行汇聚、清洗、加工后，利用数据融通模型计算分析，实现对产品线关键质量指标的实时监控和优化，2023 年产品质量成本下降约 6.81%。

以体系建设为基础，汇聚行业数据。一是开展产品主数据标准（CPMS）试点。在全国率先推进产品主数据标准建设，遴选金华五金和电动工具行业、玉环水暖阀门行业等 9 个地区的行业开展首批试点，截至 2024 年 3 月底，已形成产品类目 701 条、产品属性描述 10498 条，汇聚行业专家 154 名，通过浙江省产品主数据管理平台归集，实现与国家平台的对接。其中，金华五金和电动工具行业产品主数据标准构建了产品类目 140 条、产品属性描述 1529 条，与亚马逊平台数据标准建立映射关系，实现出口企业国际产品数据流转“一键通达”，助力在亚马逊平台开展销售的 100 多家企业缩短一半的海外仓补仓时间。二是构建“1+11+N”产业数据资源体系。建成“1 个省级数据仓 +11 个市级数据仓 +25 个行业数据仓”的产业数据资源体系，覆盖数据采集、编目、归集治理、传输、共享等全流程，加强隐私计算等多种数据交互能力，确保数据安全。截至 2024 年 3 月底，产业数据仓已归集数据 62.2 亿条，累计调用 5418 万次。

以主体培育为重点，用好产业数据。一是培育浙江数商企业群体。打造“浙江数商”品牌，制定国内首个数商发展专项文件《关于推进浙江数商高质量发展的实施意见》，鼓励浙江省数商开展数据技术服务、数据产品开发、数据流通服务、数据安全保障、数据平台运营服务。上海数据交易所《全国数商产业发展报告（2023）》显示，杭州市被列为全国 5 个第一梯队数商发展城市之一。未来三年内，计划选树培育在全国具有影响力的“领军型浙江数商”30 家、在细分领域有影响力的“成长型浙江数商”100 家。二是做强行业产业大脑。建成工业领域细分行业产业大脑 57 个，服务企业 15 万余家。如童装产业大脑，通过建立青少年体型指数、版型库等模型，提供共享设计等功能，使新款童装设计时间由 7 天缩短到 2 天，样衣制作周期由 3 天缩短到 1 天，制作成本降低 60%。

以制度建设为牵引，完善市场体系。一是推进公共数据授权运营。在全国率先出台《浙江省公共数据条例》《浙江省公共数据授权运营管理办法（试行）》，为开展公共数据授权运营提供法律依据和规范指引。二是推进数据知识产权登记。出台全国首个数据知识产权登记规范性文件《浙江省数据知识产权登记办法（试行）》，上线全国首个多跨协同的数据知识产权登记平台，发行全国首单包含数据知识产权的证券化产品，落地全国首单数据知识产权被侵权损失保险和首笔数据知识产权交易。三是推进数据资产入表。发布《数据资产确认工作指南》地方标准，编制《资产管理 数据资产登记导则》团体标准，开展数据资产全过程管理试点，完成国内首例数据资产确认登记。

三、未来计划

加强数据计算能力支撑。一是强化计算技术创新，组织开展数据挖掘、数据存储、隐私计算等计算技术攻关，支撑数据价值充分释放。二是做优算力服务，构建以智能算力为主、多元算力协同的算力供给体系，强化算力资源调度，优化算力云化服务，为多模态大模型数据训练提供算力保障。三是推动数据与算法协同创新，推动产业数据在模型训练中的应用，培育垂直行业大模型，推动行业应用开发。

加快数据资源体系建设。一是加强企业数据治理能力，鼓励企业开展数据管理相关标准评估，摸清自身底数，补齐短板；推进首席数据官制度试点，将首席数据官纳入各级各类高端人才政策，提高企业对数据价值的认识。二是推进浙江特色的“产业大脑—数据仓—产品主数据标准”一体化试点，通过产业数据仓融合跨行业跨领域数据，以产品主数据标准规范数据管理，以场景牵引数据交互形成数据价值。三是鼓励地方创新。支持中国（温州）数安港先行先试数据流通全流程机制，支持“中国数谷”深入推进“规则 + 市场 + 生态 + 场景”四位一体综合改革，支持海宁经编、桐乡化纤、玉环水暖阀门等行业探索数据确权、定价、分配机制。

打造数据要素市场生态。一是培育浙江省数商企业群体，支持数商开展数据技术服务、数据产品开发、数据流通服务、数据安全保障、数据平台运营等业务。二是推进“产业大脑 + 未来工厂”数字化转型模式，推动行业企业汇聚海量数据资源，形成高质量数据集和数据产品。三是推进产业互联网发展，以数字化平台为核心载体，整合政产学研用金各类主体资源，通过集中采购、设备共享、供应链金融等服务，以场景带动数据交互，探索数据流通交易模式。

杭州市数据要素先行试验

一、基本情况

杭州市以争当国家数据要素综合试验区城市范例为目标，高质量重塑“数字经济第一城”，推进“规则 + 市场 + 生态 + 场景”四位一体综合改革创新示范，通过 3 ～ 5 年的努力，在基础制度、流通规则、市场机制、应用场景等方面首创一批标志性改革成果，形成一批在全国可复制推广的经验做法，全面激活海量数据和丰富应用场景的数据要素潜能，健全数据要素市场体系和新型基础设施，构建数据要素统一大市场的国际枢纽中心，激活引领数字经济跨越式发展新引擎，打造“中国数据产业第一城”。

杭州市充分发挥数据龙头企业汇聚优势，依托杭州高新区（滨江）高标准建设“中国数谷”，落地浙江大数据交易中心、杭州国际数字交易中心两大数据交易场所，成立全省首个“数据安全实验室”，数据交易市场建设成效显著。浙江大数据交易中心作为省内第一家大数据交易场所和唯一一家持牌数据交易场所，已初步形成涵盖数据产品、数据技术、数据模型、供需匹配、数据流通平台等重点领域的链条化数据流通服务体系，自 2016 年成立以来上架数据产品共计 362 个，数据产品累计调用超 5 亿次，累计交易额达 4.29 亿元。杭州国际数字交易中心已与 215 家企业建立合作关系，上架产品 428 个，实现 457 笔数据业务交易，成为业内首家具备线上全闭环数据交易能力的平台。

二、特色亮点

1. 案例一：金融领域——杭州萧山区智投市民易贷

该场景旨在通过公共数据授权运营，解决农户授信一直存在的产权少、盘点难、授信小等痛点，实现了对各类客群授信的标准化、数字化、线上化，为萧山区内农户、居民、新市民、个体工商户经营者、小微企业主等群体提供便捷高效的信贷资金支持，解决了农户融资成本高、融资额度低的痛点与难点。

企业基本情况。杭州萧山智慧城市投资管理有限公司（以下简称“智投公司”）是应萧山区委、区政府落地运行智慧城市相关工作要求而成立的一家数据管理公司，代表萧山区持有相关数据的所有权和知识产权，并作为城市数据相关资产的承接主体、运营公司的出资主体、数据信息的发布主体、智慧应用的管理主体，全面参与智慧城市建设与运营。为助力萧山区公共数据有序开发利用，培育数据要素市场，智投公司在萧山区数据资源管理局的指导下，与萧山农商银行共同探索研究，发挥各自优势，发掘数据要素价值，在普惠金融领域开展场景试点，建成了杭州市首个公共数据授权运营应用场景，即萧山区共同富裕普惠金融场景——市民易贷，并于 2023 年 6 月 12 日完成了第一笔公共数据产品交易，成为国家“数据二十条”在杭州市落地和公共数据要素市场化工作探索实践出的赋能路径。

开展模式及成效。设计“千人千面”的融资授信模型。通过与萧山区数据资源管理局的数据融通，获取民政局、市场监督管理局、人力资源和社会保障局等 16 个部门、38 大类政务数据，结合银行数据和社会数据，构建出六大类 80 余项授信指标体系，拓宽普惠金融评分维度，精准刻画农户画像，提升农户融资额度，满足不同的融资授信需求，实现跨区域、跨领域的数据协作利用。构建客户信息质量分析体系。通过各类数据逻辑校验和交叉验证，判断数据可信度，进行客户家庭信息质量分析，督导各大银行进一步修正和完善相关数据，有效提升数据完整性和可信度，实现产权明确、盘点准确、授信有依据的普惠金融场景。

未来重点发展方向。一是推广普惠金融场景。进行全面宣传推广，并通过迭代升级，全面覆盖萧山区包括农户、社区居民、新市民等在内的逾 200 万客户，打造高效、安全的综合金融服务生态，优化萧山区营商环境，助力共同富裕。二是抢抓国企转型契机。以国企为突破口，助力萧山区数字经济建设。智投公司以国企数字化转型为契机，结合产发集团数字化中台建设，依托产发集团绿色共富发展、产业园区开发、高端智能制造、医药健康养老、商贸文创会展、数智科技创新六大产业板块，围绕民生和社会需要，创新拓展更多领域的应用场景。未来，智投公司将以菜场、公交、水电、煤气等国企基础性板块为切入口，打通公共数据、社会数据和企业数据，充分发挥数据要素乘数效应，实现实体经济与数字经济融合发展。此外，利用人工智能技术打造虚拟管家，以人为本，统一市民生活和服务入口，赋能社会治理，提升民众幸福感和社会治理水平。

三是探索数据资产入表。针对智投公司通过杭州数据交易所完成交易的数据产品，探索数据资产入表，在财务报表中体现数据的真实价值与业务贡献。同时，基于智投公司在智慧城市项目中积累的大量原始数据，依据资产所属关系，探索数据资产入表路径和财务核算体系以及多样化征信服务，促进国企数据资产的有效管理和利用，提高企业的竞争力和可持续发展能力。

2. 案例二：大众消费领域——杭州市余杭区“消费者洞察”场景

电商产业是余杭区乃至杭州市的优势主导产业，也是浙江省数字经济发展的生力军。余杭区现有各类电商市场主体超 5 万个，从业人数超 12 万人。电子商务已成为余杭区创新创业最为活跃的领域。2022 年，余杭区网络零售额为 1785.1 亿元，同比增长 17.3%，规模和增速均列全市第一。随着数字化转型的深入推进，电商产业将迎来更多的发展机遇，尤其是在数据分析和消费者洞察方面。为解决消费者投诉反馈周期长等关键问题，余杭区打造了“消费者洞察”场景（见图 4–1），以进一步提高消费者投诉处理效率，优化消费者体验，同时促使商户快速响应和解决问题。

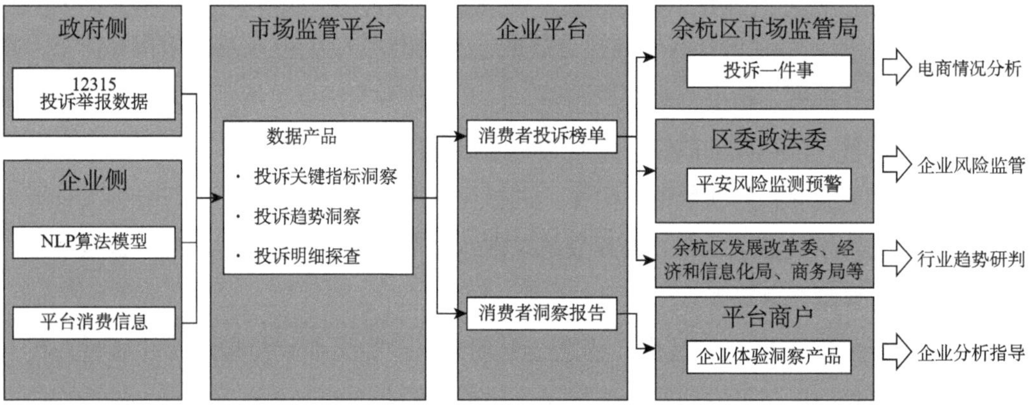

图 4–1 “消费者洞察”场景整体架构

场景建设与创新。一是合规申请公共数据。严格对照省、市公共数据授权运营相关管理办法要求，申请使用市场监管部门提供的 12315 投诉举报数据，以其授权的运营平台为依托，将公共数据中消费者投诉反馈信息脱敏后与社会数据进行融合，开发出“投诉关键指标洞察”“投诉趋势洞察”“投诉明细探查”等数据产品。通过将商户在各平台经营产生的原声（商品评价、客服咨询、买家秀、问大家等）、消费者投诉到政府机构的原声、消费者在社交媒体（微博、小红书、抖音等）的原声进行聚合，并通过行业化的原声分类以及更灵活全面的分析和监控预警，打造“经营参谋”平台。二是创新赋能平台商户。瓴羊智能科技以“经营参谋”为依托，将三大数据产品输出至企业侧平台，形成消费者投诉榜单和洞察报告，以“公共数据 + 社会数据”聚合的形式发挥数据要素乘数效应，大幅提升商户对投诉问题的响应速度，实现对投诉情况更全面的分析和监控预警，推动商户更好洞察自身产品状况，助力产品创新，反哺消费者的购物体验。

未来重点发展方向。一是推动实现电商投诉感知效率倍增。通过收集更优质、更可靠的消费者体验评价，进一步推动在企业侧形成更为精准和完善的行业洞察服务，平台商户则通过公共数据，进一步提升自身经营状况分析精准性，投诉感知时间将由近 1 个月缩短至 1 周以内，效率提升 400%，推动商家解决投诉问题效率提升 10%，充分发挥了数据要素赋能平台经济的乘数效应。二是推动实现政务数据利用效率倍增。“消费者洞察”场景实现了政务大数据在平台经济中的有效应用，进一步优化了公共数据的使用和治理模式。例如，“消费者洞察”场景中形成的“投诉明细探查”数据产品，上架至浙江一体化数字资源信息系统后通过 API 接口共享给“余智护杭”应用的“平安风险监测预警”模块，提供包括投诉对象、被投诉主体、电商注册属地在内的六大融合加工数据，助力政务类应用提质增效。三是推动实现政企协同监督效率倍增。通过“经营参谋”打通了政企电商网购信息互联共享渠道，有效为市场监管部门赋能，在平台侧就能够倒逼电商平台落实管理责任，管理好商户，净化平台经济，并能够提供可信可靠的平台经济大数据参考，提升后续消费刺激政策的精准性，助推平台经济发展。

三、未来计划

1. 创新谋划高质量落实重大改革任务。围绕促进数据合规高效流通使用、赋能实体经济主线，聚焦数据产权、流通交易、收益分配和安全治理等重点领域的重点改革任务，结合浙江省创建国家数据要素综合试验区明确的先行先试改革任务和工作抓手，全面梳理杭州市贯彻落实国家、省构建数据基础制度重大改革任务与工作抓手的清单。

2. 聚焦数据合规高效流通的规则体系。根据法律法规，结合国家新形势、新环境下的新要求，及时回应市场关切，制定清晰的数据分类分级合规流通交易规则，作为激活杭州市数据要素市场的首要任务。

3. 聚焦科学的市场布局。建立多层次数据市场运行管理体系，提高市场效率、降低流通成本。招引培育数据商资源，打造杭州“基石数商矩阵”，引领数据价值实现，有效推动数据市场发展壮大，快速提升数据市场规模。

4. 聚焦创新活力健康发展的生态环境。把握中央“支持浙江先行先试”的历史契机，先行开展数据产权、流通交易、收益分配、安全治理四大重点领域的体制机制改革创新，打造数据要素流通和交易服务的优渥生态。

5. 聚焦数据价值潜能释放的场景应用。以“大场景、小切口”的方式，结合杭州市实际，分级分类、分步谋划标志性创新应用场景，以激活数据要素潜能，做强做优做大数字经济、赋能实体经济的体制机制创新改革为原则，防止以建设信息化系统的思维开展场景应用试点。

（杭州市发展和改革委员会供稿）

宁波市数据要素先行试验

一、基本情况

2023年以来，宁波市根据《中共中央　国务院关于构建数据基础制度更好发挥数据要素作用的意见》《浙江省公共数据条例》《浙江省公共数据授权运营管理办法（试行）》相关要求，作为浙江省公共数据授权运营的首批试点地市，通过创新公共数据授权运营体制机制，构建统一的加工环境，深化应用场景建设，探索推进公共数据授权运营，并取得了积极成效。

建立健全组织保障机制。成立宁波市大数据高质量发展领导小组，合力深入推进数据要素市场化配置改革，基于领导小组成立了宁波市数据要素市场化配置改革专班，主要负责组织推进数据基础制度在宁波的探索实践，推进数据要素市场化配置改革，开展公共数据授权运营等工作。

不断完善制度体系建设。出台《宁波市公共数据授权运营管理实施细则（试行）》，打通公共数据与社会数据融合应用渠道。根据数据产品标准、数据授权、数据加工、产品交付、安全管理等方面的平台建设需求，研究起草《宁波市公共数据授权运营平台数据产品审查规范》《宁波市公共数据授权运营平台社会数据采购管理暂行办法》等一批规范标准制度。

打造统一安全加工环境。依托一体化智能化公共数据平台建成了公共数据授权运营平台，为授权运营企业的数据产品加工处理提供特定的安全可信空间，建立了数据产品加工、应用全链路的安全监管以及安全应急熔断机制，落实“原始数据不出域，数据可用不可见”的安全要求，确保公共数据安全合规利用。创新设立了公共数据测试验证实验室，为企业提供最长不超过 6 个月的免费数据测试验证，大大降低了企业了解公共数据的难度。

建立安全合规运营机制。通过“制度 + 技术”方式推进公共数据开发利用。按照《宁波市公共数据授权运营管理实施细则（试行）》，明确公共数据由政府依申请审查后统一授权，并按“一场景一授权”“一授权一协议”“一授权一预案”方式实施，政府拥有公共数据持有权，运营企业获得数据加工权和数据产品经营权。建立数据产品出域应用合规审查机制，对授权运营平台内的所有用户行为以及数据产品的使用行为，进行全过程的安全监控与风险防范，确保数据产品开发和应用安全。

创新数据权益分配机制。对于公共数据授权运营暂不收取授权费，企业根据在数据产品开发中贡献的大小，由市场进行评价，获取相应收益。建立授权运营反哺机制，公共数据授权运营单位应无偿协助数据提供单位开展数据资源质量治理。

二、特色亮点

宁波市作为浙江省首批公共数据授权运营试点地市，目前已有“甬学保”等 7 个应用场景并取得初步成效。

“甬有智医”医疗人工智能服务应用场景。基于医疗卫生领域的诊疗数据、体检数据、居民健康档案数据的授权运营，通过数据资源与产业深度融合的方式，为传统产业的数字化转型与升级赋能，重新塑造价值。构建专病“筛诊治管”全周期智能化健康管理服务模式，建立覆盖健康管理、健康保障、疾病康复的全面保障体系，满足日益多元化的用户需求。该场景通过疾病早筛，构建全周期、全流程、全人群的全民健康管理体系，实现疾病“筛诊治管”闭环规范化管理，不断提升宁波市居民的疾病早筛覆盖率、整体治疗水平和康复能力，提高诊疗水平和患者依从性，从而提升居民生活质量和社会整体健康水平（见图 4–2）。“优享照护”平台利用该数据产品，进一步提供覆盖诊前、诊中、诊后的健康照护服务，实现线上派单、线下服务、双向互评，改变传统的“盲”找护工的模式，现已覆盖 39 家市级和区县医院、26 家服务机构，累计注册用户 3.5 万人，累计订单 6000 单，累计交易金额超 450 万元。

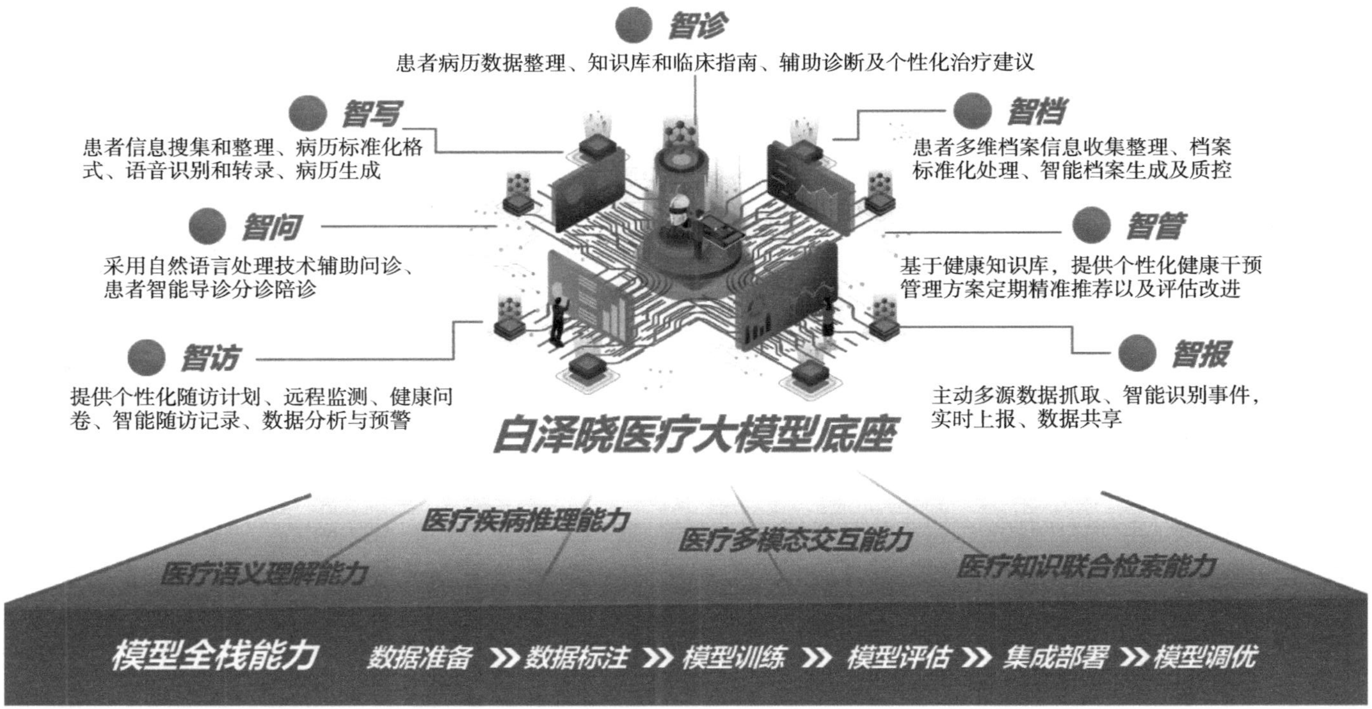

图 4-2　“甬有智医”医疗人工智能服务应用场景

资料来源：作者整理。

医学影像人工智能模型研发及产业服务应用场景。通过健康医疗领域医学影像及影像报告数据、诊疗数据、住院数据的公共数据授权运营，建立专病影像标注数据库，辅助模型研发。同时通过集约化手段降低算力资源的重复投入，整合不同模型研发机构的各类人工智能模型，通过模型共享减少对人工智能模型的重复投入，辅助医学影像人工智能模型的应用推广。通过医学影像人工智能辅助分析应用，将各类医学影像人工智能模型无缝嵌入医院影像诊断业务管理系统，提升医生阅片效率及准确率。以肺结节检查为例，医生阅片时间从 20 分钟减少至 12 分钟，准确率从 80% 提升至 95%。通过医学影像人工智能辅助分析应用的云化服务，极大提高医学影像人工智能辅助分析手段在基层医院应用的覆盖率，理论上可达 100%。相比单独采购医学影像人工智能模型，预计每年采购成本平均可降低 15%，每家节约资金达 20 万元。通过医学影像人工智能模型训练服务，可为厂家节约医学影像人工智能模型研发训练成本 20% 以上。

中保科联商业保险应用场景。通过联通卫生健康委、医保局等政府端和保险公司等企业之间数据，利用门诊信息、住院信息、个人投保信息等公共数据授权运营，开发了快赔理赔、两核风控、重疾模型、普惠保险、甬学保、灵活保等数据产品，为保险机构产品创新、服务升级、风险管控提供数据支撑和技术支持。重塑了保险服务流程，构建覆盖医疗、护理等保障链条，实现“无纸化”和“零感知”的分钟级快捷理赔服务。建立了跨区域保险行业管控、数据共享等合作机制，建立商业健康保险与基本医保对接合作机制，建立医疗数据共享分析和行业风险防范等制度，重构保险行业信用形成机制。该场景对传统学平险等普惠保险产品的销售、承保、理赔等方式进行了改革创新，已覆盖全市 116 万名幼儿园至高中段学生，保费合计 1.2 亿元，最高保额从 40 万元提升至 80 万元，平均赔付率从 60% 提升至 85%，保险机构综合成本率降低 20%，理赔时效缩减至 2 个工作日，同时有效防范学校廉政风险。

涉农金融贷款模型分析服务场景。通过涉农金融贷款模型分析服务应用场景（见图 4–3），构建多层次涉农金融服务体系，聚焦农户、家庭农场、农民专业合作社、农业龙头企业等多方主体，强化政银企深度合作；加大涉农经商贷款投放力度，支持涉农小微企业金融需求，鼓励金融机构采用市场化、数智化等方式满足其合理的融资需求，优化营商环境；推动涉农金融体系数字化转型，以数据产品创新为手段，优化存量贷款授信流程，使金融行业对涉农贷款审批时效提高 1 倍以上。

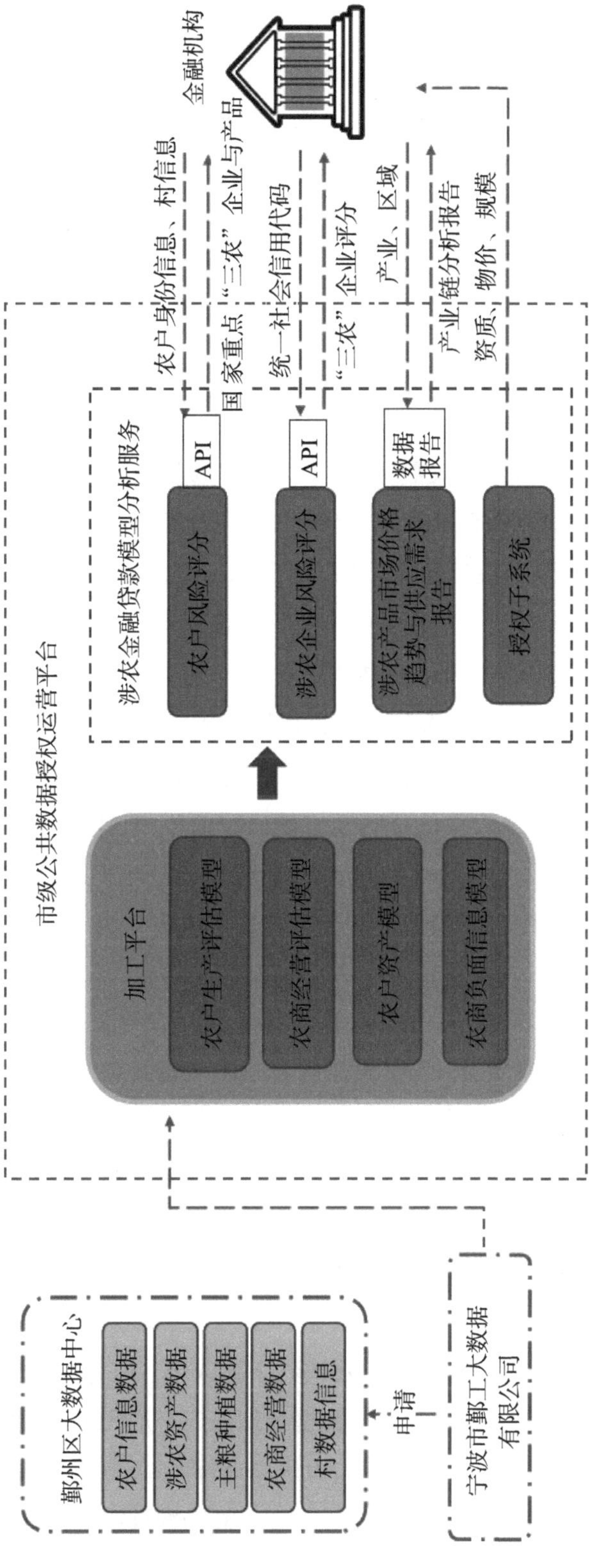

图 4-3　涉农金融贷款模型分析服务场景

资料来源：作者整理。

能效洞察者综合能效服务场景。通过融合政府数据和电力相关数据，利用企业信息、产值信息等公共数据，赋能工业企业绿色低碳转型，满足工业企业能效项目诊断发掘、改造方案收益评估、投资商业模式选择、能效工程建设服务等需求。通过能效洞察者综合能效服务场景，工业企业平均用能成本降低5%，度电产值效益增加7%，能效订单签订成功率和营业额提升200%，第三方投资机构使得能效项目投资数量和收益增加300%，实现社会面年节约电量2亿千瓦时以上，企业减少用能成本支出1.56亿元以上，减少二氧化碳排放14.07万吨。

信用惠农数据服务场景。通过链接政府侧公共数据、金融机构信用信息和农户个人信息三方数据，利用数据产品对农户个人画像及信用进行综合评测，得出农户信用评级及授信额度，解决了银行风险监管成本高、优质农户授信额度低的问题。现已辅助金融机构较为精准地得出农户贷款授信额度，有利于发现与扶持优质农户，解决农户贷款难、额度低的问题，预计涉农预授信额度达到1.5亿元，覆盖涉农用户超4700户，同时助力优化银行授信贷款全流程管控机制和银行线下核查方式，预计将银行侧信贷优质率提升20%，降低贷款成本5%，提升银行办理效率。

道德信用贷场景。通过余姚市个人公共数据提取个人信用评估指标，形成道德绿码，推动公民道德“与信贷联姻、和礼遇挂钩”，利用城市大数据和区块链技术重点解决了具备良好道德表现的常住农户信贷问题。现已授信用户54487人次，授信金额211.82亿元，贷款金额25.19亿元，共减少跑动2.54万次，减少评议纸张238万张，减少申请材料4.99万份，为推动经济社会高质量发展提供了有力支撑。

三、未来计划

推动公共数据资产化运营。试点开展公共数据资产化运营。在港航物流、健康医疗、金融保险等领域优先试点推进公共数据授权运营管理，按照“原始数据不出域、数据可用不可见”的要求，加强模型、接口、核验以及小程序等产品和服务的供给和使用。制定公共数据授权运营相关制度，明确授权场景、授权主体、授权范围及安全监管责任。

促进企业产业数据价值释放。推进产业领域数字化改革。在市属国企、大型平台企业先行开展数字化改革，鼓励企业设立专门数据管理部门，加大企业数据治理人才培养力度。推动具备条件的企业开展数据管理能力成熟度评估模型国家标准贯标工作，加快提升企业数据管理能力，培育产业数据核心资源。鼓励数据商进场进行数据产品登记、上架、备案及市场化交易流通。鼓励第三方专业服务机构等为数据交易双方提供数据产品开发、发布、承销以及数据资产的合规化、标准化和增值化服务，提高数据交易效率。

大力培育数据要素市场。按照国家对交易场所的统筹布局，在港航物流、健康医疗、金融保险等行业数据产品不断丰富的基础上，按照“先服务后权益、先行业后区域”的路径分步推进行业性数据交易中心建设。围绕数据产品市场化交易流通过程，探索建立数据产品登记、数据知识产权登记、数据资产入表、合规性审查等产权登记制度，以及数据产品市场交易流程、存证等相关管理制度，探索建立市场流通机制。

大力发展数据服务产业。培育数据要素新业态，发展数据生产性服务业、生成式人工智能产业、数据安全服务业、数据流通服务业，培育一批专业数据流通服务商、数据经纪商和第三方服务机构，打造服务全国的数据流通交易产业生态。推进数据技术产品和商业模式创新。加强数据关键共性技术研发，推进数据生产、流通、交易、治理等数据链全栈技术研发和成果转化。推进数据应用场景示范，引导市场主体以应用场景为导向，按照用途开发数据产品。

加强数据安全治理。健全数据安全保护制度，加强法律法规的贯彻落实，加强对涉及国家利益、公共安全、商业秘密、个人隐私等重要数据的保护。完善数据安全技术体系，加强数据安全监测、加密传输、访问控制、数据脱敏、隐私计算等安全保障技术研发与应用，探索数据流通过程中的敏捷监管、触发式监管和穿透式监管。创新数据监管模式，建立数据联管联治机制，推进分行业监管和跨行业协同监管。加强对数据垄断和不正当竞争行为监管，营造公平竞争、规范有序的市场环境。

（宁波市数据局供稿）

温州市数据要素先行试验

一、基本情况

细化管理办法，为授权运营工作有序发展奠定基础。在《浙江省公共数据授权运营管理办法（试行）》基础上，温州市编制出台了《温州市公共数据授权运营管理实施细则（试行）》，明确“无场景、不授权”原则，设置合规论证会、听证会等程序，为市场经营主体申请公共数据提供明确指导，在政策机制层面确保公共数据“供得出”。进一步细化授权运营程序、明确使用定价方式、规定合理收益机制、规范授权运营要求等，并在中国（温州）数安港建设工作领导小组下设立市级公共数据授权运营工作组，进一步规范温州市公共数据授权运营管理，加快公共数据有序开发利用。

建设授权运营平台，为授权运营工作提供安全技术平台。依托市本级一体化智能化公共数据平台，温州市联合中国电子技术团队自主建设公共数据授权运营域，作为授权运营单位加工处理公共数据的特定安全空间，并已投入使用。建立授权运营域周例会机制，每周跟进场景进展及平台使用情况，监督场景运营情况，收集授权运营单位开发需求，不断迭代完善平台能力。该平台入选2023智慧中国年会“2023数字政府特色评选50强创新案例”，荣获“强基赋能示范奖”，入编“2023信息化科技创新大会”《2023年度新时代政府数字化转型典型创新成果推荐目录》，入选中国通信标准化协会《2023年公共数据授权运营案例集》。

推进各类场景落地，挖掘公共数据新价值和创新点。依托中国（温州）数安港海量场景池，深入挖掘可推广的优秀场景，结合公共数据平台联合入驻企业精心打磨数据应用场景，推出市本级三大授权运营场景——“安诊无忧”“无忧背调”“信贷数据宝”，并成功抢下全国第一单。完成市本级场景上线的同时，指导各区县推进公共数据授权运营工作，龙湾区、瓯海区相继发布公共数据授权运营场景“数智绿波”“生命金钥匙”。“数智绿波”作为省级重点场景在 2023 年第二届全球数字贸易博览会数据要素治理与市场化论坛上发布，并多次在重大数据领域会议上进行推介。

二、特色亮点

中国（温州）数安港。为加快培育数据要素市场，推进数据资源共享利用和安全保护，促进大数据开发利用和产业发展，温州市委、市政府谋定后动、大胆改革，以数据安全与应用为切口，依托中国（温州）数安港建设，大力发展数字经济。在温州市瓯海区建设中国（温州）数安港，布局建设“一港、一会、一基金、一园、二院、三中心”，探索可市场化、可规模化、可持续化的数据产品交易模式，逐步培育形成安全合规的数据交易市场，打造温州数据产业集群新优势，形成浙江省乃至全国的数据安全产业基地。

市级“信贷数据宝”。作为一款“数据要素 × 金融服务”领域的数据产品，针对群众在办理银行信贷业务时遇到的准备材料繁琐、流程不便捷、授信效率低等问题，通过对婚姻情况、产权信息、征信记录等多维度数据进行分析，为用户提供信贷额度区间，既简化了群众申贷流程，又提升了银行授信审批的效能。

“数智绿波”。温州市龙湾区推出的“数据要素 × 智慧城市”领域数据产品“数智绿波”，利用公交车、网约车实时位置数据，融合互联网地图数据，测算路段平均车速、停车率，动态优化路段红绿灯的绿波方案，减少群众出行时间，缓解高峰期拥堵问题。例如，在温州大道（全长 12 公里）应用“数智绿波”技术后，平均车速从 27 公里 / 小时提升至 45 公里 / 小时，通行时间从 27 分钟缩短至 16 分钟，显著提升了城市交通效率。

“生命金钥匙”。温州市瓯海区的“生命金钥匙”场景，通过中国（温州）数安港合规审查及授权运营平台技术保障，依据医疗公共数据，利用大数据技术比对临床试验需求，解决当前试药招募渠道零散、患者知晓率低、招募时间长等问题，精准匹配合适的受试者。通过数字化、流程化管理，缩短招募周期，大幅度降低药企研发成本，赋能新药研发和医学研究，显著提升医药行业竞争力。

三、未来计划

探索形成公共数据授权有条件有偿使用方式。随着2023年公共数据授权运营场景的实际落地，温州市已形成了完整的数据供给、赋能产业的流程，但是还未真正实现“数据反哺”。未来，温州市将通过确定有偿使用的范围和条件，加强数据质量管理，降低数据归集和治理成本。

强化授权运营域功能建设，有效支撑场景开发工作。随着场景建设进入深加工阶段，在授权运营单位与授权运营域的磨合中，对授权运营域也提出了更多的需求和要求。为全力支撑场景开发需求，对授权运营域进行升级改造，提升数据处理能力和效率，完善监管体系。

深入研究新领域新方向，拓展授权运营场景。根据《“数据要素 ×”三年行动计划（2024—2026年）》，选取工业制造、现代农业、商贸流通、交通运输、金融服务、科技创新、文化旅游、医疗健康、应急管理、气象服务、城市治理、绿色低碳等12个行业和领域，推动发挥数据要素乘数效应，释放数据要素价值。根据《温州市“强城行动”三年计划重大改革项目清单》，“到2026年，在金融、医疗、交通、社会治理、社会服务等领域，打造50个以上示范性强、显示度高、带动性广的典型应用场景”。

（温州市数据局供稿）

之江实验室智能计算“万卡千星”工程

一、基本情况

为全面支撑浙江省“算力强省”建设和杭州市“算力成本洼地”“模型输出源地”建设，之江实验室部署实施智能计算“万卡千星”大工程。到 2027 年，预期构建可统一调度的三万卡计算集群，集成之江实验室在智能计算领域的系列创新成果，打造支撑大模型高效研发的高性能、高效能、高能效智能计算基础设施样板，形成引领性的高标准智能计算底座。

二、特色亮点

着力建设基础万卡计算集群。基础万卡计算集群是指对标国际通行标准的万卡计算集群，是之江实验室做强智能计算科研主线必须具备的基础科研条件，也是混合万卡计算集群建设的对标基准。在组织模式上，之江实验室以现有算力资源为基础，融合省内现有闲散算力资源，构建超过 1 万张 GPU 的基础算力集群。在成果应用上，以云的方式提供公共算力服务，在解决科学基础大模型、GeoGPT 地学大模型等实验室重大科研任务对算力的迫切需求的同时，支撑全省各科研机构的智能算力需求。

推动建设混合万卡计算集群。混合万卡计算集群是通过集成国内芯片和硬件技术，发挥实验室在系统架构、软件系统等方面优势，搭建一个能支撑大模型训练和推理的计算集群。之江实验室以开放灵活的硬件接入平台和协议为牵引，采取共商共建、合作研发的方式，加强与国内 GPU 厂商合作。在成果与应用上，形成面向大模型训练等大规模计算需求的异构国产万卡高效能调度系统，支撑各类创新主体联合开展芯片、服务器、高速网络设备等开发与验证工作，打造国产算力设施建设标杆方案，支撑一个数千亿参数规模的大模型的训练。

探索建设新型万卡计算集群。新型万卡计算集群是在掌握前两个万卡计算集群技术基础上，博采众长，集智攻关，创新研发形成的新架构万卡计算集群，其以最高性能、最高效能、最高能效和最高安全为目标，是智能计算科研高地的重要标志。之江实验室以基础万卡和混合万卡计算集群为基础，以高新技术研究为牵引，构建智能计算技术产学研合作生态，促进企业、高校、科研机构等单位的科研资源在之江实验室集聚。在成果与应用上，突破超融合服务器架构和超高速网络等关键技术，实现在智能算力领域的换道超车，助力新型智能算力产业生态建设。

三、未来计划

之江实验室未来主要计划是推动万卡算力高效聚合，支撑浙江省算力总体布局建设，同时在优势数据汇聚、人才招引培育、关键服务保障等方面发挥作为高能级科创平台的能力，为人工智能技术、产业、应用高质量发展提供数据支撑。

全力支撑浙江省算力布局体系建设。联合阿里、杭钢股份等优势单位，以创新机制加快闲散算力资源规模化聚合以及能源、土地、机房等配套资源的有效整合，建设若干具有公共服务属性、满足浙江省大模型训练急迫需求的万卡智算设施。建设灵活高效的智算实验设施，研究智能算力可持续、规模化提升的技术路径，为十万卡以上超大规模、超高效能的智算设施建设打下基础。

建立数据开放共享枢纽设施。发挥之江实验室等高能级科创平台的技术人才优势，通过规范的科学数据汇聚协议和目录体系，突破多模态检索、跨域协同隐私保护等关键技术，以“中心 + 多方互联接入”的数据网络结构形态，形成数据汇聚治理、数据计算服务、数据安全、开放共享等“数据 + 计算”功能体系，扩大面向大模型的优质数据供给。

开展引育大模型训练人才的“千万工程”。积极利用之江实验室的人才培养聚集效应，以公共算力为支撑，联合头部企业打造一批人工智能人才产教融合培养基地，以全新的模式培养人工智能人才，为浙江省招引和培养 1000 名能用万卡训练大模型的技术人才和 10000 名能用千卡训练大模型的技术人才提供关键支撑。

（之江实验室供稿）

“乌镇之光”超算中心

一、基本情况

“乌镇之光”超算中心是2020年11月24日世界互联网大会期间宣布开工，耗资40亿元，并于2023年6月9日通过验收，被列入国家超级计算中心序列的高能级算力基础设施。项目通过建设国家级超算中心、全国最大的国产芯片生态中心及国家先进计算产业创新中心，打造全国领先的智能计算产业基地。“乌镇之光”超算中心直接对接国家智能计算产业及国产X86芯片产业两个万亿级市场，服务国家大科学、大系统和大工程类应用，为长三角乃至全国各重点领域的科技创新、战略性新兴产业升级和城市社会发展提供强有力支撑。

二、特色亮点

业务开展规模不断扩张。“乌镇之光”超算中心（见图4–4）目前已部署80余个超算应用软件，之江实验室、良渚实验室、西湖实验室等重点用户已完成软件适配，其中已实现浙江大学医学院5000核心规模虚拟药物、浙江省环境监测中心空气质量模式系统、浙江省海洋灾害预警系统、胜利油田物探研究院64000核心规模地震数据处理，浙江移动通用视觉分割一体化平台等正常运行；与浙江电信、浙江大学、浙江工业大学、中国计量大学、杭州师范大学、百度工业互联网、墨卓生物、华友钴业、科大讯飞等100多家重点高校院所和科技创新型企业达成合作。截至2023年12月31日，“乌镇之光”超算中心的总用户数已达到12700个，总机时突破了10亿核时，累计处理作业数突破580万。

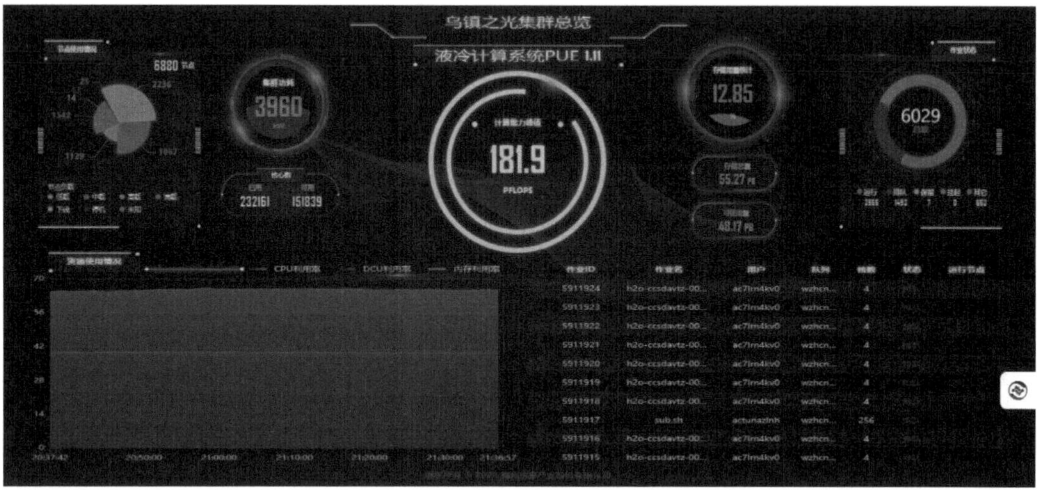

图 4-4 “乌镇之光”超算中心实时驾驶舱

资料来源：作者提供。

用户遍布省内外。“乌镇之光”超算中心以强大的算力能力，与省内外高校院所、政府部门、各类企业开展了紧密合作。截至 2023 年底，“乌镇之光”超算中心服务的各类单位总数达到 200 余家（见表 4-1）。

表 4-1 “乌镇之光”超算中心服务对象

序号	服务对象类别	服务对象
1	中国科学院	中国科学院自动化研究所、力学研究所、大气物理研究所、昆明动物研究所、福建物质结构研究所、化学研究所等 25 家院所
2	浙江省科研院所	良渚实验室、之江实验室、国科大杭州高等研究院、海洋二所、南湖实验室、中国电子科技南湖研究院、西安电子科技大学杭州研究院、浙江大学湖州研究院等 35 家院所
3	浙江省公共服务	浙江省环境监测中心、浙江省海洋监测预报中心、浙江省大数据发展管理局等 8 家单位
4	浙江省高校	浙江大学、西湖大学、浙江工业大学、中国计量大学、浙江理工大学、杭州电子科技大学、温州大学、宁波大学、杭州师范大学、湖州师范学院等 40 所高校
5	桐乡市当地企业	浙江清华长三角研究院、乌镇实验室、华友钴业、百度、墨卓生物、福瑞泰克、合众汽车、德盛铁路、长河网络等 20 家企业
6	浙江省内企业	阿里、浙江移动、浙江电信、恒生电子、网易、运达风电、舜宇集团、中电海康、大华、联汇科技等 50 家企业

续　表

序号	服务对象类别	服务对象
7	浙江省外主体	清华大学、复旦大学、同济大学、北京理工大学、北京航空航天大学、南方科技大学、昆明理工大学、中南大学、兰州大学、大连理工大学、山东理工大学、四川省环境监测中心站、合肥国家实验室、清华大学深圳国际研究生院、哈尔滨工程大学、中石化胜利油田物探研究院、格点科技、网进科技等

资料来源：作者整理。

加快推进服务器智能制造业务。目前，“乌镇之光”智算中心年产 20 万台服务器智能制造项目已全部投入运行，现有员工人数 146 人，50% 以上为本地人员。受行业周期性以及公司订单影响，2023 年，该项目以降本增效为总体目标，持续提升相关产品质量，10—12 月产能利用率达 77%。

三、未来计划

围绕“智领未来”，推动算力提升满足区域需求。“乌镇之光”超算中心已部署 80 余个超算应用软件，与重点用户启动软件适配测试，未来将逐步成为长三角知名人工智能公共算力开放创新平台，为浙江省提供强有力的算力支撑。

打造“最强大脑”，助力产业智能化数字化转型。“乌镇之光”超算中心以其强大的算力能力大幅缩短了产业数字化、智能化过程中数据处理与计算的时间，突破了企业缺乏算力设施和技术平台的“瓶颈”，为数字中国建设开辟“高速通道”。目前在超算中心的磁吸效应下，已集聚一批数字化产业项目，吸引关联产业总投资超 140 亿元。

技术“更接地气”，成为全方位产业发展新引擎。“乌镇之光”超算中心的超算服务已经广泛应用于气象海洋环境、工业仿真、生物信息、新材料等领域。“乌镇之光”超算中心将继续发挥加速数字化和智能化产业集聚作用，为浙江省打造互联网 +、生命健康、新材料三大科创高地，以及构建“3・15”科技创新体系提供更加强有力的算力支撑。

〔“乌镇之光”（桐乡）超算中心有限公司：叶瀚供稿〕

杭州人工智能计算中心

一、基本情况

杭州人工智能计算中心于2021年启动建设，由杭州高新技术产业开发区资产经营有限公司下属子公司杭州高新智能科技有限公司负责建设与运营。杭州人工智能计算中心一期建设40P算力，总投资1.1亿元，已于2022年5月上线运行。2022年12月启动二期扩容，建设100P算力，总投资2.23亿元，已于2023年8月上线运行。2023年12月启动三期一阶段扩容，总投资1.913亿元，已于2024年5月上线运行。计算中心采用国产全自研人工智能训练集群基础单元，以液冷技术降低能耗，规划能源使用效率值为1.19。通过自主可控芯片“昇腾910”和高速网络构建人工智能硬件集群，为用户提供安全稳定的国产算力。

杭州人工智能计算中心自上线以来，运营情况良好，累计对接企业、高校、科研单位300余家，涉及互联网、制造、医疗、建筑、金融、教育等行业，为包括网易、安恒信息、实在智能在内的139家用户提供免费测试及适配服务，累计提供免费使用测试算力487P。签约合同金额共计424.89万元，累计销售算力535.56P。

二、特色亮点

硬件设备优势。杭州人工智能计算中心依托国产高性能计算集群Atlas900PoD（见图4–5），为各类人工智能企业提供安全、自主、先进的算力云服务，包括算力租赁、模型适配、技术支持等。杭州人工智能计算中心目前拥有昇腾910A芯片448卡，折合140P算力；拥有昇腾910B芯片256卡，折合100P算力。昇腾910A芯片单卡算力可达 320T（FP16），显存 32GB；昇腾 910B 芯片单卡算力可达 400T（FP16），显存 64GB。杭州人工智能计算中心的服务架构由芯片、芯片使能、人工智能框架、人工智能开发使能平台等系统组成，并采用全自研技术。全国已有 20 余个城市采用昇腾技术路线建设大规模人工智能计算中心。昇腾在人工智能国产化能力及商用成熟度方面有着较为明显的优势，也是国内唯一可大规模训练大模型的基础软硬件平台。

图 4-5　杭州人工智能计算中心国产高性能计算集群 Atlas900PoD 集成机柜

资料来源：作者提供。

软件生态优势。昇腾人工智能产业始终坚持“硬件开放、软件开源、使能合作伙伴”的战略，大力发展国产化人工智能生态。已有 40 余家合作伙伴基于昇腾硬件，快速开发自有品牌的硬件产品。昇腾于 2020 年将自研的人工智能框架“昇思”正式开源，自宣布开源以来，社区下载量超 660 万次，已成为国内最活跃的人工智能开发框架社区。此外，昇腾联合教育部构建“智能基座”人才基地，已签约 72 所重点高校，在 110 余所高校开设昇腾人工智能课程，通过产学研协同为昇腾人工智能产业推广及高质量发展奠定人才基础。目前，已联合 1600 余家合作伙伴孵化了 2900 多个解决方案，在政务、互联网、金融等领域实现规模商用，形成完善的人工智能生态体系。杭州人工智能计算中心致力于构建多元融合的国产算力发展生态，通过技术创新和产业链合作，持续跟进排摸用户需求。目前杭州人工智能计算中心已与省内多家企业合作实现了不同领域的大模型测试训练。如在游戏领域，支持网易大语言与多模态（“玉言”与“丹青”）大模型开发并落地其主营业务；在政务和城市治理领域，支持联汇科技开发

Ommodel 多模态大模型，并在广西、南京等地开展商业化应用；在金融领域，与“安恒恒脑”联合打造一体机私有化部署方案。

三、未来计划

构建创新发展的人工智能产业生态和开源开放的自主可控技术生态，充分释放对人工智能产业发展带动作用和赋能产业智能化升级，实现杭州人工智能计算中心的健康发展和协同应用。

打造创新发展的人工智能产业生态。围绕国产自主创新的技术路线形成蓬勃发展的产业链条，通过普惠算力、基础算法以及良好的人工智能创新环境，在杭州市带动一批人工智能企业进入国内自主创新发展的领先阵营，包括自主可控的人工智能硬件企业、人工智能算法企业、人工智能应用开发企业等。同时推进人工智能科技成果转化，孵化一批高成长性的人工智能创业企业，形成一个全国领先的人工智能产业集群。同时围绕浙江省重点产业，孵化创新应用场景，在城市治理智能化、智能电网、智能制造、智能金融、智能医疗等场景形成有竞争力的应用方案，带动杭州市集成电路、轨道交通、新能源汽车、生物医药等重点行业的智能化水平提升。

培育开源开放的自主可控技术生态。基于自主创新的芯片和人工智能开发框架，培育健康发展的技术生态体系，在计算机视觉技术、自然语言处理技术、无人驾驶等领域形成一批有竞争力的创新算法，迁移一批关键领域的人工智能应用到国产化平台，并形成一批有影响力的开源开发社区、开源项目和应用开发组件，围绕国产人工智能开源开发框架推进开发者发展，从而从系统上解决浙江省人工智能发展的技术风险，规避复杂贸易形势下的供应风险。同时联合浙江省科研机构、高等院校、人工智能企业，形成梯次完备的人工智能人才培养体系，吸引和培养一批人工智能领域的高端人才，将杭州市建设成为人工智能人才高地。

（杭州人工智能计算中心：项欣欣供稿）

宁波人工智能超算中心

一、基本情况

宁波人工智能超算中心是宁波市“十四五”期间重点规划建设的自主可控的新型数字基础设施，由市属国企宁波通商控股集团旗下宁波数字产业集团负责投资建设及运营，一期项目用时 127 天，建成 100P（FP16）半精度智算集群和 5P（FP64）双精度高性能计算集群，于 2023 年 1 月 10 日正式上线运营，填补了当时宁波市在大型先进算力中心方面的空白。2024 年 5 月，二期全面完成 200P 智算算力资源扩容，目前总体算力规模达到 300P 智算 +5P 超算。宁波人工智能超算中心的投用，为宁波市产业发展、科研创新、城市治理、人工智能大模型研发应用等提供了坚实的算力支撑。

宁波人工智能超算中心作为公共数字基础服务设施，可为政府机构、企业、高校、科研院所等提供多元、稳定、安全的算力服务，算力使用率稳定保持在 75% 以上，峰值使用率达到 94%。截至 2024 年 7 月，宁波人工智能超算中心已经为 70 家用户提供了 103 个团队的服务。该中心获批国家先进计算产业创新中心宁波基地，并在上海 2023 世界人工智能大会上荣获“生态建设先锋奖”，入选 2023 中国互联网大会“十项特别推荐案例”、2023 年浙江省数字经济创新提质“一号发展工程”优秀案例，被列入“2023 浙江省算力设施典型案例名单”“国家新一代人工智能公共算力开放创新平台（筹）建设名单”。

二、特色亮点

赋能产业发展。舜宇集团使用宁波人工智能超算中心算力进行手机镜头和马达等产品的设计仿真，与其现有最好的仿真电脑相比，单次计算效率提高 25%，整体仿真计算效率提高 3 倍，典型产品的设计仿真计算周期从原来的 2 周缩短到 4 天，产品研发周期缩短，为其抢占市场先机赢得主动权。达阀机器人使用人工智能算力进行“海瑞云端大脑”研发和“RobotGPT”机器人多模态大模型的预训练，帮助达阀机器人落地宁波市。宁波薄言信息使用算力进行客服机器人的语音、应答库文本的训练，训练效率提升 2 倍，其新产品已应用于南方电网广州营业厅的智能客服机器人、广药集团智能工单处理系统等。浙江一木智能进行汽车零部件和金属铸件等的图像模型训练，研发出了首款柔性自动化毛刺打磨系统，提升生产效率。可之科技进行自然语言大模型和文字识别分析训练，其产品已应用于全国 10 余个省份的高考阅卷。博登智能使用算力进行智能驾驶模型训练和智能座舱产品研发，为大众汽车、吉利汽车等客户提供智能驾驶舱解决方案。宁唐健康使用智算算力进行“白泽晓”医疗大模型研发，已在宁波市中医院部署使用，中医病历质控效率提升 20 倍。

赋能科研创新。北京航空航天大学宁波创新研究院科研团队使用智算超算算力进行飞行器气体燃料燃烧模型的计算模拟，既解决了以往每月一次费时费力将数值送回北京总部排队等待运算的烦恼，又实现了加速效果显著、计算结果吻合良好的成效，计算速度比传统详细机理计算方法快 25 倍，比传统超算中心提速 2 ～ 3 倍。诺丁汉卓越灯塔创新研究院进行碳中和相关课题研究，使用算力后，单次催化剂性能筛选时长从 750 分钟缩短至 60 分钟。中国科学院宁波材料技术与工程研究所利用超算算力开展飞行器和特种设备的气动模型、结构及热等多物理场耦合仿真，解决高精尖材料研制关键技术问题。浙江大学 CCAI 宁波中心通过人工智能算力训练 iChainGPT 大模型，为咨询机构和企业自动生成产业洞察报告。宁波大学信息学院研发团队使用智算算力进行“风华 • 苍鹭”视频理解大模型研发，已完成基础版本的研发工作，该大模型已在 2023 年世界人工智能大会上亮相。浙江大学软件学院人工智能研究团队使用智算算力，进行法律大模型、教育大模型、海洋大模型等的研发和创新应用。浙大宁波理工学院开展天一阁古籍识别大模型研究，应用超算算力，一本古籍智能语料训练生成时间从 7 天缩短至 0.5 天，效率提高约 13 倍，准确率达 95%。宁波人工智能超算中心及时上线优质算力服务，为原本计划自建算力中心的宁波大学、浙大宁波理工学院等高校每年节省数百万至上千万元的费用。

赋能社会治理。宁波市气象局应用超算算力，服务亚运“国之大者”，开展“百米级、分钟级”亚帆赛气象数值模式应用研究，亚帆赛模式预报耗时从原先的 9 小时降为 4.5 小时，突发强对流天气短时临近的精准化预报能力极大增强，为亚运赛事保驾护航。宁波舟山港应用算力赋能港航气象服务，显著优化用户作业决策，增加用户作业时长，年均为港区增加作业时长约 150 小时，为港口、船公司增加年营业收入约 5.6 亿元；集装箱船舶二次引航预排成功率由 40% 增加到 70% 以上，考虑到封航带来的滞港费等次生费用，算力赋能产生的间接经济效益数额巨大、社会效益显著。宁波市发展改革委利用产业政策相关政务公开数据，基于 GLM 等大模型进行社会和产业发展相关知识图谱、文献材料分析，构建政务智能化应用。

三、未来计划

加快算力自主可控和创新支撑。超算和智算子系统分别选取国内优势厂商的成熟技术建设，从芯片、硬件设备到软件平台等全系列产品均为国产自研，全国产化设备确保算力基础设施全程自主可控，加快推进华为、曙光等智算中心建设。加大创新研发力度，加强算力适配，支持高校院所成立研发适配联合体，提高算力平台普适性。

加强算力建设规划统筹。推动出台促进人工智能及算力产业创新发展的专项政策，提高算力普惠供给水平，释放算力价值。推动建立全市算力建设统筹机制，加强与本地通信运营商、其他企事业单位等算力建设运营主体的工作协同。推进“智算＋超算”融合的建设模式，采用华为智算设备和高性能计算设备，为用户提供两种不同算力，同时满足人工智能计算、高性能计算等不同场景的计算需求。打造城市算力调度平台，推动宁波人工智能超算中心算力资源与宁波市其他同构、异构算力资源实现互联互通、协同调度。

强化算力应用赋能。围绕数实融合、场景应用和研发创新等重要环节，打造一批典型应用案例，不断深入社会服务、产业科研等领域，并推动城市治理体系和治理能力现代化水平提升，加快实现“提升算力服务功能、培育算力产业生态、跻身算力枢纽城市”的目标。

（宁波人工智能超算中心：戴云、杜永华、冯豪、王建华供稿）

阿里云通义千问大模型

一、基本情况

阿里云成立于2009年，是中国首个以云计算为核心的科技平台企业，研发了目前中国唯一自主可控的云计算操作系统——“飞天”。阿里云已在30个区域建设了89个可用区，服务全球超过500万用户，包括38%的世界500强企业、80%的中国科技企业、65%的国家级专精特新“小巨人”企业以及1000万名开发者。2022年公司实现主营业务收入634.03亿元。2023年4月至今，推出通义千问、通义万相大模型，牵头建设了国内规模最大的人工智能模型社区“魔搭”。目前，阿里云正与制造业等多个行业紧密合作，通过“云计算+人工智能”的完整体系，携手西门子等企业，共同探索人工智能在工业等多场景的应用创新，服务千行百业的智能化升级。

二、特色亮点

人工智能开源大模型是降低模型研发门槛、加速技术普及和繁荣产业生态的重要引擎。Meta等美国科技公司先后开源了Llama系列模型，成为OpenAI的主要竞争对手。美国已开始考虑将禁用开源大模型作为遏制中国的新手段，全球围绕人工智能大模型的竞争愈演愈烈。阿里云是国内最早开源自研大模型的大型科技企业，并把促进中国大模型生态繁荣作为首要目标。

模型性能超越美国Llama3，跻身全球顶尖开源大模型行列。2024年6月7日，阿里云推出通义Qwen2系列开源大模型，包含5亿参数、15亿参数、70亿参数、570亿参数、720亿参数等5个版本的大模型。相比2024年2月推出的通义Qwen1.5系列，

Qwen2 系列在代码、数学、多语种等方面的能力明显提高。在大规模多任务语言理解等 10 多个国际权威模型测评中，通义 Qwen2 系列的 720 亿参数大模型性能均排名第一，超过美国最强开源模型 Llama3。

通义 Qwen2 得到全球主流开源生态的支持。通义 Qwen2 发布后，不到一天时间，就得到几十个全球主流开源平台和开源工具的兼容支持，这样的全球生态影响力在国产大模型中绝无仅有。目前，在全球开源社区已经出现超 1500 款基于通义 Qwen 开发的大模型。除美国 Llama 系列开源模型外，通义开源大模型已成为全球开发者的另一主流选择。

通义大模型重构终端产业，加速中国产业智能化进程。目前，阿里云通义大模型已在手机、电脑、汽车、机器人等智能终端得到广泛应用。通义 Qwen2 的开源，将进一步加速推动人工智能技术普惠和产业智能化升级。小鹏、吉利、小米等汽车厂商，已在智能座舱场景中接入阿里云通义大模型；广东拓斯达、浙江有鹿等机器人厂商基于通义大模型，让机器人的智能化水平显著提升，实现了企业产品竞争力的跃升。

三、未来计划

推动人工智能普及和普惠。阿里云计划通过接入大模型全面升级其产品，实现人工智能的广泛应用，同时加速人工智能基础服务体系的建设，从而使算力更加普及。阿里云将致力于构建一个全新的人工智能开放生态，推动技术的大众化应用。

加大投入和加强战略聚焦。面对全球科技战略竞争，阿里云将继续加大对技术、人才和资金的投入，持续增强人工智能的基础服务体系能力，并不断拓展开源开放的边界。这种专注不仅体现在对人工智能技术的深入研究上，也体现在通过持续的战略投入来保持技术领先地位。

拓展生成式人工智能应用。阿里云将把生成式人工智能作为未来增长的关键驱动力。阿里云与各领域开展合作，特别是与人工智能开发者的合作，将是拓展生成式人工智能应用场景的重要策略。

加强全球合作伙伴关系构建与国际布局。阿里云宣布在主要国际市场加大对人工智能基础设施的投资，旨在优化全球客户的云服务体验，同时构建全球合作伙伴关系，促进人工智能人才的发展。

（阿里云计算有限公司供稿）

网易伏羲“玉言”大模型

一、基本情况

网易伏羲实验室是网易旗下专业从事游戏与元宇宙人工智能技术研究和应用的人工智能机构。该实验室致力于强化学习、群体智能、自然语言处理、视觉计算等多个领域的技术创新，拥有智能捏脸、智能创作、智能画像、智能对战匹配、智能竞技机器人等多项行业领先技术，通过人工智能技术在游戏、文娱、工业等领域的应用，全面释放生产力。

依托网易集团优势，网易伏羲实验室2018年初开始进行大模型相关领域的研发及落地探索，成功研制一系列千亿、百亿、十亿参数级别的预训练模型，应用于数字音乐、互动文娱、智能制造等场景，在人工智能领域国际顶级会议发表论文20余篇。2021年起，与中国科学院计算技术研究所的智能处理器研究中心合作推进超大规模预训练云平台项目，获得浙江省重点研发计划资助。孵化模型包括文本、文本—图像、文本—3D等多个模态，并在多个权威榜单中名列前茅。其中易生诸相图文大模型主打中文场景及中式审美需求，相关模型能力被应用至多个核心产品，在数字音乐、文学创作、互动文娱、艺术设计和营销传媒等多个领域进行了深度验证，触达数千万核心用户，整体调用量超过10亿次。同时积累了德国大众、央视网络春晚、云南农垦、东浩兰生等一系列行业头部的B端客户，充分验证了技术的应用潜力，同时也明确了所在领域的自身优势。

二、特色亮点

网易伏羲实验室长期研发以多模态智能体为技术核心的智能助手，攻克一致性生成、可控生成、多模态交互及生成式算法联合优化等相关技术难点，面向数字消费领域解决用户在多媒体领域的数字消费需求，涵盖互动文娱、广告传媒、服装设计、数字家装等多种应用场景。多种智能体的协作，将有效降低服务门槛，提升沟通效率。

图文生成技术模型、任务处理管线系统及多模态交互平台产品的研发，解决了人像摄影、数字设计、生产协作等日常消费需求，推动“研模一体”的人工智能产业化范式构建，实现技术和经济价值的协同发展。建立“基础模型—领域问题—适配方案”三级应用体系，实现横跨多个领域的能力串联及应用赋能。基于 MaaS 的预训练模型系统适配预制模型，提供模型化服务，实现任务赋能。构建数据闭环、人机协同、持续学习等系统化机制，对智能体任务实现持续学习及能力改进。有效整合行业专家、灵活工作者、行业模型开发者、人工智能专家四类角色。构建超过千人的人工智能应用生产体系。为百家企业提供多模态智能体赋能，覆盖超过 1 亿消费人群。研发攻关包括跨模态理解及生成模型、模型高效应用体系、多智能体协作框架和基于领域专家及数据的人工智能应用范式。

跨模态理解及生成模型层面，在语义匹配、用户主观评判、图像崩坏度等相关指标上实现国内外同类技术成果领先。模型高效应用体系层面，实现同类型服务对标主流开源方案 50% 以上成本缩减。多智能体协作框架层面，可实现超过 5 个智能体的协作，指令遵从率及用户接受率均超过 70%。基于领域专家及数据的人工智能应用范式层面，构建超过千人的人工智能应用生产体系，构建面向八大一级类目的亿级规模的领域数据集，依托数据治理系统和模型定制平台实现领域问题的快速赋能。智能体服务层面，构建面向互动文娱、广告传媒、服装设计、数字家装等相关领域用户的智能体服务体系，提供效能工具、构建共享社群。

三、未来计划

网易伏羲实验室将持续研发图文多模态模型智能体，带动人工智能相关产业链发展。

提升人工智能反馈能力。突破相关技术在建设、改进及应用环节面临的瓶颈，让人工智能像人一样获得更多维度信息，进行更加全面深入的思考、做出更多的动作并获得反馈。

加强人工智能训练框架攻关。进一步打通超大规模模型训练、推理、优化、应用的技术链路，带动计算芯片、高速互联、高性能集群建设、云计算编排调度、人工智能算法框架、基础算法库等多个基础技术领域的发展，带动智能计算行业和上游厂商技术水平的提高。

〔网易（杭州）网络有限公司供稿〕

新华三"百业灵犀"大模型

一、基本情况

新华三精研云智原生技术，深耕客户应用场景，以务实理念提供领先的数字化解决方案，通过不断进化的数字大脑加速推进数字化变革和智能化升级，做千行百业最值得信赖的合作伙伴。作为数字化解决方案领导者，新华三与时俱进，全面拥抱生成式人工智能时代。"百业灵犀"大模型是新华三打造的面向行业的私域大模型，为垂直行业和专属地域的客户，提供安全、定制、独享、成长的智能化服务。

二、特色亮点

1. "百业灵犀"大模型能够提供专业、灵活、安全、兼容的全栈能力

灵活全栈交付。"百业灵犀"大模型具备知识理解、语义理解能力，可理解复杂的语言结构、长上下文，支持多轮会话，具备逻辑推理和数学计算能力，可帮助政企客户解决各种复杂的语言处理任务。

技术自主可控。"百业灵犀"大模型采用最新的 Transformer 架构，基于新华三自主研发的动态混合专家（Dynamic Mixture of Experts）模型技术，是具备多模态能力的生成式预训练大语言模型。"百业灵犀"大模型提供百亿及数百亿参数的两个模型版本，并通过动态混合专家模型技术实现对千亿乃至万亿参数模型的支持，提供灵活的模型选择。

可信安全合规。"百业灵犀"大模型从设计开始全程考虑隐私保护、合规问题，降低后期成本。一是训练数据安全，从根源保障模型价值观的遵从和对隐私的保护；二是

训练过程安全，避免模型演进过程被污染；三是模型对齐安全，符合国情知识对齐、强化学习，实现在问题侧、模型侧、答案侧三个层面对违规信息的过滤和规避，让最终生成的答案符合安全、规范的要求。

兼容性强。“百业灵犀”大模型可兼容业界最强计算芯片，兼容天数智芯、昆仑芯等国内主流自研 GPU，兼容主流英伟达 GPU，兼容自研及第三方人工智能服务器、交换机、存储器。

2. “百业灵犀”大模型应用服务情况

“百业灵犀”大模型用于服务新华三的数字化转型。“百业灵犀”大模型最初在新华三内部进行了实践应用，新华三构建了一套基于生成式人工智能的数字化转型 2.0 框架（见图 4-6），通过这套框架，支撑新华三全面数字化改革，助力新华三降本增效。员工使用大模型的统一入口，基于提示词模板、插件功能，内置通用助手、行业场景助手等模板，支持集成到应用端，提升使用模型精确度。除了对内部数字化业务的人工智能赋能，新华三同时也在积极实践生成式人工智能对公司信息与通信技术全系列产品的赋能，构建新华三信息与通信技术 L1 模型，沉淀新华三对信息与通信技术的业务理解，增强公司产品竞争力。

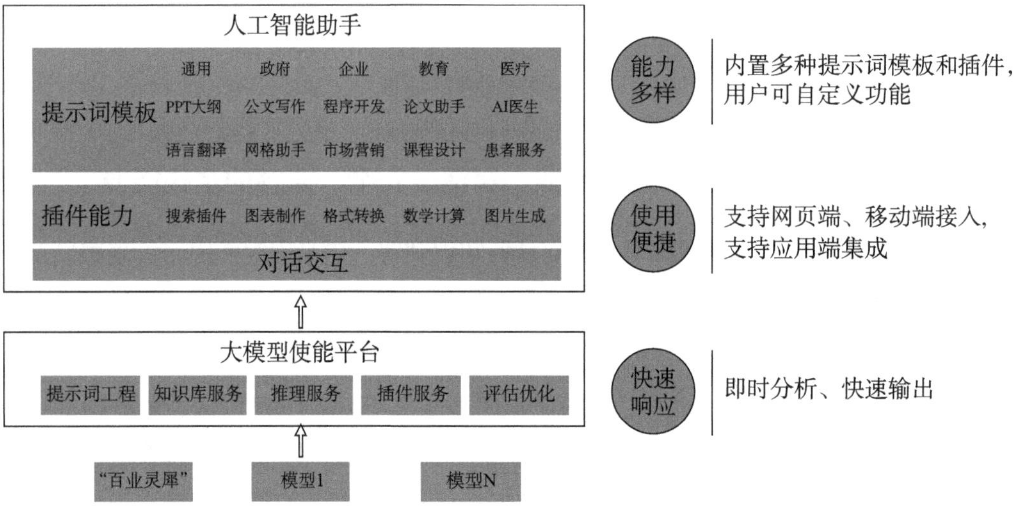

图 4-6 新华三集团数字化转型 2.0 框架

资料来源：作者整理。

研发领域。基于“百业灵犀”大模型对存量代码、开发规范、测试用例进行训练，生成开发专属的私域大模型，将人工智能技术融入集成产品开发全流程，当前每天使用2.5万次，超过40%的员工每周使用，10%的员工每天使用，人工智能助手接口日均调用4万次。

市场领域。基于“百业灵犀”大模型对公司长期积累的产品资料、方案资料、技术资料、市场资料进行训练，提供多源异构数据的统一人工智能搜索和洞悉业务场景的超长方案撰写能力，为各行各业注入人工智能新动能。如新华三助力宁夏数字政府私域大模型搭建了人工智能算力底座、大模型基础平台和使能平台；助力杭州打造城市大脑GPT（服务侧应用）和“数智公务员”（治理侧工具）两个数智产品。

服务领域。通过“百业灵犀”大模型能力对内部人力资源、信息技术、行政、财务等知识进行训练，形成针对内部服务的智能助手，对产品技术问题进行训练形成对外服务的智能座席能力。经营管理方面，基于新华三“百业灵犀”大模型和向量数据库技术，建设生成式人工智能原生的助手应用平台，为企业提供精准有效的政策咨询和办事服务，为工作人员提供智能化的办公和写作助手应用，提升工作响应效率。品牌营销方面，通过“百业灵犀”大模型完成案例稿、活动新闻稿、视频脚本、主持词、新媒体文案、致辞稿等场景的自撰稿，并在微信公众号、头条号、活动现场等社交媒体及线下营销事件中发布或使用。创意设计方面，应用于手机海报、视频、推文封面图等。对于需求较为简单的项目，通过生成式人工智能工具输出底图后，再利用在线设计工具进行排版，实现成稿输出；对于需求较为复杂的项目，通过生成式人工智能工具输出底图创意设计后，再由设计供应商辅助进行成稿输出。

三、未来计划

新华三提出“AI in ALL战略”，将人工智能融入新华三全线软硬件产品组合，实现全栈全场景技术覆盖。同时进一步提出行业赋能“AI for ALL战略”，即基于对行业需求的深入理解，新华三将人工智能的能力融入端到端的解决方案中，以伙伴式服务助力千行百业智能化升级。未来，新华三将持续深入开发大模型各项能力，同时提升大模型安全性和加快大模型国产化。

加快推进大模型能力开发和深化应用。在各行各业进行人工智能赋能，例如在政府领域，积极推进政务数字人和智能客服应用，在企业领域积极推广智慧办公。

持续提升模型安全性。模型安全是重中之重，“百业灵犀”大模型持续提升模型安全性，持续更新分类模型拦截敏感词，保持模型的安全可信，并于2025年通过《大规模预训练模型技术和应用评估方法第 5 部分：可信要求》。

持续推进大模型国产化。面对纷繁复杂的国际形势，国产化是大趋势，应全面布局国产化大模型基础设施、场景和应用。在国产化基础设施方面，与国产化服务器（海光信息）、国产 GPU（昆仑芯、天数智芯、燧原科技等）适配；在模型训练方面，支持异构 GPU 的训练和推理。

（新华三技术有限公司：李飞供稿）

蚂蚁百灵大模型

一、基本情况

蚂蚁集团起步于2004年成立的支付宝，是中国领先的金融科技企业之一。蚂蚁集团的业务范围广泛，包括支付宝、余额宝、蚂蚁聚宝、网商银行、蚂蚁花呗、芝麻信用等多个子业务板块。在科技创新方面，蚂蚁集团持续投入研发，拥有一支以技术人才为主体的员工队伍，科研经费投入规模年均增长率超过39%。蚂蚁集团在人工智能、区块链、隐私计算等领域获得多项国内外奖项，并积极参与标准制定和技术开源工作。此外，基于大规模业务场景需求，蚂蚁集团在人工智能领域持续加大研发投入，布局了大模型、数字人、知识决策等多个人工智能领域，囊括了人工智能从判别式到生成式的关键核心技术。百灵大模型是蚂蚁集团自主研发的生成式人工智能模型。

二、特色亮点

百灵大模型采用主流的Transformer架构，并结合业界进展对一些组件进行了升级，包括位置编码、激活函数、层标准化等，基于万亿级Token的多模态语料训练而成，推理性能领先，在主流推理类榜单中排名前列，并于2023年11月6日通过了中央网信办生成式人工智能服务备案。百灵大模型在数十亿中英文图文数据基础上训练得到，实现图像和文字的语义对齐，结合蚂蚁自研的大语言模型，参数规模达到千亿级。模型支持图像输入分类、目标检测、实例分割和语义分割等视觉任务，以及图像或文字输入的检索、图像描述生成、图像问答等跨模态任务，解决了图文大数据存储、多机多卡并行训练、百亿图文大模型结构设计、超长批量训练的收敛性等关键技术难点。模型通过引入图像帧时序得到视频大模型，实现视频文本跨模态检索、精细调试视频文本、多模态分类及视频内容摘要生成等视频理解功能。

1. 工具链

围绕百灵大模型，蚂蚁研发了相关上下游工具，包括大模型安全一体化解决方案（蚁天鉴）、自研技术框架（DB-GPT）和推理加速框架（Lookahead）。“蚁鉴”平台作为业内首个大模型安全评测工具，全面覆盖生成内容数百类风险；“天鉴”平台可在大模型运行时，覆盖八大类风险，采用大模型对抗大模型的方式，使得风险召回率大于99%，其 Guardrails 前置护栏功能能精确召回 20 多类提问风险意图。DB-GPT 是蚂蚁围绕数据库与大模型关系处理的一套自研技术框架，旨在用私有化 LLM 技术定义数据库下一代交互方式。

2. 金融领域应用

蚂蚁推出了智能金融助理“支小宝”和智能业务助手“支小助”。“支小宝”2.0版可为用户提供高质量的行情分析、持仓诊断、资产配置和投教陪伴等专业服务。“支小宝”2.0 版具备高精度的意图理解能力，沟通风格个性化，金融意图识别准确率达到95%，金融事件分析推理能力不逊于真人行业专家，能够进行多回合的高质量对话。“支小助”1.0 版则包含了“服务专家版”“投研专家版”“理赔专家版”“保险研究专家版”等多个版本，全方位服务不同金融场景的从业人员，可在投研分析、信息提取、专业创作、商机洞察、金融工具使用等环节提供深度智能服务。以“投研支小助”为例，实测数据显示，其每日可辅助每位投研分析师高质量完成超过 100 篇研报和资讯的金融逻辑和观点提取，40 余项金融事件的推理和归因，分析效率倍增。在“服务支小助”的辅助下，理财顾问和保险代理人的有效管户半径人均可扩大 70% 以上。

3. 医疗领域应用

基于百灵大模型底座精调而成的医疗模型，使用百亿高质量医疗数据训练生成，模型在多项医疗相关任务中展现出优秀性能，如疾病和药品科普、对话式问诊、多模态报告解读等。在中英文的医疗考试以及基准测试中达到或超过了 GPT-4 水准，例如，在中文医疗 LLM 评测榜单 PromptCBLUE 中，取得 A 榜第一、B 榜第二的成绩；在国际医疗问答榜单 PubMedQA 中，以 80.6% 的准确率取得了前五的成绩。

4. 研发领域应用

CodeFuse 是基于百灵大模型，为企业提供全生命周期研发的人工智能辅助平台，也是面向开发者的智能助手。CodeFuse 可根据开发者的输入提供智能建议和实时支持，帮助开发者自动生成代码、自动增加注释、自动生成测试用例、修复和优化代码等，以提升研发效率。无论用户是初学者还是有经验的开发者，CodeFuse 都能够极大地提高编程效率和准确性，让人人可编程、可创新成为现实。目前，约 50% 的蚂蚁程序员在写代码时都用上了 CodeFuse，人工智能生成代码占比超过 10%，大大提高了代码开发效率。

5. 多模态遥感领域应用

SkySense 是蚂蚁集团基于百灵大模型开发的多模态遥感模型，在 17 项测试场景中指标均超过国际同类产品，这也是迄今为止国际上参数规模最大、覆盖任务最全、识别精度最高的多模态遥感基础模型。SkySense 可用于地貌、农作物观测和解译等，有效辅助农业生产和经营。在 SkySense 的技术支持下，网商银行的“大山雀”系统，通过大模型识别作物及生长情况，结合风控模型，实现对农户资产的评估，从而提供准确的信贷额度及合理的还款周期，解决农户融资难、融资贵问题。

6. 生成式人工智能领域应用

灵境数字人平台。灵境数字人平台是业界首个通过中国信息通信研究院“高精度 3D 虚拟数字人产品能力等级评测”的产品，并获评最高等级“杰出级（L4）”。灵境数字人技术专注建模、渲染、驱动、交互等数字人核心能力，充分结合生成式人工智能与大模型，重点通过人工智能降低数字人全链路生产成本，实现全流程自研。这项技术支持了超过 1 亿名数字火炬手共同参与的杭州亚运会开幕式数字点火仪式，也支持了全国首个政务服务数字人“小赣事”、浙江省卫生健康委发布的浙江数字健康人“安诊儿”。2024 年全国“两会”期间，央视财经新媒体在灵境数字人平台支持下，打造了人工智能主播。

画眉平台。画眉平台目前面向蚂蚁内部，用于沉淀生成式人工智能数字资产，提高设计效率，为前端小程序提供了快速搭建能力，如商品图换背景、组合图文做海报等功能。这些技术可基于中文指令生成高清图像，生图质量达到行业先进水平。除支持文生图、图生图等功能以外，还通过自研技术创新，实现免训练的参考图像风格、人像等视觉信息的精准提取，显著提升生成图像的可控性。以画眉平台为核心的蚂蚁集团绘画服务平台成为国内首批通过中国信息通信研究院“AIGC 绘画平台基础能力评估”的平台。

三、未来计划

数据集方面，积极探索数据采集、清洗和标注的新方法，以提高数据集质量和规模。加强数据挖掘和数据增强技术研究，提高数据集的多样性和扩大覆盖范围。建立数据共享平台，促进跨机构数据共享。

多模态大模型应用方面，深入研究多模态信息融合和交互，推动多模态大模型在各领域的应用。加强多模态数据处理和融合技术研究，提升多模态大模型的性能和效率。探索跨领域合作，促进多模态大模型技术的跨界应用。

大模型压缩技术方面，研究模型压缩、剪枝和量化等技术，实现大模型的高效部署和应用。推动模型压缩算法的研究和优化，降低大模型的计算和存储成本。探索边缘计算和联邦学习等技术，促进大模型在边缘设备上的部署和应用。

安全可信方面，加强大模型的隐私保护和安全性研究，提高大模型的安全可信赖性。推动隐私保护和安全加密技术在大模型中的应用，保障用户数据安全。建立大模型安全评估标准和机制，提升大模型的可信赖度和透明度。

大模型应用方面，结合自身特点，积极开展紧贴业务流程的大模型的研发和应用，并关注领域知识与大模型的融合，提升大模型在专业领域的决策和协同的可信度。

（蚂蚁科技集团股份有限公司供稿）

第五部分 平台场景篇

本部分主要介绍15个特色鲜明的创新平台和应用场景，阐述各个平台和场景的基本情况、特色优势和发展方向，展现了浙江省人工智能产业集聚发展、平台赋能、应用牵引、创新突破的新成效新示范。

“中国数谷”

一、基本情况

为抢抓数据要素市场化配置改革和新一轮人工智能产业发展机遇，杭州市委、市政府深入贯彻习近平总书记关于数据要素系列重要论述精神，以杭州高新技术产业开发区为主阵地、主载体，主动承接国家“数据二十条”点题浙江的先行先试任务，建设“中国数谷”。

2023 年，“中国数谷”高端软件和人工智能产业实现营业收入 1742 亿元，占杭州市比重近 40%，拥有规上企业 198 家，形成了覆盖关键芯片、高性能服务器、公共智算设施、计算 / 人工智能框架、基础 / 行业大模型、公共数据交易中心等产业环节，可从算力、算法、数据等方面全面支撑人工智能产业发展的产业体系。

二、特色优势

1.“三数一链”数据可信流通基础设施框架体系建设取得实效

数据要素的体量和质量对算法实现效果的影响至关重要，是影响人工智能能力上限的因素之一。数据基础设施是数据流通的关键载体，支撑数据汇聚、处理、流通、应用、运营、安全保障全流程，让不同参与主体实现对数据资源和产品的有效利用。“中国数谷”基于数据交易场所、数联网、“数据发票”和区块链跨链互认，构建“三数一链”数据可信流通基础设施框架体系。数据交易场所作为数据交易方提供数据产品交易服务的平台，具有公共属性和公益定位。2023 年，浙江大数据交易中心、杭州数据交易所落户“中国数谷”，累计上架数据产品 1561 个，注册数商 910 家，共完成交易金额38.53亿元。数联网即“数据流通网络”，是服务于数据交易方的标准化、低成本、高效率、可信赖、广覆盖的数据流通专用网络体系。“中国数谷”联合中国移动，按照“算力算法数据一体化”建设思路，搭建起“1+2+4”的数联网总体架构，保障数据要素“供得出、流得动、用得好”。“数据发票”即数据合规流通数字证书，是基于数据交易交互特征、政府包容审慎监管理念和企业诚信自证合规原则而设计的低成本合规、全流程存证的响应式监管制度工具，具有无代码安全高效抽检功能，支持数据交易全周期溯源审计。区块链跨链互认机制是利用区块链全过程留痕底层技术，将数据交易中的数据特征、模型特征、交易特征等关键信息上链存储，形成的分布式多方信任体系。首批试点企业已有数百张有效“数据发票”上链，支撑交易规模达10亿元。“三数一链”聚焦实战实效，自2023年8月试点启动以来，已在金融、生物医药、流媒体等行业场景中应用。

2. 以制度创新支撑技术创新和服务创新

以国家“数据二十条”为指引，聚焦数据获取合规评估、公共数据加工授权、数据合规跨行业互认、数据流通链式授权、善意取得风险隔离、数据资产入表等痛点难点，着力通过“改革沙盒”机制建设，构建有利于企业创新发展的包容审慎监管环境。形成《“中国数谷”数据要素“改革沙盒”试点方案》，成立“中国数谷”数据要素流通合规中心及“中国数谷”数据要素合规委员会，全面形成数商企业“合规指引—合规评价—合规激励”的预防性合规体系建设闭环。

3. 推动数据要素市场主体集聚，培育数据产业

高规格、高质量连续举办“中国数谷”杭州峰会，联合承办2023年第二届全球数字贸易博览会数据要素治理与市场化论坛、数字经济知识产权国际治理论坛，发布多项“中国数谷”数据要素市场化配置改革探索成果。首创开展数商企业认定标准及梯度引育政策研究。首创提出基石数商、星火数商、星海数商等概念，研究形成《关于促进数据要素产业高质量发展的实施意见（试行）》。立足长远抓人才培养，围绕数据要素市场化配置改革人才需求，与浙江大学、北京航空航天大学等院校合作，公益开展“数据要素通识秋季讲堂”，2023年培训学员超200人次。

三、未来方向

“中国数谷”以“三数一链”数据可信流通基础设施框架体系、数据要素治理体系及数据要素“改革沙盒”为抓手，围绕全栈国产“人工智能+”产业生态加速区建设，加强前沿布局和应用，加快落地专项政策，聚焦“人工智能+数据+场景”，释放数据要素乘数效应赋能实体经济，努力成为国家人工智能产业创新发展高地。

1. 强化创新引领

推动“三数一链”成为贯彻国家“数据二十条”的重大机制创新。先行先试、高举实打，细化完善“三数一链”数据可信流通基础设施框架体系，聚焦“数据要素 ×”重点领域，建设一批示范性强、显示度高、带动性广的典型应用场景。

2. 强化制度供给

加快出台包容审慎、鼓励创新的精准化、规范化发展举措。出台《“中国数谷”数据要素“改革沙盒”试点方案》配套细则，探索构建数据收集获取、确权加工、合规评估、交易流通、管辖监管等全链条规则体系。加快完善“中国数谷”数据要素合规委员会及其运作机制，推动其实体化运作，开展数据要素合规理论研究和合规培训，制定数商企业合规指引、合规评价标准和合规激励机制，探索形成数据跨境流通合规指南以及数据产业合规发展三年行动方案。梳理优化基石数商、星火数商、星海数商认定标准，出台《关于促进数据要素产业高质量发展的实施意见（试行）》，释放政策引领带动效应，为数据要素企业高质量发展提供优质土壤。

3. 强化资源集聚

进一步增加高质量公共服务及数据要素资源供给。积极争取国家级试点落地，谋划建设“长三角数据要素计价评估服务和价格监测中心”（暂定名），加快建设异构算力及数据调度平台等综合性公共技术配套服务平台，塑造“算力、算法（模型）、数据”区域最优创新生态。市区协同，加强重点基石数商招引，积极招引央国企的独立数据板块、数源数商企业等优质资源。加快数商企业发展配套服务专区建设，着力提升数据流通和交易全流程服务能力。

4．强化实际应用

充分发挥运营商及国有企业牵引带动作用。探索公共数据授权运营新路径，推动公共数据整合共享和开放利用，探索公共数据与社会数据融合产品开发与利用。深化与中国移动、中国银行等战略合作，推动金融等领域数据流通。探索数据资产入表实施路径，开展数据资产入表导则和指南研究。持续办好“中国数谷”系列品牌活动，加大品牌宣传力度。

中国（温州）数安港

一、基本情况

2022 年初，温州市委、市政府谋划让温州在数字经济中实现突破，以打造中国（温州）数安港为抓手，聚焦数据安全领域，在全国开展先行先试。2022 年 5 月 18 日，中国（温州）数安港在瓯海区正式开园。两年多来，数安港园区建设呈现新面貌、创新应用涌现新亮点、产业规模跃上新台阶，正坚定朝着“世界一流数据强港、全国一流数据交易中心、中国数字经济新高地”建设目标奋进。

中国（温州）数安港位于温州市瓯海经济开发区，是温州市打造“一港五谷”、开辟发展新领域新赛道的核心产业平台，由温州市高教新区发展中心、中国（温州）数安港管理委员会、中国（温州）数安港建设工作领导小组共同建设。

2022 年 5 月开园以来，中国（温州）数安港紧扣国家数据发展战略，推行“九个一”工程，打造全国唯一的由政府领衔的数据安全合规体系、“五位一体”的数据司法保障体系，从制度、技术、市场层面破解“不敢共享、不会共享、不愿共享”三大行业难题，打通涉及八大环节的数据要素价值化全流程，相关做法经验受到业界高度认可。

二、特色优势

1. 场景打造

基于中国（温州）数安港数据安全合规体系，成功推出受试者招募数据场景（又称“生命金钥匙”）。该场景以数据为驱动，可以有针对性地筛选出有特殊临床指标的患者群，及时跟踪新发患者。如遇突发招募条件变更，也可以在数据指导下快速调整招募计划，减少时间损耗，加速患者招募进程（见图 5-1）。

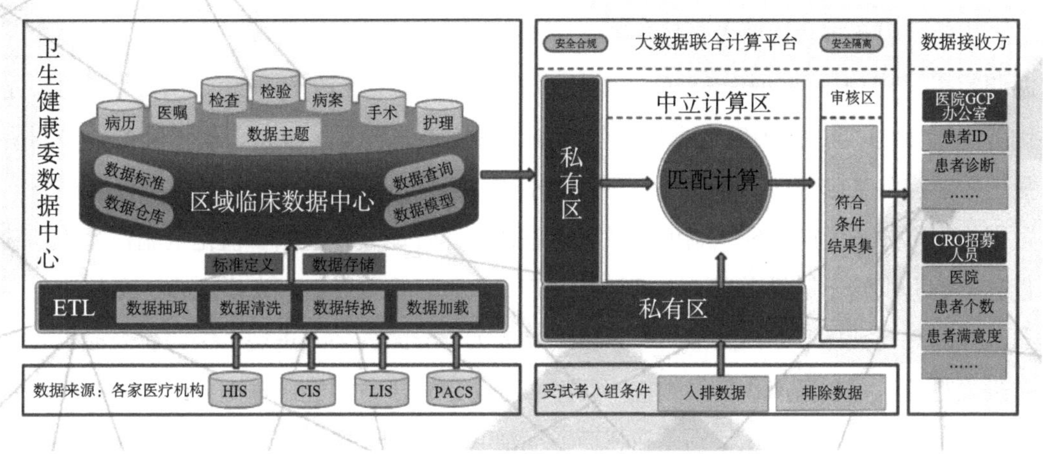

图 5-1　中国（温州）数安港受试者招募数据场景

资料来源：作者整理。

2. 重点功能

通过医疗机构的患者病历、诊断、医嘱、检查检验、主诉等医疗数据，打造临床试验患者招募与病历快速匹配系统，具体包括五大模块。（1）项目发布模块：预储存临床药物试验的项目信息及所需要患者的基本信息；（2）数据匹配模块：根据项目信息对数据中心患者画像进行智能匹配，精准定位目标人群；（3）推送模块：匹配满足条件的患者信息，并将信息推送给医院，由就诊医院的药物临床试验质量管理规范办公室与患者沟通，以实现受试者招募，提升招募效率。

3. 技术应用

一是促进招募信息顺利送达潜在人群。通过联合计算中心获取数据中台明细数据，对患者历史病历数据进行智能分析，按照临床试验项目制定的入组条件及要求，根据患者画像信息匹配最契合的用户，快速寻找到潜在人群。二是规范第三方招募行为。目前国内大部分 I 期临床试验倾向于与第三方公司签订合同委托招募，而第三方招募人员大多未经过药物临床试验质量管理规范培训，招募过程是否符合伦理未知。通过精准匹配受试者后，医药研发合同外包服务机构招募人员联系患者所就诊的医院，通过该患者就诊医院的人员联系患者，规范受试者招募流程，提升招募效率。

三、未来方向

当前，温州市数据要素市场化配置改革仍面临以下挑战。一是先发优势日趋弱化。温州市提早谋划、主动担当作为，在数据要素市场化配置改革方面取得了一定的领先优势。但 2023 年 3 月国家数据局组建以来，各地迅速行动，温州市由于区位优势不明显、数字经济基础薄弱，先发优势不断缩小。二是数据要素市场化配置改革任务艰巨。数据作为重要的生产要素，制度体系、生态体系非常庞大，数据价值化全流程覆盖基础设施、数据供给、场景谋划、产品加工、合规论证、产权登记、资产入表、交易流通、司法保障等九大环节，涉及部门多、协调难度大，导致各环节进展不一，尚未形成齐头并进之势。三是数据产业集聚效应不明显。温州市由于数字经济基础薄弱、生态体系尚未成形、人才保障不足，特别是在招商方面缺乏一支能快速决策的数字经济招商基金，大量优质企业、高成长型企业、数据核心生态企业集聚力度不够。

未来将继续探索在保护个人隐私和确保数据安全合规的前提下，按照“原始数据不出域、数据可用不可见”的要求，以模型、核验等产品的形式，实现数据合规高效流通和交易。

德清县车联智造“万亩千亿”新产业平台

一、基本情况

为落实浙江省“建设若干万亩千亿级新产业平台”的要求，德清县积极主动谋划，依托全国县域唯一的国家级车联网先导区先行优势，围绕“地理信息 + 全域开放”两大特色，推动“地理信息 + 车联网”融合发展，全力建设车联智造“万亩千亿”新产业平台，抢占未来产业发展制高点。

车联智造产业是汽车、电子、信息通信等行业深度融合的新型产业形态，近年来国家和各级政府出台一系列政策助推车联智造产业发展，行业处于爆发前夕。德清县位列全国综合实力百强县第 35 位、绿色发展百强县第 27 位、科技创新百强县第 32 位、新型城镇化质量百强县第 26 位。

德清县车联智造“万亩千亿”新产业平台依托湖州莫干山国家高新区创建，规划面积约 7.84 平方公里（约 11765 亩），分为南北两个片区，其中南片区位于地信小镇区块，规划面积约 1.23 平方公里（1852 亩）；北片区位于砂村区块，规划面积约 6.61 平方公里（9913 亩）。南北片区相距约 15 公里，经杭宁高速实现便捷交通联系，形成“南研发—北智造”联动发展格局。规划范围内涉及永久基本农田面积 15 亩，符合新一轮空间规划的用地面积 9934 亩，已开发用地面积 5268 亩，剩余可开发用地面积 6497 亩。

高新区坚定“一业极化、集终生智、南航北车”发展思路，深入布局“地理信息 + 车联网”产业，推动数字经济和制造业高质量发展“两个引擎一起转”。目前，已汇聚一批产业链上下游企业，车联智造全产业链生态集群已全面起势。达产后年产值达百亿元以上的项目 2 个（方正电机、图达通），年产值达 50 亿元以上的项目 2 个（征和工业、启航汽车），年产值达20亿元以上的项目6个（百川畅银、正帆科技、鸿石智能、诺视科技、锐鼎金工、芯晟微机电）。

二、特色优势

平台所在地湖州莫干山国家高新区是全省唯一、全国第三个落户县域的国家高新区，在全国173家国家高新区中排名第57位，全省排名第四位，成功获批全国县域首个国家级车联网先导区、全国县域唯一的国家新一代人工智能创新发展试验区、全省唯一的全域城市级自动驾驶与智慧出行示范区，拥有全国地理信息服务出口基地、国家保税物流中心（B型），是首届联合国世界地理信息大会举办地，是联合国秘书处在华首个直属机构——联合国全球地理信息知识与创新中心落户地。平台交通区位优越、产业基础厚实、创新要素集聚，尤其是车联智造产业具备四方面优势。

1．“全域覆盖”布局标准化设施

智能网联汽车测试场是全省唯一同时满足单车智能和智能网联测试需求的场地，已完成双向362公里车联网基础设施铺设，全域总长949.3公里开放测试道路。完成520公里厘米级精度、全场景三维化地图采集，搭建全省首个面向车路协同的5G专网和基于北斗的高精度全县域定位系统。

2．“无中生有”打造全链条产业

拥有浙江莫干山地磁大科学装置、莫干山地信实验室、亚洲最大微波测量实验室等高能级科创平台。建成投用汽车关键零部件产业园、车联网产业大楼等一批产业配套设施。集聚方正电机、征和工业、图达通、赢彻科技、擎动智行、斯年智驾等行业龙头企业28家，初步形成涵盖车路协同自动驾驶研发、智能驱动芯片和智能终端制造、测试验证服务等多环节的完整产业链条。

3．“多元融合”构建跨场景应用

发布首个基于车路协同云服务的大规模自动驾驶场景库，上线城市级智能网联云控平台，建设车联网实验室及检测中心，深化5G智慧公交、县域一体化数字配送等一批便民服务场景，基本建成集感知、研判、调度、验证、评价于一体的测试生态。

4. “率先破题”建立创新性机制

全国首创《德清县关于支持开展自动驾驶测试服务的七条意见》，出台国内首个智能车用地图数据省级标准和地方标准，发布《国家级车联网先导区（浙江德清）创建三年行动计划（2023—2025）》《德清县加快车联网（智能网联汽车）产业高质量发展若干意见（试行）》，与省金控合作成立了县域唯一的总规模30亿元的车联智造产业发展专项基金，并在全省首创车联网测试运营“一窗通办”模式。

三、未来方向

依托全球地理信息“三地一窗口”（全球时空信息基础设施承载地、全球地理信息产业集聚高地、全球地理信息重要创新策源地和国际交流合作示范窗口），打造“两区一高地”（全国领先的国家级车联网先导区、全国先进的自动驾驶与智慧出行示范区和长三角领先的智能汽车产业化发展高地）。

1. 奋力推动产业集群成势

聚焦车联智造产业，围绕“高大上＋链群配”，全面梳理摸排一批具有核心竞争力、行业影响力的优质项目，加大舜泰汽车、一径科技、灵明光子、朗歌科技、数字光芯、秋水半导体、长瑞光电等在谈标志性项目招引力度。加大产业基金支持力度和政策扶持力度，构建“车路云网图”融合发展的产业生态圈，加快形成中国“智驾”之城、汽车零部件产业“千亿集群”。

2. 全力强化平台能级提升

南片区谋划建设国际地信科学城，推动联合国全球地理信息知识与创新中心、全省第三个地磁大科学装置、省部共建莫干山地信实验室落地运行。国家测绘工程技术研究中心建设加快推进，全面提升平台行业号召力及国际影响力。北片区全力打造园林型车联智造现代产业园，实施重点工程建设项目25个，坚持年均投入10亿元，连投三年。提级建设智能网联汽车测试场，以满足整车厂85%以上测试研发需求，依托车联网实验室和检测中心，建成由国内龙头检测机构牵引的检测认证集聚地，打造国内领先的车联网产业服务基础平台。

3. 聚力抓好科创高地造峰

加速释放浙江工业大学莫干山研究院、中科卫星应用德清研究院、中国科大—德清阿尔法创新研究院等高能级科创平台动能，依托方正电机、图达通、斯年智驾、擎动智行等行业龙头企业，在车载视觉系统、雷达、人机交互、路侧感知系统、平台基础组件以及高精度动态地图等车联智造领域开展关键技术创新。

绍兴诸暨智能视觉“万亩千亿”新产业平台

一、基本情况

智能视觉“万亩千亿”新产业平台位于诸暨经济开发区内，规划面积约10000亩。通过两年的培育，平台总产值从2021年的52.7亿元增长至2023年的159.2亿元。平台于2022年6月入选浙江省第四批“万亩千亿”新产业平台培育名单；被列入2023年国家重大项目清单，获得土地指标1215亩；2023年智能视觉产业链获评为省级“链长制”优秀示范，聚集智能视觉产业相关企业140余家，引进重点项目50余个，累计引育海内外人才近40人。

1. 聚力推进平台能级提升

一是优化规划设计，启动控规编制，以“科技创新＋先进制造”模式完善平台功能，推进周边1000多亩土地征收工作，高标准打造“视觉之城”，促进功能整合、产城融合。二是强化基础配套，建成投运智能视觉产业园。结合智能视觉“万亩千亿”新产业平台公共基础设施建设项目，加强排水排污、供水供电等专项规划设计，大力推进道路、管网、绿化等设施建设，2023年基础设施投资超20亿元。三是深化产业发展，推进智慧园区建设，智慧园区管理系统荣获2023年度中国智慧城市优秀应用案例优秀奖。智能视觉产业园数字展厅建成投运，累计完成国家、省、市各级单位及企业考察接待100余批次，成功打造智能视觉产业对外窗口。积极落实“九个一”工作机制，推动智能视觉产业链成为省级开发区产业链“链长制”示范试点。

2. 聚力推进项目引进提速

一是精准引项目，深入实施招商引智“龙头工程”，打好产业链招商、飞地招商等“组合拳”，链式招商案例入选全省创新招商方式优秀案例。2023年新签约引进智能视觉产业项目53个，其中100亿元以上项目1个、50亿元以上项目1个、10亿元以上项目6个。二是精细优服务，扎实开展“项目推进年”“环境优化年”活动，迭代升级招商引资项目全生命周期服务机制，推进奥思伟尔、启源视觉等项目开工，2023年平台产业项目投资超50亿元。三是精心强保障，引入谢诺辰途等优质机构成立智能视觉专项招商基金，目前基金规模扩大至100亿元，已累计投资智能视觉产业项目30余个。

3. 聚力推进创新资源提质

一是推进平台育才，建成投运浣江实验室、中俄（诸暨）国际实验室、西交网络空间安全研究院、科大讯飞智能视觉研发中心等一批高能级创新平台，与香港科技大学（广州）共建香港科技大学（广州）—诸暨联合创新中心，成立红鸟教学创新实践基地。二是推进以赛引才，成功举办2023智能视觉产业峰会暨第三届中国·绍兴“万亩千亿”新产业平台全球创业大赛智能视觉专项赛，征集参赛项目200多个，促成8个获奖人才项目集中签约，吸引211.8万人次观看直播。诸暨智能视觉“朋友圈”不断扩大，品牌知名度持续提升。三是推进以会聚才，成功举办2023航空航天与智能视觉产业高质量发展大会、2023全国光电技术与产业发展论坛，依托欧美同学会人才资源引进智能视觉产业高层次海归人才，与中国光学光电子行业协会达成战略合作，扩充诸暨智能视觉产业智库。智能视觉产业平台协同部分平台企业共同参加深圳光电博览会、杭州数字贸易博览会，持续扩大平台知名度和影响力。

二、特色优势

智能视觉“万亩千亿”新产业平台着力于软硬件协同、全产业链集群发展（见图5-2）。

现有企业生产的产品包括半导体外围材料、半导体设备、电子元器件、芯片设计及制造、人工智能能力平台及软件算法、核心零部件、视觉装备及系统、航空航天、机器人、生命健康、智慧物流、智联新能源汽车等。目前，上游半导体材料代表企业有浙江老鹰半导体技术有限公司（从事新型半导体材料研发、芯片设计和加工的技术型企业，主要开展芯片的研发、生产及销售业务，致力于引领国内芯片市场）；中游智能视觉技术研发和设备制造代表企业有深圳市瀚晖威视科技有限公司（以研发和技术创新为本的人工智能视频系统方案提供商，在数字图像处理、自动聚焦算法、视频存储、人工智能分析、视频结构化、无线传输等相关领域具备自主核心技术，获得国家高新技术企业、深圳市高新技术企业认证）；下游应用赋能代表企业有华为技术有限公司（全球领先的信息与通信技术解决方案供应商，并已开始向智能视觉等领域拓展产业方向）、科大讯飞股份有限公司（亚太地区知名的智能语音和人工智能上市企业，一直从事智能语音、自然语言理解、计算机视觉等核心技术研究并保持国际前沿技术水平）等。

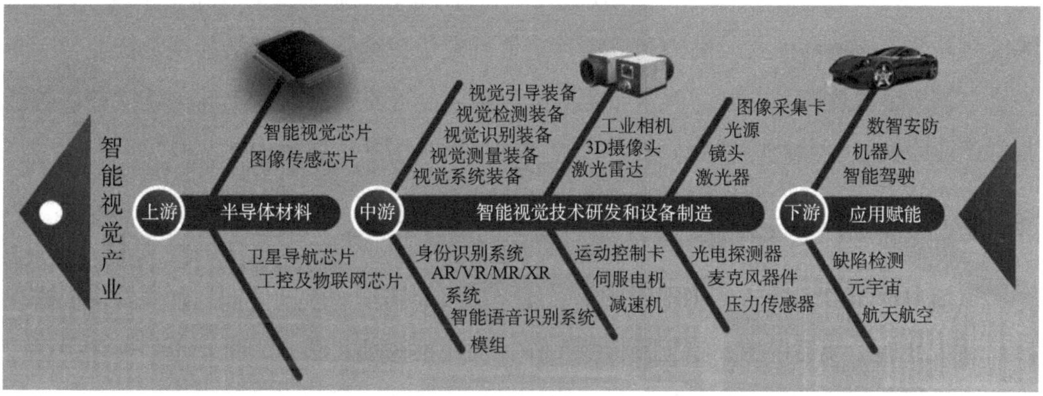

图 5-2　绍兴诸暨智能视觉“万亩千亿”新产业平台产业链鱼骨图

资料来源：作者整理。

三、未来方向

下一步，将充分实施启明星行动暨“515 工程”，围绕“万亩空间、千亿产值、百亿税收”总目标，聚焦智能视觉全产业链发展，计划到 2028 年，招商项目总产值达 600 亿元，累计引进标志性项目 40 个，集聚落户智能视觉产业相关企业 200 家以上、国家高新技术企业 100 家，引进海内外高层次人才 100 名；到 2030 年，总产值突破 1000 亿元，真正达成“万亩千亿”战略目标，成为国内具有重要影响力的智能视觉产业高地和具有鲜明标识度的视觉之城。

1. 聚焦能级提升，高起点推进平台建设

加大空间拓展力度，尽快推动平台完成控规编制，整合资源要素，用足用好 1215 亩土地指标，加快征地拆迁，启动智能视觉产业园二期建设。加强规划设计，按照“产

城融合发展引领高地”的目标定位，布局完善人才公寓、教育、医疗、商贸、休闲娱乐等配套功能，以对标杭州“中国视谷”为抓手高品质打造“视觉之城”。加快完善基础设施配套，重点推进智能视觉产业园周边道路、管网、电力、绿化等基础设施建设工程，打通城西、城北片区，贯通产业园交通路网。

2. 聚焦产业提档，高质量招引优质项目

突出“招大引强、招群引链、招才引智”导向，围绕智能视觉产业实施“靶向”招商，用好“链主+链长”协同机制，持续打好多元化招商“组合拳”，推动重点项目快速落地。发挥基金作用，深化与谢诺辰途、中科创星等专业机构的合作，采取“政府+基金+项目”的招商模式，助力产业项目落地见效。持续强化诸暨智能视觉产业“一赛一会一展”品牌效应，办好“万亩千亿”新产业平台智能视觉人才全球创业大赛、智能视觉产业峰会、企业产品展会，提升以赛助创、以赛引才、以赛聚才实效。

3. 聚焦投资提速，高强度推进项目落地

以项目全生命周期服务机制为抓手，加大与属地镇街的联动协同，加快推进要素保障、政策处理、项目审批、施工投标等工作，加快推进项目落地，推动奥思伟尔、弘飞空天、埃特曼等一批重大项目快建设、快竣工、快投产，搭建智慧园区运营管理系统，强化“谋划—招引—落地—推进”闭环管理。

（诸暨经济开发区管理委员会：邱彦妮供稿）

惠利玛鞋革产业互联网平台

一、基本情况

鞋业作为温州市五大传统支柱产业之一，已形成完整的产业链和完善的配套服务体系，制造企业达 4900 家，年产值近 1000 亿元、占全国市场份额约 15%。如何引导和推动产业链上的传统中小企业实现数字化转型，成为温州鞋业转型升级的关键和难点。围绕打造中国时尚产业特区目标要求，惠利玛鞋革产业互联网平台通过搭建 Vali 鞋履 AI 设计平台，从“一双鞋”到“一张网”，探索鞋业人工智能化之路。

惠利玛鞋革产业互联网平台作为中国鞋革数智供应链专业服务商，由温州市鞋业链主企业红蜻蜓集团牵头打造。2023 年 6 月，惠利玛在第二届中国国际鞋履时尚周上正式发布 Vali 鞋履 AI 设计平台。该平台按照“科学家 + 设计师 + 产业互联网”的理念，由技术专家与鞋业工匠团队共同开发，投入近 1 亿元，打造精准收集上亿张图片的设计大模型，致力于为鞋业量身定制一套人工智能应用工具，被称为中国版鞋履设计 ChatGPT。

二、特色优势

1. 人工智能替代传统人工绘图，助力中小企业降本增效

鞋厂设计开发进度慢、设计费用高、开发成本高，是整个行业一大痛点。Vali 鞋履 AI 设计平台，可实现智能绘图，10 秒生成照片级设计稿，目前已拥有企业用户 3000 多家。效率方面，某品牌企业首席设计师在深度使用后，可实现一个人用 6 个小时做出整个团队需用时 2 ~ 3 天的企划和设计；成本方面，按传统中级设计师年薪 18 万元，一年出图 1008 张计算，平均单张出图成本 178 元，但是通过该平台，按照年使用费 8 万元计算，一

年出图 16.8 万张，平均单张出图成本 0.48 元。

2. 充当设计师小助手，大幅提升鞋业时尚品位

设计是鞋产品时尚化的灵魂。目前设计师人才缺乏正成为温州鞋业转型升级的一大难题。Vali 鞋履 AI 设计平台不会替代设计师，而是更像设计师的小助手，为设计师提供更准确的参数和更多的灵感来源。该平台通过搜集淘宝、亚马逊、小红书等电商平台的浏览、销量数据，以及世界时尚资讯网等流行趋势预测机构的海量数据，帮助设计师快速捕捉流行风格与消费者需求，通过文字描述、配色配料、单款延伸、多爆款融合、局部 AI 绘制等功能，实现爆款抓取和新款创作，大幅提升了“一双鞋”的时尚品位。

3. 应用鞋业 S2B2C 模式，实现全产业链数字化转型

惠利玛作为鞋革产业 S2B2C 互联网平台（S 是供应链互联网平台，B 指渠道商，C 为消费者），通过趋势爆款抓取工具、生成式人工智能创意设计工具、3D 数字化设计工具、好货通、好采通、好卖通等六大全链路柔性数字化产品，解决鞋革行业规模小、业务散、链路长、补货难、费效低等痛点，以“一张网”赋能全产业链生态重构与数字化转型。平台 S 端生成的图片与实物无异，能直接在网络上向 C 端预售，平台上材料、配色等参数都是有迹可循的真实数据，敲定好样式后，就能马上打样制作，实现 B 端产品生产下线（见图 5-3）。

图 5-3 鞋革产业 S2B2C 互联网平台

资料来源：作者整理。

4. 建设数字产业园，打造一站式科技孵化样本

红蜻蜓集团通过改造提升 60 亩浦西老旧厂房，打造惠利玛鞋革产业数智园，建筑面积 6 万平方米，以孵化鞋革产业创新创业企业为核心，提供一站式孵化服务。政府给予部分空间临时改变功能和视入驻企业为总部企业等扶持政策。共享空间方面，提供软硬件设施和产业大脑。共享供应链方面，开放线上和线下数十万主播和零售商，中后台数千家制造工厂、原辅材料和设备服务商。共享服务方面，从趋势信息、原创研发设计、品控管理、仓储物流等板块赋能在孵企业。人才引育方面，借助园区博士后工作站、川大技转智谷孵化中心等平台为在孵企业提供人才双向培育服务。风险投资方面，对项目成长性好的科技型中小企业进行直投。

三、未来方向

1. 引导多元基金投入

Vali 鞋履 AI 设计平台是一个提供源源不断灵感的设计大脑，在市场推广初期需要行业层出不穷的场景应用，从而被众多的本土制鞋企业使用与认可。惠利玛积极吸引市县两级产业基金和市场化基金参与股权投资项目，并做好投后服务管理，力争成为独角兽、上市企业。

2. 做强惠利玛创新生态

充分发挥“产业大脑 + 智联工厂 + 数字化产业园”的新模式，以鞋革产业数智园为引爆点，推动与高校院所、MCN 机构合作，支持柔性引进人工智能工程师，集聚更多鞋业设计、研发青年人才，孵化更多创新型企业，联动瓯北老旧工业厂房及鞋服制造企业打造产业街区，加快形成一定规模的时尚产业生态圈。

3. 鼓励头部企业开发人工智能大模型

随着生成式人工智能技术的飞速发展，行业垂直领域应用将成为大模型的主战场。鼓励各地资金实力雄厚、创新意识较强的行业链主企业牵头，借鉴复制 Vali 鞋履 AI 设计平台做法，抢占先机，探索各自行业领域人工智能大模型开发与应用，并对人工智能大模型研发投入和应用给予适当“双向”奖励。

青田创新赋能中心

一、基本情况

青田创新赋能中心采用全球领先的智算架构，部署全球领先的元宇宙算力集群，是基于英伟达技术在中国落地的首个元宇宙赋能平台，也是国内首个算力、算法、开发平台一体化的新型元宇宙基础设施。青田创新赋能中心包含人工智能数据中心、展示体验中心、英伟达 OMNIVERSE 数字协同综合产业平台、“产业 +AI”创新赋能平台、深度学习培训中心及人工智能教育竞赛中心、产业运营服务平台等六大平台，拥有 CUDA 核心数 4194304 个、CPU 核心数 12464 个、RT Core（硬件逻辑电路）性能可达 28441TFLOPS（每秒 1 万亿次浮点运算），Tensor Core（张量核心）性能可达 116498TFLOPS。该中心运用自主可控开源操作系统和自研的下一代智能计算系统完成核心智算基础能力平台建设，在异构算力调度方面，可通过智能计算系统对多数据中心、运营商边缘云和国产算力芯片进行调度，并通过协同创建、高精仿真、实时渲染、智能交互四大作业环节，为不同元宇宙场景的创建提供高效算力支撑。

二、特色优势

在英伟达的授权和技术支撑下，作为青田创新赋能中心的运营团队，谷梵科技长期致力于人工智能算力赋能，OMNIVERSE 产业平台和创新赋能平台的搭建、运营及市场化工作。运用国产开源操作系统和自研的下一代智能计算系统完成核心智算基础能力平台建设，替换 OMNIVERSE 原生 VMware 虚拟化平台；引进核心渲染技术、人工智能和仿真技术，专注于研发路径、业务逻辑、运营逻辑的搭建贯通和产业赋能。依托集团公司九州未来的技术支持，完成从中心云到边缘云解决方案的拓展和积累，建立完整的“云＋边”生态体系和解决方案。

1. 技术研发具有创新性

对接运营商边缘云实现对场景化应用需求的支撑，打造下一代融合型边缘计算基座，实现边缘算力平台开放解耦、异构算力支持。在异构算力调度方面，可通过智能计算系统对多数据中心、运营商边缘云和国产算力芯片进行调度，进一步提升边缘平台竞争力，支撑算网一体，实现算力泛在服务；通过虚拟云化网关实现组网能力升级，屏蔽现网硬件网络设备在性能、配置、管理上的差异，提升“云、网、边、端、业”协同和快速上线能力，更好地应对边缘场景下网络复杂、算力异构、业务多样带来的挑战。

在协同创建技术层面，面向大规模、高复杂的数字孪生空间、数字人的建模需求，通过生成式人工智能、云端协同和多模态模型能力，实现对元宇宙的复杂场景和实体的自动化创建；在高精仿真技术层面，针对数字空间中场景和实体的建模仿真需求，通过领先的算力平台，有效支持仿真计算和科学可视化计算等多样化的仿真计算处理需求；在实时渲染技术层面，可支持高逼真、沉浸感的3D场景构建和渲染；在智能交互技术层面，可提供人工智能驱动数字人所需语音识别、NLP（自然语言处理）、DLRM（深度学习推荐模型）等算法支持，实现物理世界和数字世界的超低延迟的网络数据传输和交互，承载流畅的沉浸式数字世界体验。

在生成式人工智能方面，利用开源人工智能模型框架快速自研和迭代，为开发者提供了大模型文本对话、文本生成图片、2D转3D等基础服务。生成式人工智能平台汲取青田创新赋能中心智算中心基础设施透传的GPU图形运算能力，内部集成多模态大模型，借助人工智能技术将图片和视频内容创意应用快速放大，一方面给普通用户和设计人群提供创意灵感，另一方面在电商营销、直播物料、设计、摄影和服装等行业实现降本增效。用户可通过双因子认证注册接入生成式人工智能平台，在平台内部寻找适合自身设计风格的大模型，低阶微调模型，生成的图片可立刻传至云端存储，可随时查看、审图。

一站式大模型微调推理平台（见图5–4），可帮助用户方便快捷地将大模型与自身需求结合，加速大模型在垂直领域的应用。用户只需准备数据集，MaaS会以最佳实践方式自动化解决算力调度、训练方法、参数配置等问题。

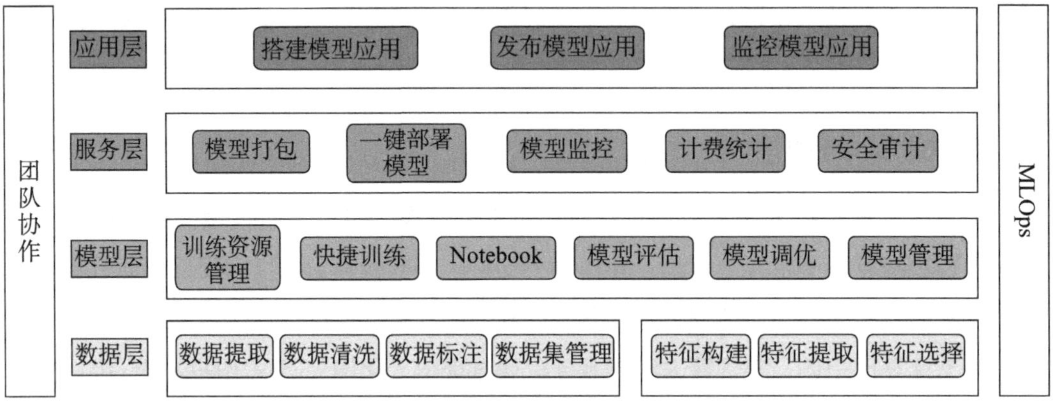

图 5-4　一站式大模型微调推理平台

资料来源：作者整理。

2. 多场景应用不断渗透

农业方面：全国首创杨梅元宇宙应用，利用“虚拟 + 现实”技术，构建完整元宇宙杨梅生态系统，实现“云上杨梅”虚拟采摘和一站式销售。引导浙江欣宏源生态农业有限公司投资 3 亿元建设生猪数字牧场，运用大数据、物理仿真等技术实现自动精准饲喂，大幅节约饲料和人工成本，先后获浙江省“数字牧场”和浙江省“未来农场”等荣誉称号。

工业方面：加快元宇宙技术与实体工业的深度融合，加速构建青田新智造体系。青山钢铁率先建成钢铁产业大脑，联合北京科技大学开展基于材料基因工程的高品质软磁不锈钢开发及稳定化生产项目，建设工业关键流程的数字孪生模型，在青田率先发展三维交互的工业元宇宙，成功获评国家重点研发项目。积极探索大模型技术在鞋服行业的应用，打造生成式人工智能平台，辅助鞋服企业改进款式设计，推动鞋服产业迈向智能制造。

消费新场景方面：开发“夜游太鹤湖 XR 文旅”项目，营造虚实融合的沉浸式景观体验。成功推出全球首款石雕数字藏品，石雕溯源场景应用入选国家工业信息安全发展研究中心 12 项创新应用与生态类优秀成果。依托数字建模领域技术优势，打造青田代表数字人物“鱼多多”，推出“鱼多多探两会”节目，成为全国县级融媒体中心运用元宇宙前沿科技进行报道的首次尝试。

生活方面：利用数字孪生技术，开发管网泄漏仿真算法，打造集展示、监控、预警、处置于一体的“燃气安全一网智防”应用，为城市燃气安全提供系统化、智能化的智慧安全保障和服务体系，获评浙江省共同富裕现代化基本单元优秀应用。立足侨乡留守老人养老需求，创新推出“侨乡养老管家”数字化应用，一站式提供找机构、约服务、选辅具等多元化服务，获评浙江省民政厅民政数字化改革第二批优秀案例。

3. 重点产品多元融合支撑

多年来，青田创新赋能中心的运营团队谷梵科技与英伟达亚太区深度协作，通过英伟达 DGX AI 集群、GPU Cloud、CUDA-X 人工智能、Metropolis、Clara、Isaac 等关键技术和产品完成了本地化的深度融合和支撑。同时，依托集团公司九州未来的支持，形成较完整的边缘云解决方案（边缘云解决方案占据全国 18.6% 的市场份额）。当前，初步构建 IaaS、PaaS、MaaS、SaaS 等产品体系，正在打造虚拟化层、平台层、应用层一体化的解决方案以及可服务于多行业的产品体系。

英伟达 OMNIVERSE 数字协同综合产业平台。OMNIVERSE 是面向元宇宙领域的协同仿真开发设计 PaaS 平台。在协同创作技术层面，面向大规模、高复杂的数字孪生空间、数字人的建模需求，通过生成式人工智能、云端协同和多模态模型能力，采用国际通用的 USD（通用场景描述）的模型格式，打破设计软件中格式的限制，让各地的创作者摒弃地理差异，参与大型设计项目协同创作，提速设计类元宇宙产业建设。谷梵科技在 OMNIVERSE 核心模块 Nucleus 的基础上自研服务创新，提供全国首款 3D 协作共享服务，为构建元宇宙的创作者团队提供了强大的基础协作云服务能力。

大模型一体机。针对需要进行模型训练的客户，青田创新赋能中心可提供全流程的 MLops 人工智能平台和成熟的算力调度、云计算平台，旨在解决算力资源匮乏、机器学习模型训练起步难的难题，让客户专注于模型的设计和优化，从而更好地应对业务挑战。在生成式人工智能方面，帮助客户更智能地管理和利用数据资产，降低预训练模型适配落地的难度。在底层支持上，采用 Animbus Cloud，为用户提供可靠、高效的资源支撑和一站式解决方案，让他们能够轻松应对人工智能开发与运维的各种挑战，顺利推进项目建设。

OpenHydra 教育平台。OpenHydra 是一个开源项目，由全国师范生人工智能教育共同体、亓绚科技联合发起，华东师范大学、华南师范大学、中国儿童中心儿童人工智能教育研究院、中国电子学会现代教育技术分会、上海开源信息技术协会等共同参与的面向 K12 人工智能教育的开放学习与实践平台，旨在为中小学人工智能教育提供一个开箱即用的学习与实践平台，汇聚了大量开源的人工智能开发工具和人工智能教学实践项目，教师和学生可以直接参考学习平台内的内容，甚至参与到项目开发中，输入数据集并训练生成对应课程的知识模型，从而培养用人工智能解决真实问题的能力。

三、未来方向

1. 加强对外合作，提升产品创新力

发挥青田创新赋能中心在云资源、算力服务等方面的优势，实现从硬件设备的研发制造到软件应用的开发推广；加强与周边院校的产学研合作，推动院校的科技成果转化为实际应用的项目；利用青田创新赋能中心在中国电子工业标准化技术协会元宇宙工委会、浙江省元宇宙产业协会等平台中的成员优势，加强对外合作，推广青田创新赋能中心 IaaS、PaaS、MaaS、SaaS 等产品，持续提升行业影响力。

2. 协同产业招商，完善产业元生态

利用青田县元宇宙产业发展政策，协同为入驻青田的 3D 设计、智算等企业提供量身定制的算力平台资源，帮助企业降低开发成本，加速形成产业上下游集聚效应。与落地企业协同开展产品创新升级、产业生产链改造提升工作，催生更多创新产品和解决方案。推进英伟达先进技术的本地化应用，实现从内容创作到用户体验的优化提升，夯实青田元宇宙产业发展基础。

3. 强化场景引领，提升服务元能力

注重对应用场景的研究，持续提升“产业 +AI”创新赋能平台能力，赋能青田县传统产业改造升级，形成完整解决方案，推进现有产业链智能化转型升级。定制英伟达 OMNIVERSE 培训和人工智能技术培训，有效提升政府和企业对元宇宙、人工智能等未来产业的认知，助力青田县引进高质量的元宇宙（人工智能）招商项目。

4. 加强人才培养，营造良好元氛围

加强与周边院校在人才培养方面的合作，吸引周边高校学生来青田创业。打造高完成度元宇宙培训产品，提供优秀的解决方案和工具。深入开展元宇宙科普工作，助力青田县新生代华侨元宇宙工程，推动更多华侨青年回乡创业。与优秀人才开展交流与合作，激发更多的创新灵感和创业激情，推动青田县的创新生态不断向前发展，努力为青年人才提供广阔的发展平台和机会。

（青田县科学技术局：戴华森供稿）

国家新一代人工智能公共算力开放创新平台

一、基本情况

2023 年 7 月，之江实验室获科技部批准建设国家新一代人工智能公共算力开放创新平台（以下简称“之江公共算力平台”）。该平台是具备人工智能计算能力并提供算力服务的基础设施，依托杭州国家新一代人工智能创新发展试验区建设，充分发挥之江实验室在智能计算领域的优势，力争建设形成立足杭州、服务浙江、辐射长三角、引领全国的规模化算力普惠开放能力，打造算力服务、科技创新、人才聚集和产业孵化四大生态，全力支撑杭州市“全国算力成本洼地、模型输出源地、数据共享高地”和浙江省“算力强省”建设，为国家“人工智能 +”行动贡献之江力量。

之江公共算力平台的总体架构设计遵循“自主可控、技术先进、普惠适用、开放共享”的原则，包括公共算力基础设施、智能算力平台、全栈软件环境及工具集、人工智能业务场景解决方案、算力普惠开放体系、安全管理体系和开放运营服务体系等七项建设内容（见图 5–5）。该平台以“自主可控的人工智能软硬件基础设施”为关键支撑，拟建成总共等价标称算力超过 1000PF（每秒 1 千万次浮点运算）的异构智能计算基础设施，其中至少包含等价标称算力 600PF 国产人工智能算力基础设施。重点解决多集群异构算力的聚合、管理、智能调度等问题，搭载成熟易用的人工智能全栈软件环境和工具集，形成体系化人工智能业务场景解决方案，最终通过算力普惠开放体系建设形成对外服务的普惠能力。

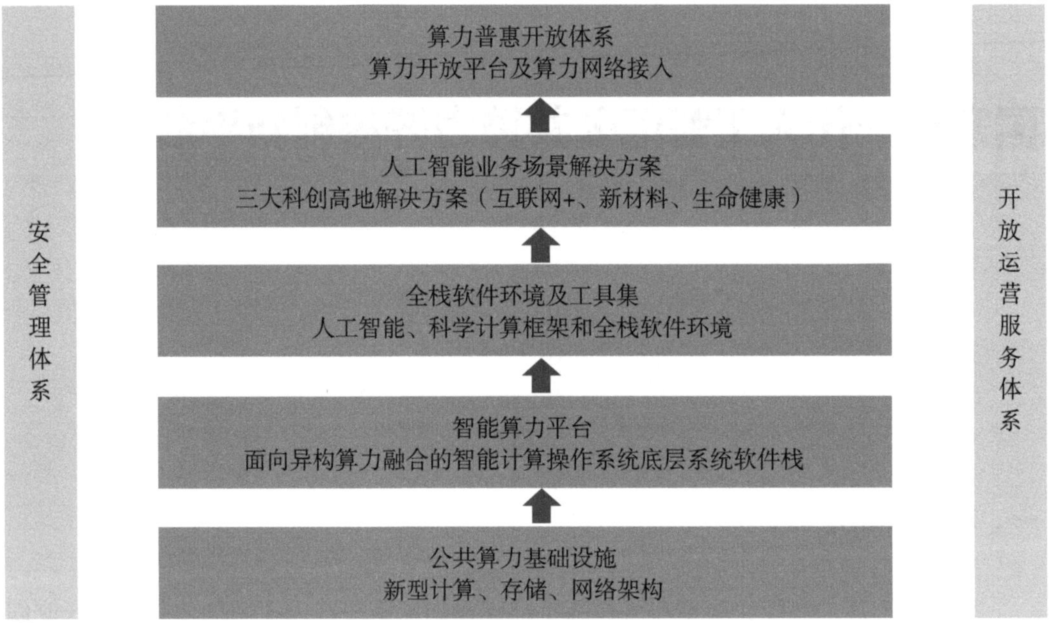

图 5-5　之江公共算力平台总体架构

资料来源：作者整理。

二、特色优势

1. 具备聚合异构算力的能力

探索构建了区域一体化算力网络，实现异地异构算力无损、安全、可信、泛在接入，形成跨行业、跨地区、跨层级的算力服务资源池。推动建立适应异构算力的标准化评价体系，推动全域算网资源的可感、可控、可计量，形成规范化的异构算力管理范式。

2. 具备智能调度异构算力资源的能力

攻克了异地异构算力协同调度技术，通过软件可定义的集群软硬件协同互联技术，优化异地算力需求和异构算力供给的匹配策略，实现各集群算力资源池间毫秒级时延的高速直连以及跨集群异构算力的统筹管理与高效调度。

3. 具备普惠算力的开放服务能力

构建了公共算力管理与调度平台，针对不同计算需求，形成软硬件协同的算存网数协同调度方案，降低各算力中心上云与运营成本。联合杭州市人工智能产业联盟，共同推动算力服务规范化、标准化，形成算力资源统一评测、度量与定价标准，面向人工智能领域重点企业、高校院所、新型研发机构等开放算力服务，构建交叉融合、异业联盟的算力生态圈。

三、未来方向

1. 服务算力产业集群发展

之江公共算力平台将依托杭州市人工智能产业联盟，汇聚上下游创新力量，通过提供规模化弹性的计算设施、极低的模型训练成本、开放的算力资源服务，与企业、高校院所、新型研发机构等合作伙伴共商、共建、共享、共发展，协同打造开放包容、自主可控的新型算力发展生态，推动人工智能产业的跨越式发展。

2. 服务行业大模型应用

以之江公共算力平台为基础，联合省内外人工智能领域优势单位，开展算法模型创新攻关，共同研发面向国产算力的高效模型训练工具和开发套件，提供高效便捷开放的模型训练、调优、评测和认证服务。赋能打造能够参与国际竞争的基础大模型以及具有全国影响力的行业应用模型，并在科研、工业、医疗等重点领域打造若干个大模型算力应用场景，推动建设大模型服务产业高地。

3. 服务科研范式变革

人工智能技术正加速重构科研模式，带来科研范式的变革和新的产业业态。之江公共算力平台将为 AI for Science 提供强大的算力资源，以计算驱动加速天文、地理、生物、材料等领域的科学发现与科学创新，落地细分领域人工智能应用，为中国参与通用人工智能国际竞争提供重要的算力基础支撑。

（之江实验室供稿）

西湖大学深度学习实验室

一、基本情况

西湖大学深度学习实验室旗下西湖心辰于2021年7月成立，是一家积极专注于人工智能多模态大模型技术研究及其产业化应用的科创企业。公司坐落于创新高地杭州西湖畔，背靠中国新型研究型大学西湖大学，拥有雄厚的人才储备和强大的算力支持。当前汇聚了一支实力雄厚的研发团队，30%以上成员毕业于国内外顶尖高校，来自微软亚洲研究院、阿里达摩院、腾讯AI Lab等知名机构。创始人蓝振忠博士曾任谷歌人工智能科学家，是大模型领域的开创者之一。

西湖心辰自2021年7月获得千万美元天使轮融资以来，公司先后完成由百度风投领投的Pre-A轮、汤姆猫战略投资的A轮及其超亿元的后续投资，目前估值已至25亿元。

2022年7月，西湖心辰推出自研的“西湖大模型”，迄今已积累200余万个C端用户，服务汤姆猫、知衣科技、星巴克、支付宝等百余家B端客户。公司与产业伙伴携手，打造了心理咨询小程序“聊会小天”、Fashion Diffusion时尚大模型、人工智能写作工具Friday快写宝等创新应用（见图5-6），正加速构建覆盖娱乐、游戏、社交、教育、医疗等领域的多模态智能体生态。

图 5-6　西湖心辰推出的“西湖大模型”创新应用

资料来源：作者整理。

二、特色优势

1. 技术研发实力雄厚

西湖心辰在多模态大模型研发上已积累了丰富经验和技术。公司自研的“西湖大模型”不仅在 SuperCLUE、C-EVAL 等权威测评中名列前茅，展现出优异的知识性和推理能力，更首创性地引入情感计算、个性化定制等模块，突破了业界“高智商低情商”的瓶颈。在模型研发中，西湖心辰攻克了一系列关键技术难题：通过预训练模型压缩、多级知识蒸馏，大幅降低了存储和计算成本，使推理效率较主流模型提升 20% 以上；结合自身监督学习、少样本学习等先进范式，使模型具备快速理解用户个性、适配垂直行业知识的能力；借助创新的 Prompt 优化、数据增强方法，帮助企业客户低成本打造专属模型。凭借强大科研实力，“西湖大模型”在情感感知、主动对话、跨模态生成等方面实现了新的突破。

2. 应用创新引领行业

西湖心辰坚持以需求为导向，聚焦行业应用，正在加速构建“平台 + 生态”的发展格局。通过与知衣科技合作打造 Fashion Diffusion 大模型，深度服务服装设计行业；携手汤姆猫将人工智能能力与 IP 结合，拓展智能硬件、教育等应用场景；与美年健康深度合作，建立美年健管大模型新基座，并在此基础上打造美年人工智能销售助理（见图 5-7）。此外，公司自主孵化的心理、绘画、写作工具均广受用户好评，正成长为垂直赛道的佼佼者。“西湖大模型”已在客户服务、办公自动化、内容创作等 10 余个高频场景部署落地。以智能客服为例，引入模型后，企业人力成本降低，响应速度提升，大幅提高了服务效率和客户满意度。西湖心辰还积极探索人工智能在心理健康、创意设计等新兴领域的价值变现路径。可以预见，“西湖大模型”将以其卓越的理解力、创造力和共情力，为千行百业的数智化升级注入强大动力。

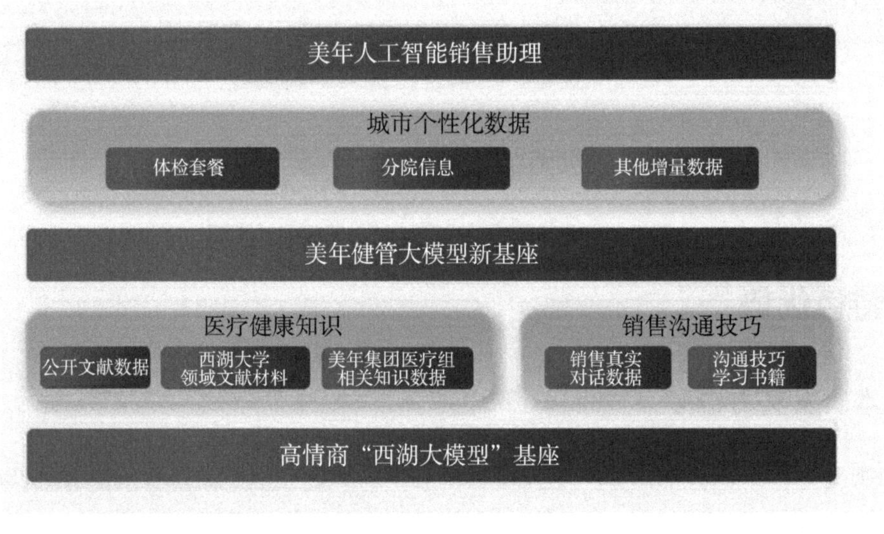

图 5-7　基于“西湖大模型”赋能美年健康打造美年人工智能销售助理

资料来源：作者整理。

3. 打造“高智商高情商”特色

当前大模型虽在知识储备、逻辑推理等方面不断取得突破，但在情感交互、个性塑造上仍显不足，难以给用户带来有温度的陪伴体验，而具备同理心、懂人话的“暖心人工智能”才是大众所需。西湖心辰契合这一趋势，致力于打造兼具高智商和高情商的差异化模型。通过海量多模态数据的持续学习，模型对行业特点、人类意图有了更为精准的把握，从而实现高度相关、实用的内容输出。以写作场景为例，“西湖大模型”可根据用户输入自动组织语言、丰富创意、优化遣词造句，真正成为用户的得力助手。未来，西湖心辰将进一步打磨情感交互技术，为用户打造如影随形、懂你所想的人工智能伙伴，重塑人机关系。

4. 重点打造多模态智能体平台

多模态感知和交互是人工智能发展的必然趋势。单一的文本交流很难塑造鲜活、立体的形象，也无法全面洞察用户需求。西湖心辰早已洞悉先机，将资源重点投向多模态大模型的研发和应用创新，致力于打造一个可深度定制的多模态智能体平台。该平台旨在赋能各行业打造专属的多模态智能助手，覆盖文本、语音、视觉、动作等丰富的交互形式。无论是面向企业的虚拟员工，还是面向C端的数字人，都将具备更高的智能化、个性化水平。用户可轻松定义智能体的人格特质、知识图谱、价值观念，并通过持续互动来加深对彼此的了解，最终建立起亲密无间的信任关系。平台将广泛服务于财经、医疗、教育、政务等领域，以情感智能为特色，为用户提供虚拟金融顾问、就医助手、家教老师、政务秘书等多类型智能体。西湖心辰的愿景是让智能体“见自己、见天地、见众生”，成为人类生活中不可或缺的贴心陪伴者。相信这一全新的人机交互方式，必将极大拓展人工智能在各行各业的应用边界。

三、未来方向

面向未来，西湖心辰将以“通用底座、行业定制、全域服务”的思路，全面推进多模态大模型技术及应用的纵深发展。

在基础研究层面，西湖心辰将持续突破多模态大模型预训练、迁移学习、持续学习等前沿课题，力争在语言理解、常识推理、视觉感知等方面取得新的原创性成果，巩固“高智商”优势。同时，深化情感计算、个性塑造等方向的探索，进一步提升模型的共情能力、人格魅力，打造有温度的“高情商”人工智能。

在行业应用层面，西湖心辰将聚焦医疗健康、智能制造、文创娱乐、智慧政务等重点领域，充分发挥多模态大模型的赋能价值。通过与行业龙头深度绑定，开展产学研一体化协同创新，共建“AI+X”新生态。西湖心辰将持续打磨面向企业的定制化模型工具和开发平台，助力传统产业实现智能化、数字化转型升级。

在消费互联网领域，西湖心辰将加速C端应用创新，以现有的心理、绘画、写作等垂直工具为基础，进一步拓展教育、社交、健康等高频刚需场景，为用户提供覆盖衣食住行、吃喝玩乐的全方位智能服务，力争孵化现象级爆款产品。未来，每个人都将拥有专属的人工智能秘书、人工智能教练、人工智能伙伴，西湖心辰将以有情有义的“暖心人工智能”重塑人机关系。

（西湖大学供稿）

浙江大学石虎山机器人创新基地

一、基本情况

石虎山机器人创新基地是由浙江大学控制科学与工程学院和杭州市西湖区灵隐街道联合打造的以“智能机器人与未来科技”为主题，以技术转化、创业孵化、人才培养为主要功能，以“产学研创一体化”为特色的新型创新创业综合体，是西湖区发展高校经济、重点打造的“环浙大人工智能产业带”的首个项目（见图 5-8）。

图 5-8　浙江大学石虎山机器人创新基地

资料来源：作者提供。

基地毗邻浙江大学玉泉校区，总面积6000余平方米，地理位置优越。基地紧紧围绕国家新一代人工智能发展规划和西湖区数字经济发展核心战略，依托浙江大学国家重点实验室、国家工程中心、国家双创示范基地等平台，充分发挥浙江大学在机器人教育教学、高端核心技术研发、校友创新创业、国际化合作资源等方面的优势，实现园区重塑、功能重造、产业重组、品牌重建，高质量开展高科技项目孵化工作。

基地以"黑科技、硬科技"为特色，现已引入仿生腿足机器人、协作机器人、共融机器人、医疗机器人、巡检机器人、软体机器人、检测机器人、自主无人驾驶、多智能体无人系统等12个由浙江大学机器人方向教授领衔的创新工坊。基地已成功获批"中国自动化学会科普教育基地""浙江省产教融合示范基地""教育部产学合作协同育人实践基地""杭州专业化科技企业孵化器""杭州市概念验证中心""杭州市青少年科普教育基地"等平台资质。目前基地已与中电海康、阿里、中国铁塔、杭州城建集团等重点企业建立合作关系。

二、特色优势

1. 技术赋能，构筑机器人应用研发高地

浙江大学在仿生、移动、飞行机器人等方面的研究处于国际领先水平，承担多项国家重点重大项目，基地以浙江大学机器人研发力量为核心进行建设，采取高校、企业与地方政府合作模式，针对机器人产业核心关键技术发展的需要，开展特种机器人、仿生机器人、飞行机器人、移动机器人、水下机器人、软体机器人、医疗机器人、外骨骼机器人等前沿技术研发，特别是聚焦"仿人机器人"这一重大前沿需求，整合相关力量开展集成攻关研发，形成有显示度或产业化价值的科研成果，成为机器人领域的创新原动力和杭州市及西湖区的创新引擎。

2. 全程护航，一站式助推技术成果转化

基地围绕企业全生命成长周期和经营需求，已建立包括人才项目、房租补贴、税收返还、资金扶持、创业导师团队、政策咨询服务等在内的全方位"一站式"服务体系，可帮助中心入库项目全方位解决创业期运营难题。通过提供验证资金、配套种子基金、专家咨询服务、创业人才培养、提供孵化空间等途径，对以机器人和人工智能为主的在库项目进行个性化支持，推动技术成果产业化，培育一批创新能力强、成长性好的专精特新"小巨人"企业。

三、未来方向

1．建设形成“孵化—投资融合发展”体系

构建梯度投资服务体系。设立创业投资基金、股权投资基金，充分利用政府创业投资引导基金、科技成果转化引导基金等各类母基金建立子基金，积极与专业投资机构、金融机构等外部资本合作设立各类子基金。验证中心采取自投、跟投、领投等方式，投资评审入库项目。

2．建设形成一支专业化的服务队伍

形成专业化服务队伍，为创业者提供专业性、实践性强的辅导服务。建立创业导师和创业辅导师数据库，完善创业导师和技术专家评价、激励机制。强化基地资源整合链接功能，完善基地与各类创新创业要素和主体对接机制，深化基地与各类第三方服务机构的合作。

3．建成机器人领域的“孵化—产业化”示范点

充分发挥浙江大学、杭州高校在机器人领域的技术优势，打造国内乃至国际知名的科技项目孵化基地。通过与国外高校、研究院所和国际技术转移机构合作，对接海外高层次人才、优选机器人方向最新技术项目。组织和举办具有国际影响力的创新发展论坛、会展和学术活动，搭建国际化的创新创业交流合作平台。

4．形成具有可持续发展能力的成果转化平台

概念验证中心利用专业技术优势和资源整合能力，进一步探索促进创业、提升专业服务和投融资反哺能力的新路径、新模式。面向社会提供项目遴选识别、验证评估、价值分析、二次开发、中试熟化、投融资、创业孵化等服务，积极对接政府通过购买服务等方式为概念验证中心提供资金、政策引导等产业成果转化服务。

（浙江大学供稿）

阿里云“云服务”出海

一、基本情况

阿里云始终致力于构建一流的全球化数字基础设施，覆盖了东南亚、日本、美国、英国、欧洲、中东等国家和地区，为全球数十亿用户提供计算、网络、存储、数据以及智能服务，助力全球企业迈向智能化；并通过安全、可靠的计算和数据处理能力，领先的安全合规实践，丰富多样的云服务，为中国科技企业在海内外搭建一座桥梁，让国际化和本地化实现更好互通，助力游戏、互娱、跨境电商、科技金融等领域一批优秀的中国企业进军全球市场。在《2023 年中国云出海市场报告》中，阿里云作为中国公有云厂商，跻身领导者梯队，展示了以全球合规为基础，陪伴中国企业出海的丰富经验（见图 5–9）。

同时，阿里云进一步加大与国际生态伙伴的合作力度，全新推出“阿里云上的 Salesforce”课程，为跨国企业使用 Salesforce 提供培训；在全球范围内与诸多知名校企联合打造培训课程，包括法国德莫斯培训集团、英国牛津大学的技术衍生公司 OxValue. AI 等；还与思爱普联合打造一站式 ERP 解决方案，在云上集成思爱普企业管理产品思爱普 Business One，为亚洲中小企业提供弹性、灵活、安全的云上 ERP 管理服务。

2024 年 5 月 23 日，阿里云宣布将在全球 5 个国家投资新建数据中心，分别位于韩国、马来西亚、菲律宾、泰国和墨西哥。新一轮海外基础设施投资将重点布局人工智能基础设施建设，冲刺更大规模的全球布局。届时，阿里云的全球布局将增加至全球 31 个区域和 95 个可用区，进一步为中国企业出海提供便利。未来三年，阿里云将持续投资建设更多海外基础设施，并加强人工智能时代基础服务能力建设。

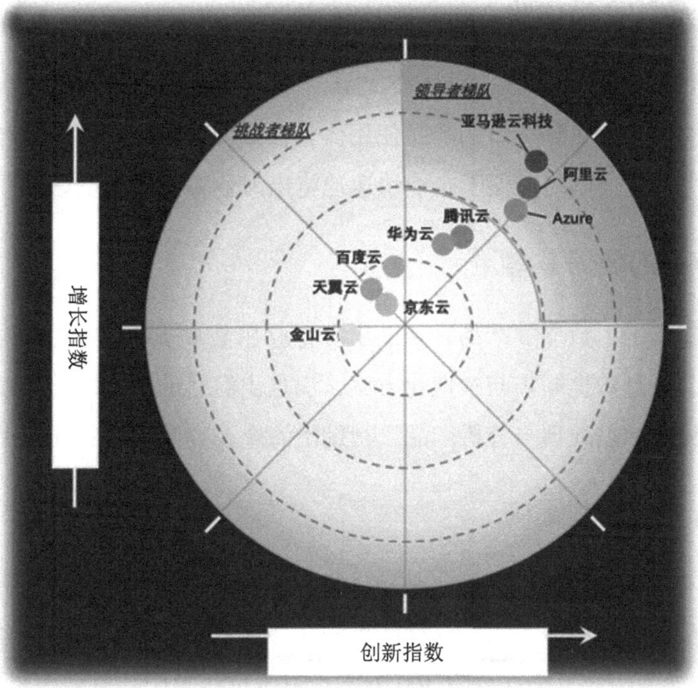

图 5-9　阿里云跻身 2023 年中国云出海市场综合竞争力领导者梯队

资料来源：弗若斯特沙利文、头豹研究院。

二、特色优势

1. 基础设施与网络覆盖全球

阿里云的云服务节点已遍布全球，目前已形成覆盖全球 31 个区域、89 个可用区、3200 个 CDN 节点以及 180T 带宽的基础设施能力。在数据中心的基础上，能够实现全球组网的互联互通，同时跨境网络有运营商背书，是全球屈指可数的提供合规跨境网络服务的云服务商。

2. 国际级合规资质与认证

阿里云有超过 130 项全球合规资质，是亚洲合规资质最全面的云厂商之一，同时已得到国内外诸多权威机构的认可。阿里云始终致力于将众多的合规标准融入云平台的合规内控管理和产品设计中，并通过独立的第三方验证阿里云的全球化合规能力。

3. 国内外一致的产品体验

阿里云提供了上百款从 IaaS 到 PaaS 的云产品，能力获得了国内外众多测评机构的认可。通过提供国内与海外一致的产品使用体验，降低架构改造的成本和风险，在保障全球统一的服务质量的同时，便于企业快速地将出海业务部署到全球。

4. 富有竞争力的数据方案

阿里云提供的云上数据类产品，帮助出海企业在全球拓展业务的同时，保障数据安全与隐私合规。通过数据同步与本地化方案，满足出海目的国当地的隐私合规要求，同时利用业界领先的数据处理与分析产品，帮助出海企业高效沉淀数据，提升业务价值。

5. 丰富的行业实践与案例

阿里云拥有覆盖游戏、泛娱乐、金融科技、跨境电商、科技制造等行业的行业级出海解决方案，满足中国企业走向国际化的多元化业务需求。同时阿里云长期可持续地服务 22 万家中国企业出海，为全球超 400 万客户提供可信赖的云服务。

6. 贴身的本地化服务响应

阿里云植根中国、落地全球的服务与响应体系，保障了在协助企业出海的过程中想企业之所想、急企业之所急。在覆盖中国本土以及海外云产品使用和故障响应的基础上，通过全球化的海外本土服务，帮助企业在海外更贴近市场，更高效展业。

三、未来方向

1. 助力米哈游登顶游戏出海榜首

米哈游成立于 2012 年，业务主要集中在国产动漫文化下的移动游戏、漫画等领域。作为第一代云原生企业，借助阿里云实现了业务的快速发展与安全出海，陆续推出了《崩坏学园 2》《崩坏 3》等国产动漫移动游戏领域优秀作品，广受用户喜爱。成长初期，通过阿里云的服务，米哈游以轻资产模式运营，即使在规模较小的情况下也能有效应对市场挑战。在拓展海外市场时，面对 DDoS（分布式阻断服务）攻击等问题，米哈游利用阿里云的高防 IP 服务成功抵御攻击，确保了游戏《崩坏 3》及后续《原神》的平稳运行。《原神》作为米哈游的旗舰项目，凭借阿里云提供的高性能数据库 PolarDB

和全球基础设施，实现了跨平台同步公测，取得了现象级的成功，上线仅一个月，引爆中国和海外的游戏市场，成为同期全球收入最高的手游。阿里云的解决方案不仅支持了米哈游应对高并发访问，还通过一致化的海外部署架构降低了运维成本，助力米哈游在全球游戏市场取得优异成绩。根据 Sensor Tower、Data.ai 等机构披露的 2023 年中国游戏厂商出海收入情况，米哈游已经成为 2023 年度出海收入第一的国内游戏厂商。

2. 伴随小影科技创业和出海开拓

小影科技创立于 2012 年，从开发第一款视频创作软件到如今业务覆盖全球 200 多个国家和地区，累计为全球 16 亿用户提供服务。阿里云是小影科技强大的合作伙伴，借助阿里云遍布全球的基础设施资源，小影科技海外业务已覆盖北美、拉美、南美、欧洲、中东、东南亚等地区。基于阿里云大数据产品，小影科技快速掌握用户感兴趣的视频，优化产品推广策略，打造爆款功能，提高业务决策有效性。阿里云在全球拥有 130 多项安全合规认证，助力小影科技在全球安全、稳定地开展业务，共同拓展并成长。

（阿里巴巴集团控股有限公司供稿）

阿里达摩院智慧育种平台

一、基本情况

针对当前常规育种原创不足、迭代迟缓等问题，运用新一代人工智能和前沿生物技术融合的智慧育种技术，开发出适用于育种4.0时代的智慧育种平台，以基因多组学大模型、全基因组选择、基因计算加速等核心技术为基础，构建智慧育种平台，用于优良品种选择、亲本选择、关键基因、调控元件挖掘等育种应用场景。

项目开发单位阿里达摩院成立于2017年10月，致力于探索科技未知，开展基础科学和创新性技术研究。2020年7月，经浙江省人民政府批准，阿里达摩院承担建设浙江省首批省实验室之一的数据科学与应用浙江省实验室（湖畔实验室）。阿里达摩院组建了一支汇聚人工智能、生物信息、计算生物学、统计学、育种科学等多学科人才的科研团队，依托阿里达摩院自身在大数据和人工智能上的优势，围绕生物育种核心问题如多组学预训练模型、全基因组选择、基因大数据计算加速等方面开展研究，依托阿里巴巴在云技术上的优势，确保智慧育种平台具有高安全性、高并发性、高效性和高稳定性的特点。

二、特色优势

1. 在技术和学术层面平台已获得权威机构认可

智慧育种平台成果在国际植物学顶级期刊《分子植物》上在线发表。已有来自全球60多家单位的育种家和科研人员使用该平台，日均调用量超过300次，申请专利2项。其中设计的多组学大模型参数量达到30亿，为领域内最大规模的人工智能模型，参数规模远远领先于领域内现有的其他模型。模型效果上，在表型预测、基因表达预测、功能性变异位点预测、细胞状态预测、模拟基因敲除 / 过表达预测等重要生物学和育种相关热点问题上都超越了现有 SOTA 模型。设计的 GPU 加速的基因测序数据变异位点分析，相比基于 CPU 的方法计算效率提升 100 倍以上。设计的基因测序数据压缩算法，压缩率达到 Gzip 的 2 倍。

2. 产品层面已获得广泛应用

智慧育种平台产品研发出来后，帮助全国范围内多个科研院所和育种基地提升育种效率，降低育种成本，并且主导或参与国家级科研攻关项目的建设。例如：阿里达摩院作为牵头方，组织开展了科技部国家智能设计育种技术创新中心的筹备工作；阿里达摩院作为参与方，参加了农业农村部科技创新 2030—“农业生物育种”重大项目的建设工作；参与了浙江省科技厅农业领域“尖兵”“领雁”项目指南的编写工作；与浙江大学农学院合作，建设了棉花多组学表型预测模型，发现了棉花多组学的遗传调控机制，提升了表型预测准确率，文章发表于国际著名期刊《细胞研究》；与河南农科院合作，将花生全基因组测序数据变异位点分析流程的计算时间由半年缩减到一周时间，计算成本降低到原来的 5%。

3. 平台已实现可观的经济社会效益

智慧育种平台是中国首个全流程的育种平台，涉及育种上下游的各类科研院所和企业，以云和线下部署的方式向其提供商业化服务。如作物基因检测服务商博瑞迪通过云化的方式在平台上搭建基因测序的分析流程，向其客户提供分析结果；黑龙江省农科院通过购买整套育种平台，在院内搭建专有云的系统，使得院内多个作物研究所的科研人员和育种家能够同时使用该系统。

三、未来方向

智慧育种平台以打造成为全球领先、国内最有影响力、使用范围最大的育种管理、分析、预测平台为目标，将育种数据管理和分析相关的内容，以及相关企业和科研院所都汇集到该平台，并通过人工智能、大模型、大数据等先进技术提升其效率、降低成本（见图 5-10）。

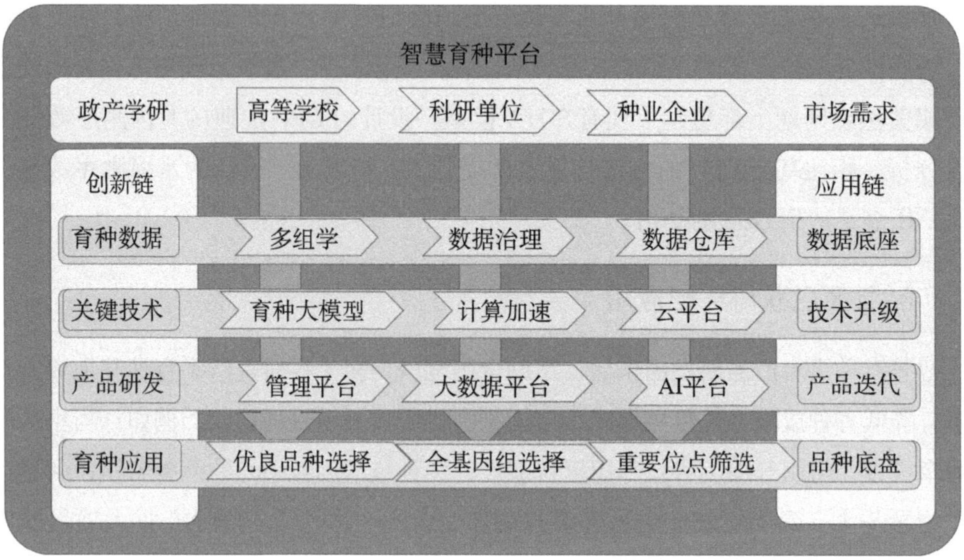

图 5-10　智慧育种平台建设和应用

资料来源：作者整理。

基于育种大数据优化多组学数据和生物样本选择，对数据进行整理、优化、增强并构建大规模多组学预训练数据集。优化多组学大模型规模及架构，让模型融合基因组、转录组、蛋白组等多模态数据，关联各组学之间关系，实现对多种长度范围内任意组合的多组学数据特征的提取。利用 Transformer、GPT 等大语言模型框架进行规模优化和架构改进，使育种相关生物学实验过程可采用模型计算方法高速、精准实现。

借助上述预训练的育种大模型，有效筛选高维度的基因型数据。通过生物信息学、计算生物学和深度学习等方法，构建基因型与表型关系的模型，以准确预测亲本后代的性状表现，筛选出具有高概率获得优良表型的子代。这有助于降低实验成本和种植成本，通过计算来指导育种实践，有助于提升精准鉴定优良基因或调控元件的效率，为育种目标提供更精确的信息。

通过异构计算平台加速组学数据分析，减少计算资源投入，降低能源消耗，提升分析效率。研发高压缩比的组学数据专用压缩算法以及高性能的组学数据压缩和解压算法，降低基因测序数据的存储成本。研发基因测序数据、基因型数据的高性能计算加速算法，快速分析基因测序数据的变异位点以及基因型的筛选，加快育种数据的分析速度，提升育种效率。该平台不仅能节省计算时间，也能节省内存资源，让不可行的计算变得可行，通过数据加密、数据混淆、数据备份等方式保障数据安全存储。通过精准的身份鉴权和数据授权技术实现数据的共享和保护。

提供优质的算力、模型和决策服务。平台致力于为多组学测序数据、基因芯片数据的分析提供 GPU 计算加速能力。模型服务主要是对育种多组学大模型、关键人工智能和生物融合技术等任务中涉及的人工智能模型进行平台化部署，使得用户能通过自有数据进行定制化的模型训练，或用平台已有模型进行所需要的任务的预测。决策服务主要包括优化基因型或亲本的选择、优良性状对应基因型位点分析等服务模块。

（阿里巴巴集团控股有限公司供稿）

基于大规模预训练大模型技术的智慧电力平台

一、基本情况

随着电力行业智慧升级需求持续释放，面对传统电力行业电网复杂、设备繁多、人力资源有限等问题，联汇科技推出智慧电力解决方案。该方案突破传统人工智能技术应用局限，通过视觉预训练大模型，帮助电力企业快速掌握适用于电力管理不同场景的视觉识别技术。

联汇科技致力于多模态数据分析、视觉语义理解等前瞻性人工智能技术研究，自主研发欧姆多模态大模型、iBase 向量数据库、OmBot 自主智能体等核心技术，拥有 OmVision Studio 算法生产工厂、OmVision OS 算法运行平台、OmFusion 汇析融合分析平台等大模型及智能体工具链产品，打造 AaaS（智能体即服务）体系，通过小样本快速开发、大模型高精度构建、多场景多任务协同的方式，完成目标识别、设备管理、异动预警等多样化的视觉识别任务，实现机器视觉在输电线路巡检、电站管理、设备管理、安全管理等不同场景的应用落地，为政府、企业和开发者提供高效率、低成本、全栈式的人工智能 2.0 解决方案。

二、特色优势

1. 跨模态大模型多任务预训练技术

针对现有电力巡检分析模型泛化能力弱、并行识别能力差的问题，联汇科技发明了跨模态多任务大模型预训练方法。利用自注意力机制，综合研判任务输入向量、图像多尺度特征与隐变量特征向量的交互关系，完成对于多任务目标的图像空间定位与目标类型分类；提出了深度视觉语言持续训练算法，支持任意数量的多任务融合学习，有效解决了电力巡检分析模型无法同时对多种缺陷类型进行并行识别的行业共性难题。相较于现有目标检测模型 YOLOv5，经微软 ODinW（开放域目标检测）数据集中 35 个场景视觉识别检测证明，其零样本泛化能力提升了 150%，小样本泛化能力提升了 53%。

2. 跨模态大模型小样本迁移适配技术

针对电力设备巡检缺陷样本稀疏制约模型识别精度的问题，联汇科技发明了基于自监督迁移学习的跨模态大模型小样本适配技术。利用视觉特征对比学习，构建鲁棒视觉信息编码骨干网络，抽取专业领域的高质量多尺度特征；根据小样本数据集，计算自然语言提示向量与图像多尺度特征的点积相似度，计算自然语言提示向量的反向传播梯度，根据梯度值更新提示向量参数，构建了大模型小样本性能优化机制，在浙江省、北京市、天津市等七省市输电线路检测中，小概率大隐患缺陷的平均识别准确率提高 22%，综合准确率达 89%，显著高于业内同类水平。

3. 跨模态数据特征融合技术

针对现有单模态图像和文本分析技术无法双向融合的问题，联汇科技发明了图像内文字表征理解的图像文本综合特征融合算法。利用单模态特征编码器抽取图像内嵌 OCR 内容 / 坐标信息与图像特征，通过文本编码器对用户输入文字进行编码，提出了跨模态注意力机制的隐变量特征抽取方法，综合研判编码后图像文字中的高阶语义，实现了电力设备巡检场景下待检图像和缺陷描述文本的融合交互应用，在公开跨模态评测数据集 Text-VQA（文本视觉问答）与 ST-VQA（文本图像问答）上识别准确度超越此前国际公开的最好成绩，相较于现有模型识别准确率提高了 25%。

4. 大模型算法应用开发技术

针对巡检图像智能分析算法开发过程繁琐且耗时长的问题，研发了大模型电力巡检算法训练与评估一体化平台，发明了异步人机交互式信息搜集方法，利用自然语言定义各类电力巡检算法，实现智能算法的零样本冷启动，建立“数据自动标注—模型快速训练—代码自动生成—性能综合测评—持续迭代优化”的全栈式服务能力，平台入选视频感知领域唯一国家新一代人工智能开放创新平台，成功应用于多家算法研发单位，零样本冷启动成功率超过 80%，算法开发效率提升 20%。

三、未来方向

1. 构建跨模态大模型

针对现有电力巡检分析模型泛化能力弱、并行识别能力差的问题，研究多任务大模型预训练算法。针对电力设备巡检缺陷样本稀疏制约模型识别精度的问题，研究基于领域数据的迁移技术，提升在电力场景小样本任务的识别效果；针对现有单模态图像和文本分析技术无法双向融合的问题，研究跨模态数据特征融合算法，根据更多的模态信息实现综合研判，解决电力专业大模型的构建难题。

2. 搭建大模型应用平台

针对巡检图像智能分析算法开发过程繁琐且耗时长的问题，研究基于大模型技术的一体化电力巡检算法开发平台技术，从数据标注与模型训练角度简化算法的开发难度与周期。针对大模型推理训练时间长、硬件资源要求高的问题，研究大模型参数高效微调技术，降低大模型应用对于算力的高要求，加速大模型技术赋能电力巡检的落地应用。

3. 打造数字文件柜系统

基于人工智能搜索引擎的数字文件柜系统，运用文件加密技术，全面保障政府文档信息安全。完善权限管理制度，对系统内用户、文件夹、单个文件进行智能分类，可设立多级目录，分类存放不同级别的各类文件，提高文档安全性。支持全文搜索和语义检索，大大加快文件检索速度，搜索结果页面支持二次检索，可根据文件出处、文件类型、发文时间等条件再次筛选；同时根据搜索内容实现相似度文件推荐。打破内部的信息壁垒，实现文件信息的快速流转，加强各部门的信息联系，提升办公效率；实现信息实时传递与通知，避免信息滞后。

（杭州联汇科技股份有限公司等供稿）

良信电器（海盐）智能型低压电器未来工厂

一、基本情况

良信电器（海盐）有限公司〔以下简称“良信电器（海盐）”〕于2019年成立，主要从事电器及配件、电子元器件及机电组件设备、成套设备及控制系统装备、智能家居产品、电子配件等的研发、设计、制造、加工及服务。

良信电器（海盐）重点构建企业资源、客户关系、产品生命周期、生产过程、质量体系、仓库管理、商业智能平台七大核心系统，企业门户、财务、人力资源、大数据、主数据与集成、混合云六大支撑平台，以及IT治理、信息安全两大管理体系，搭建工业互联网平台、信息应用平台、数字孪生平台、能源管理平台，集成采购、设计、生产、质量、物流等全业务流程的数字化系统，实现设计协同与供应链协同，建立精益化、自动化、信息化深度融合的精益智能制造体系，打造全球领先的低压电器元件“领航型”未来工厂（见图5-11）。

图5-11　良信电器（海盐）智能型低压电器未来工厂

资料来源：作者提供。

二、特色优势

1．数字化协同设计

充分运用模块化设计的理念，建立了完整标准库、通用件库及知识库，通过Maxwell电磁场仿真、Fluent流场仿真、Motion运动分析、Moldflow模流分析以及协同设计平台等，实现多工厂跨领域、产业链上下游的协同设计。

2．人工智能智能化生产

建立先进排产调度算法模型、生产运行实时模型，并通过安全库存、生产策略等的配置，实现满足多种约束条件的最优排产和调度。依托SRM、MES、思爱普、APS等信息化系统，集成供应商以及客户需求等数据，实现零件需求量和交期的有效匹配，从而大幅提高企业生产过程的智能化水平。

3．人工智能视觉质量自动检测

针对车间的共性场景——PCB版的视觉检测，通过图像预处理、智能标注、模型训练、大数据分析等，并根据实际检验结果不断进行模型的优化，具有全自动、高精度、高效率等优势，实现了质量的在线检测和闭环反馈。

三、未来方向

1．技术创新与数字化转型

持续推动技术创新，通过整合人工智能、机器人、增材制造等尖端工业4.0技术，提升运营效率，构建适应未来挑战的先进运营模式。深化信息技术与制造技术的交叉融合，实现生产流程的全面智能化和绿色化，同时推行精益生产和人本化管理，推动产品向更高端市场迈进。利用先进的数据分析工具，优化生产流程，减少产品缺陷，缩短设备停机时间。此外，通过提高需求预测的精确度和降低库存成本，实现更加灵活和低成本的供应链管理。

2．绿色智能制造与可持续发展

推动绿色制造和智能制造的差异化发展，通过创新实践，形成具有特色的绿色智能制造产业生态，构建高效节能、环境友好的绿色制造体系。采取清洁能源、废物循环利用、水资源管理等环保措施，积极开发绿色产品，减少生产过程对环境的影响。积极参与国内外绿色标准制定，提升绿色制造服务能力，为客户提供环保、可持续的解决方案。

3. 全球市场拓展与品牌国际化

积极拓展全球市场，通过打通端到端的全价值链，与全球合作伙伴建立紧密的合作关系，共同重塑客户体验。不断创新商业模式，引领行业向新兴业态发展，同时清除内部和外部的障碍，确保在全球制造业中保持领先地位。通过强化品牌战略，提升国际知名度和影响力，通过高质量的产品和服务，赢得全球客户的信任和支持。

〔良信电器（海盐）有限公司：贾秋梅、王娜娜供稿〕

方正电机新能源汽车电机未来工厂

一、基本情况

浙江方正电机股份有限公司（以下简称“方正电机”）成立于1995年，是新能源汽车驱动电机、微电机及控制器、汽车控制系统领域领军企业，业务涉及新能源汽车、缝制机械、汽车座椅电机、汽车电子和白色家电等多个领域。

方正电机通过硬件建设及软件建设两方面相结合，攻克了一系列工艺瓶颈，使设备水平达到国际一流水平，例如针对拳头产品扁线电机，实现了校直、去漆、成型、绝缘检测、预插线的一次性加工成型，节拍提升一倍。这种优化使得相同节拍的设备数量由42台（未包含预插线工位）减少至5台，操作人员从20人减少至1人。以MOM系统为基础，建设了MES、ERP、QMS、WMS、SRM、APS、OA等一系列信息系统，并打通各系统间壁垒，实现数据互联互通。通过大数据技术应用、数字孪生技术、智能化柔性化、全方位生产线网络监控系统、全生命周期产品质量追溯系统、实时智能测控系统等场景，进行创新赋能（见图5-12）。

图5-12　方正电机新能源汽车电机未来工厂

资料来源：作者提供。

二、特色优势

1. 人工智能 + 预测性维护

基于旋转机械的机理模型，实现了对滴漆设备的关键部件——滴漆主链电机的预测性维护，降低了故障发生概率。使用人工智能的调度模型，减少了设备停机时间，提高了生产效率、降低了成本，并提供更准确的生产数据和决策支持。

2. 供应商数字化管理

建立供应商管理系统，集成大数据、知识图谱等技术，实现供应商数据管理以及基于数据分析的供应商评价、分级分类、供应商寻源、优选推荐，实现供应商全生命周期的数字化闭环管理。

3. 供应链风险预警与弹性管控

通过全面采集供应链信息，依托 SRM 系统实时反馈供应商以质量、交货准时性、成本控制等为代表的多维能力，预测和识别供应链管理中的潜在风险因素，并采取相应的措施来降低风险对供应链的影响。

三、未来方向

1. 智能化生产与工艺创新

继续深化人工智能技术在生产过程中的应用，通过引入先进的机器学习算法和数据分析工具，进一步提升生产线的智能化水平。专注于工艺创新，如扁线电机的一次性加工成型技术，实现更高效率和更高质量的生产。同时，持续优化 MOM 系统，整合 MES、ERP、QMS 等信息系统，实现生产流程的无缝对接和数据的实时监控，提高生产透明度和响应速度。

2. 绿色可持续发展与能效优化

致力于绿色制造和可持续发展战略，通过采用清洁能源和高效节能技术，减少生产过程中的能源消耗和废弃物排放。推动产品设计绿色化，使用可回收材料，优化产品生命周期末端的处理。此外，通过智能化能源管理系统，实时监测和分析能源使用情况，进一步优化能效，实现生产过程的绿色化和低碳化。

3. 全球供应链优化与风险管理

强化全球供应链的数字化管理，利用大数据、知识图谱等技术对供应商进行全面评估和精细化管理。建立更为弹性的供应链，通过风险预警系统实时监控供应链状态，及时识别潜在风险并采取应对措施。同时，探索多元化的供应源，减少对单一供应商的依赖，增强供应链的抗风险能力，确保供应链的稳定性和可靠性。

4. 人工智能深度融合与产品创新

探索人工智能在电机设计、制造过程以及产品性能优化中的深度融合与应用，利用人工智能算法，进行更复杂的数据分析，在产品设计阶段实现更高效率和更优性能的电机产品。通过机器学习和深度学习，模拟不同工作条件下电机的性能，预测潜在的故障点，优化设计以提高产品的耐用性和可靠性。利用人工智能开发自适应控制算法，使电机能够根据实时反馈自动调整性能，以适应不同的工作条件，为新能源汽车提供更加智能化的动力解决方案，增强公司产品的市场竞争力。

（浙江方正电机股份有限公司：杨海东供稿）

中国眼谷眼健康未来产业先导区

一、基本情况

中国眼谷眼健康未来产业先导区立足温州国家高新技术产业开发区与自主创新示范区，依托温州医科大学眼视光学科眼视光学和视觉科学国家重点实验室、国家眼视光工程技术研究中心、国家眼部疾病临床医学研究中心三大国家级科技创新平台，强化科技、教育、医疗、人才与产业的深度整合，汇聚全球先进理念和资源，推进以眼健康为核心的眼视光全链条科技创新和产业发展，全面打造世界一流的眼视光科技研发、产业孵化、学术交流、高端医疗和创新人才集聚区。2022 年 8 月，中国眼谷眼健康未来产业先导区入选浙江省首批未来产业先导区名单。

二、特色优势

1. 多链深融，招大引强，打造眼健康产业高地

面向打造千亿级眼健康产业集群目标，明确世界 500 强、跨国企业、上市企业招引核心地位，兴齐眼药、欧康维视生物等上市企业在中国眼谷设立生产基地；博士伦、强生等跨国企业依托中国眼谷设立运营中心和研发中心进入实质性阶段；累计招引注册企业 532 家，涵盖眼科材料、药物、器械、服务、智慧医疗、视觉延伸等领域。与中信医疗基金、泰岳资本、瑞力资本等签订战略合作和项目共引孵化协议，合作投资金融机构达到 62 家，建立规模和亿元的产业引导基金，企业累计到账融资金额达 23.3 亿元。

2. 引育并举，注重转化，夯实先导区眼健康人才高地

全面推进海内外高层次人才双向引育计划，构建海外引进人才与本土人才协调发展机制，实现产业价值最大化。汇聚全球眼健康智力资源，引进国内外顶尖人才 8 名、国家级领军人才 17 名、省级领军人才 36 名，汇集中高级专业技术人才 2000 名以上，洽谈高层次人才科技项目 60 余个。围绕眼脑集群，以中国眼谷、瓯江实验室为总引擎，推进人才培养全过程合作，高端人才和技术人才相结合，支持眼谷企业发展；加大高端人才科技转化和项目引入力度，EyeGPT、人工视网膜、眼科手术导航机器人、超高分辨率双光子显微镜等项目纷纷落地中国眼谷。

3. 创新联动，平台支撑，打造眼健康科研高地

联动发展温州医科大学、瓯江实验室、中国眼谷、国家药监局眼科药械临床研究与评价重点实验室、国家药监局真实世界研究重点实验室等高能级产业转化平台支撑，助力中国眼谷成为全国唯一的眼健康全链条科创体系。与海南博鳌超级医院眼视光眼科中心互为“飞地”“窗口”，实施海外落地注册药械引入温州研发生产发展规划，加速高新技术成果国产替代。充分发挥温州医科大学附属眼视光医院教育、科技、医疗、人才优势，支持企业开展科研提升、临床研究、先行先试项目；与眼健康公司共建企业联合研究院 35 家，塔尖重器集聚态势初步形成。

4. 智绘健康，独辟蹊径，打造眼健康医疗高地

立足产业园区创新技术开发应用，配套建设垂直研究型高端眼科医疗中心——中国眼谷超级眼视光医院，支持新技术产品引入推广；打造中国眼谷超级眼视光医院研究型医院产业支撑载体，立项建设全球最大的 I ～ IV 期眼科药物临床试验质量管理规范临床研究平台，支持新药械注册审批和新技术、新材料先行先试，推动医疗技术临床转化应用。对标国家战略，支持企业深度参与“明眸皓齿”工程，连续 12 次助力完成全市域、110 万名儿童青少年视力筛查和大数据研究；推动互联网医院、5G+ 远程诊疗平台建设，加强人工智能眼视光装备和信息系统开发，创新全球领先的智慧眼科诊疗体系，助力温州打造“全球首个基本消除视力障碍城市”。

5. 政策赋能，外拓内延，全力建设世界眼健康中心

以眼健康高端智慧医疗、创新服务为重点，新增投用科创园 A 区、汇联大厦、孵化大楼等产业空间 35.44 万平方米；以数字健康、眼脑科创孵化为重点，布局双创新天

地、数字产业中心（瓯江实验室）、中驰大厦等产业空间52.32万平方米。3.43平方公里先导区扩展辐射面积达11平方公里。产业政策不断加码迭代，2024年出台《温州市促进眼健康产业集聚发展若干政策》，对眼科药械研发、注册认证等20个方面给予大力支持。

三、未来方向

1. 加强专业化人才团队建设

加快全球引才，建立国际化平台运行和商务发展团队，打造职业经理人、技术经纪人和投资经理人团队。建立专业化支撑产业发展的科技开发和工程研发技术人才团队，与温州医科大学附属眼视光医院、瓯江实验室、国科温州研究院合作，支持落地国家级人才创业、转化项目，将产业引才和本土成果转化相结合，推进科技、产业、人才一体化发展。

2. 加快优质产业项目集聚

建立全球化招商地图和招商数据库，加快建成覆盖全国重点产业的孵化项目库。推动企业与高校、科研院所、医疗机构合作，支持校企合作，共同承担国家重点研发计划项目及课题、省重点研发计划和“尖兵”“领雁”项目等，支持温州医科大学附属眼视光医院开展临床研究。

3. 加速科创产业平台整合

联动温州医科大学附属眼视光医院形成全牌照支撑，支持温州医科大学、温州医科大学附属眼视光医院获批国家和省部级平台，支持建设新工科、新医科专业。以支持产品研发上市和企业发展为目标，推进临床医学研究平台、生物治疗研发平台等校企共建共享平台投用。

4. 加大产教研融合发展推动力

强化科技、产业、人才合作效应，持续强化中国眼谷合作企业对高校、科研院所、医疗机构的产业赋能作用，支持国家先进眼视光技术创新中心申报。推动眼科产业和学术交流融合，举办世界青年科学家峰会、国际眼健康科技创新与产业发展论坛、Nature Conferences-人工智能赋能医疗健康学术会议等系列会议，加强国内外眼科医药创新和产业发展合作，持续提升国内外品牌影响力。

（温州眼视光国际创新中心：徐良德、张晓铭供稿）

第六部分 创新企业篇

本部分选择16家人工智能领域的领军企业、行业应用企业和“专精特新”企业，对其基本情况、发展动态和未来方向进行介绍，展示了相关企业的创新能力、主要产品和服务应用，凸显了浙江省人工智能产业市场主体的创新活力。

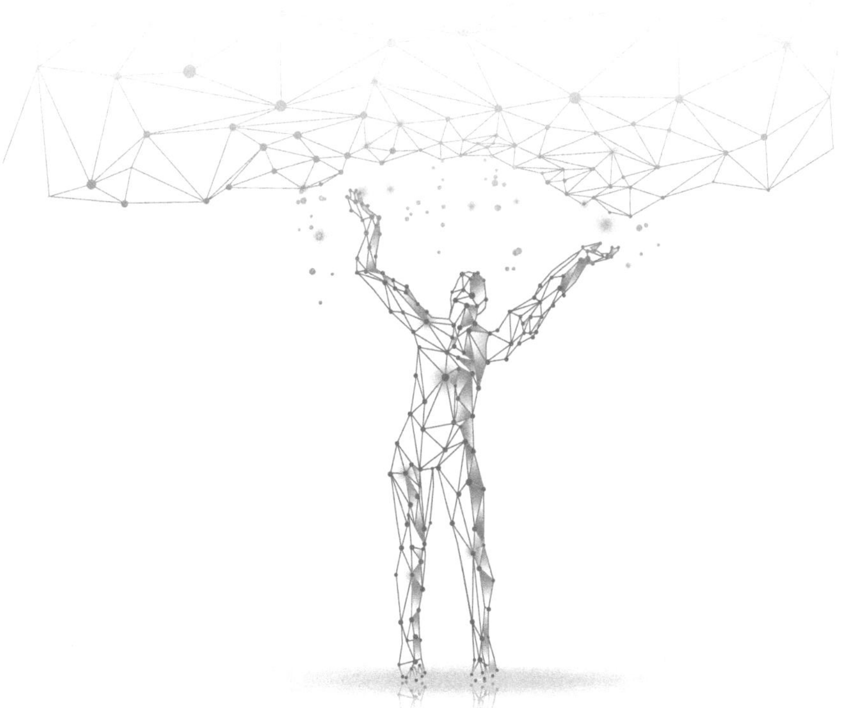

华为技术有限公司杭州研究所

一、基本情况

华为技术有限公司杭州研究所（以下简称“华为杭州研究所”）成立于2005年，是华为全国八大研究所之一，占地面积约345亩，建筑面积约32万平方米（见图6-1）。华为杭州研究所聚焦面向未来的信息与通信技术基础研究，为华为公司全球计算研发中心、“2012实验室”第二研发中心，主要开展计算、操作系统、数据库、编译器、机器视觉、车载移动数据中心等关键技术的研发，是华为在计算产业的重要战略布局，其中昇腾人工智能芯片、鸿蒙物联网操作系统作为杭州研究所主力攻关方向，已成为智能物联的底层技术栈的最优路线，广泛应用于各类行业场景。

华为杭州研究所注重高端人才的引育，近年来人才净流入居全国研究所前三，现有研发人员1.3万名，其中硕士及以上学历占比超65%。2021年5月，研究所筹建的博士后科研工作站被认定为国家级工作站，独立培养博士后科研人员26名，与浙江大学联合培养企业博士后科研人员2名，与中国科学技术大学联合培养企业博士后科研人员1名。

华为杭州研究所研发业务集中在杭州华为企业通信技术有限公司、杭州华为云计算技术有限公司。2023年，上述3家主体合计实现营业收入82.5亿元，缴纳税金12.9亿元。近年来荣获浙江省科技进步奖一等奖、服务业龙头企业、数字经济龙头企业、最具影响力新型研发机构、纳税贡献突出企业、鲲鹏企业等表彰。

华为杭州研究所作为华为全球计算研发中心，承担了华为计算产业基础研究和关键技术攻关等工作。研究所重点参与的鲲鹏、昇腾、欧拉、昇思等相关的软硬件研究成果在数字化、智能化、国产化的升级迭代过程中独占鳌头，成为我国数字基础设施建设的重要组成部分。

图 6-1　华为杭州研究所实景

资料来源：作者提供。

二、发展动态

1. 技术研发

依托华为杭州研究所，华为以鲲鹏、昇腾等“本地研”为基础，与本地企业在技术产品创新、市场拓展等方面积极合作，聚焦通用计算处理器鲲鹏、人工智能处理器昇腾等重点方向，推进实现计算产业关键技术突破，打造“国芯国魂”。

硬件方面，联合大华、安恒信息等龙头企业，联合打造“解决方案一体机”，助力杭州打造行业国产化数字底座，助力企业提升产品的自主可控能力竞争力。软件方面，联合恒生电子、新奇点等软件企业，联合发布基于鲲鹏、昇腾技术路线的软件解决方案，为数字经济注入新动力。生态合作方面，联合浙江大学等高校，协同打造基于鲲鹏、昇腾的科教创新孵化中心和产教融合基地，助力高校基于鲲鹏、昇腾的根技术创新开发。联合高校老师、开发者进行人工智能技术攻关及算子开发、框架优化等工作，加速人工智能生态的技术能力建设。

2017 年起，华为杭州研究所持续加大人工智能推理算力系统研发投入，累计投入研发费用超 5 亿元，申请授权专利超 70 件，成功开拓了一条自下而上（包括处理器架构、开发体系、服务器集成等）、独立自主的人工智能推理技术路线。华为 Atlas 800 推理服务器作为核心成果，基于高性能、高集成度的昇腾推理系列人工智能处理器，率先填补了国内在该领域的研究空白，关键部件及软件均实现自主可控，打破了美国在人工智能推理服务器领域的垄断格局，保障了国家信息产业供应链安全，极大地提升了国产人工智能服务器产品竞争力。

华为 Atlas 系列人工智能产品凭借其丰富的产品形态、开放安全的全栈能力，广泛应用于数字安防、智能制造、专精特新等科技创新产业。产品结合华为云一站式人工智能开发平台，可为企业“研产供销服”提供智能化服务，除预置集成多种成熟模型外，支持企业自主开发新算法、新模型，根据智能化场景实现“端—边—云”按需部署，充分挖掘人工智能技术红利。2022 年，华为 Atlas 800 推理服务器及其搭载的基础软件获得浙江省科技进步奖一等奖。

2. 产品开发

为更好地释放昇腾性能，华为构建了基于昇腾的全栈能力，包括计算框架 CANN、AI 框架 MindSpore 以及应用使能工具 MindX 等。

（1）计算框架 CANN。针对人工智能场景推出的异构计算架构 CANN 提升了用户开发效率和释放了昇腾人工智能处理器的澎湃算力，CANN 通过提供多层次的编程接口，以全场景、低门槛、高性能的优势，支持用户快速构建基于昇腾平台的人工智能应用和业务。

其具有如下优势：

一是统一 APP 编程语言，提供一套标准的 AscendCL 编程接口，对应用程序开发者屏蔽底层多种芯片差异，提升用户 APP 编程易用性；

二是统一网络构图接口，提供了标准的昇腾计算 AIR，支持多框架，支持用户在昇腾芯片上快速部署神经网络业务；

三是高性能计算引擎以及算子库，通过高性能编译引擎、执行引擎、调优引擎和预置高性能算子库，支撑客户快速部署神经网络业务、降低部署成本并最大程度发挥昇腾计算能力；

四是基础服务，CANN 还包含虚拟化、媒体处理、集合通信服务等基础服务，方便用户扩展及集成。

（2）AI 框架 MindSpore。作为一种全新的深度学习计算框架，MindSpore 旨在实现易开发、高效执行、全场景覆盖三大目标。为实现易开发的目标，昇思采用基于源码转换的自动微分机制，可用控制流表示复杂的组合。函数被转换成函数中间表达，可构造出一个能够在不同设备上解析和执行的计算图。在执行前，计算图上应用了多种软硬件协同优化技术，以提升端、边、云等不同场景下的性能和效率。昇思支持动态图，更易于检查运行模式。由于采用了基于源码转换的自动微分机制，动态图和静态图之间的模式切换非常简单。为在大型数据集上有效训练大模型，通过高级手动配置策略，昇思可支持数据并行、模型并行和混合并行训练，具有很强的灵活性。此外，昇思还有“自动并行”能力，通过在庞大的策略空间中进行高效搜索来找到快速并行策略。

（3）应用使能工具 MindX。MindX 是支持基于昇腾人工智能处理器的数据中心训练和推理硬件的深度学习组件参考设计，提供昇腾人工智能处理器资源管理和监控、昇腾人工智能处理器优化调度、分布式训练集合通信配置生成、推理服务管理、推理请求接入管理等基础功能，为上层模型训练、模型评估、模型部署、模型推理等应用提供底层软件支持，深度学习平台开发厂商可以减少底层资源调度相关软件开发工作量，快速赋能合作伙伴基于 MindX DL 开发深度学习平台。

三、未来方向

当前，人工智能已大规模服务于政府数字化转型、智慧城市、制造业数字工厂、电信人工智能算力网络、智慧金融服务、安全结构化场景解析等行业场景，加速各行业智能化升级。预计到 2030 年，中国人工智能核心产业规模有望超过 1 万亿元，带动相关产业规模超过 10 万亿元，推动劳动生产率提高 20% 以上，是实现产业数字化的必由之路。此外，2023 年初爆红的人工智能大模型 ChatGPT 标志着人工智能从“预测推断”到“生成创造”演进。大模型将为传统生产方式带来变革，从代码编写、文本生成、视频创作等应用场景向新型工业化等领域进一步拓展。国内大模型快速发展，已进入“百模大战”阶段，人工智能基础设施需求爆发式增长，人工智能进入基础设施竞赛时代。

未来，华为将继续加大投入“向下扎根”，落实“硬件开放、软件开源、使能伙伴、发展人才”的生态理念，持续牵引国产计算生态健康发展。华为将通过建设鲲鹏、昇腾适配中心，搭建软硬件适配、创新孵化、应用开发、人才培养基地，推进计算生态由第一阶段软件适配向原生开发迁移。

（浙江华为通信技术有限公司：侯勇供稿）

网易（杭州）网络有限公司

一、基本情况

网易（杭州）网络有限公司（以下简称“网易”）（见图 6–2）创立于 1997 年，2000 年在美国纳斯达克股票交易所挂牌上市，2020 年在香港联交所挂牌上市。自 2000 年上市以来，网易深耕业务，财务业绩实现可持续稳健增长，2023 年净收入 1035 亿元，非公认会计准则下归属于公司股东的持续经营净利润 326 亿元。员工总数近 3 万人，本科学历占比约 60%，硕士及以上学历占比约 30%，平均年龄 30 岁，遍布 40 个国家和地区。网易持续投入底层技术创新，聚焦主业持续加码技术自研，年研发投入达 165 亿元，创历史新高，以 16% 的研发强度领先行业，致力于利用先进的互联网技术，加强人与人之间信息的交流和共享，为海量用户提供优质的产品和服务。目前业务范围主要包括互动文娱、在线音乐、教育科技、电子商务、资讯传媒等，覆盖全国超过 10 亿用户。

图 6–2　网易公司实景

资料来源：作者提供。

二、发展动态

1. 人工智能大模型研发推进场景落地

面对 OpenAI 等美西方企业对中国人工智能大模型技术的封锁，网易前瞻性布局自研大模型技术，并已在多个垂直场景落地。

（1）教育大模型——子曰。网易智慧教育业务有道研发了国内首个教育领域的大模型——子曰（见图 6-3）。子曰已实现在 LLM 翻译、人工智能作文指导、语法精讲、虚拟人口语教练、AIBox、文档问答等六大场景的应用，并形成人工智能家庭教师、虚拟人口语私教、有道速读等成熟产品。其中，人工智能家庭教师小 P 老师能提供全学段、全学科的答疑支持，并根据学生的反馈和追问举一反三，引导学生自主思考。虚拟人口语私教 Hi Echo 已与雅思考试主办方英国文化教育协会合作，可为用户提供雅思口语模拟练习。有道速读可在 10 秒内阅读和理解长达万字的文档，并提供文章摘要、要点解读、领域综述等跨语言阅读功能。

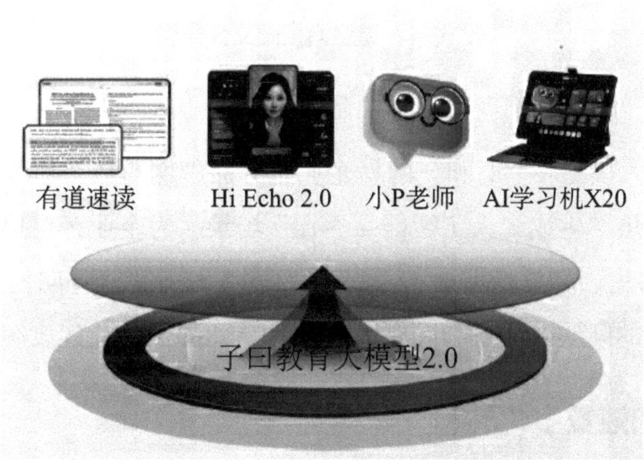

图 6-3　子曰教育大模型 2.0

资料来源：作者整理。

（2）图文大模型——易生诸相。网易伏羲实验室研发了数字文化领域的大模型——易生诸相（见图 6-4）。该模型参数规模突破千亿，并基于国产算力进行模型训练和优化，打通了大模型国产化的应用链路，目前已应用于数字文化、智慧文旅、智能制造等领域。

基于易生诸相，网易打造了有灵人机协作线上任务平台，为中小企业发布人机协作任务降低成本，并为灵活就业者提供数字经济就业岗位，可提供约 10 万个挖掘机远程驾驶员、人工智能绘画师、人工智能表情绑定师等数字经济就业新岗位。

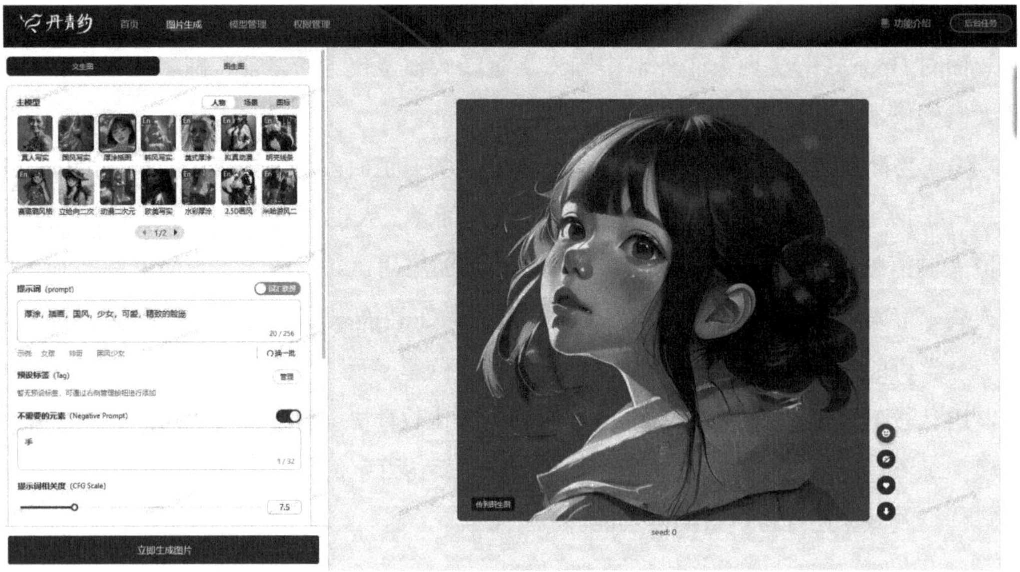

图 6-4　易生诸相图文大模型

资料来源：作者提供。

（3）企业服务大模型——商和。网易企业服务品牌网易数智研发了企业服务领域大模型——商和，聚焦“生成式人工智能 + 客服”场景，为企业客户提供人工智能在线座席辅助、知识库构建、客户指数分析、邮件工单、人工智能呼叫座席辅助五大应用方向，提升客服服务的问题匹配率和问题解决率，从而降低企业建设客服部门的成本。

2. 低代码平台加速数字化转型

低代码是一场针对软件开发的“效率革命”，同时具有低门槛和低成本优势，能够降低软件开发及运营成本，加速企业数字化转型。自研低代码平台成为应对软件领域技术“卡脖子”问题的重要路径。

网易 CodeWave 智能低代码开发平台基于网易自研智能模型底座，为企业提供一站式智能软件生产服务，IT 人员可以轻易实现从“智能生成”到“可视化拖拽调整”的全栈低代码应用搭建，使软件开发成本下降 60%，加快企业数字化与智能化进程。该平台是获得中国信息通信研究院技术认证最多的低代码平台，致力于实现软件生产线全链路自主可控，为各行各业数字化转型提供技术支撑。

3. 数实融合赋能实体经济

网易致力于把多年积累的游戏人工智能、智能交互等技术迁移到智能制造等领域，赋能实体经济，推动数实融合。

（1）智能挖掘机器人。网易基于数字孪生、虚拟交互及建模等关键技术，对传统挖掘机进行数字化、智能化改造，使其成为具备自动化能力的智能挖掘机，可实现高危作业的远程操控，解决高危环境下的用工难和人工操作安全问题。网易与中建八局达成战略合作，在海拔4000米、零下20摄氏度的四川理塘高原参与西南重点铁路建设，成为全球首台登陆高原作业的无人挖掘机。

（2）智能无人装载机。网易基于具身智能技术，打造智能化无人装载机器人及其配套调度平台。智能装载机器人主要用于混凝土搅拌站，采用无人驾驶技术，可实现智能路径规划、主动避障、自主作业等功能。智能调度平台利用数字孪生技术搭建搅拌站智能管理系统，实现对搅拌站和装载机的监测和控制，全面提高了搅拌站生产效率和安全性，大幅降低了运营成本。目前，网易伏羲无人装载机器人已应用于沪通铁路智能混凝土搅拌站，大幅提升了建设效率。该项目在世界互联网大会·乌镇峰会上入选"2023年度中国互联网企业创新发展十大典型案例"，并被工业和信息化部工业文化发展中心评为2023年工业元宇宙优秀案例。

（3）智能理疗机器人。网易基于机器人技术和人工智能算法自主研发的服务型通用理疗机器人，能够精准识别人体的穴位，配置4款不同理疗功能，为用户提供个性化的理疗服务。智能理疗机器人可以广泛应用于智慧养老、中医诊所、运动康复等场景，帮助提升理疗服务体验，极大降低理疗服务的成本。目前，网易已与浙江中医药大学达成战略合作，共同推动大健康行业智能化发展，开启智能理疗新里程。

三、未来方向

未来，网易将坚持提供创新、高质量的产品和服务，持续输出优质内容、提升用户体验，加快跨产业数实创新融合，以切实应用促进行业进步。

在产品创新方面，网易将加速推动人工智能技术应用实现业务突破，形成自研技术从研发、生产到大规模应用的产业链，引领数字内容体验创新变革。继续探索人工智能变革游戏体验的场景化落地，深化人工智能技术在音乐生产、消费、推荐全流程应用，提升教育智能化和个性化水平。

在数实融合方面，网易将与传统产业充分对接，加快探索智能制造、低代码等新技术在工程机械、智慧办公等场景的创新应用，推出基于3D数字孪生技术的工程机械远控平台，基于矿山、港口、搅拌站等实体场景需要，打造更加安全、高效的作业环境，服务安全生产，创造工程机械领域的新质生产力。

〔网易（杭州）网络有限公司：夏津京、刘秀颖供稿〕

杭州海康威视科技有限公司

一、基本情况

杭州海康威视科技有限公司（以下简称“海康威视”）成立于 2001 年，历经二十余年的发展，一步步突破“视频监控”“综合安防”的业务边界，现在将业务领域定位为“智能物联 AIoT”。2023 年，海康威视实现营业收入 893.55 亿元，比上年增长 7.44%；实现归属于上市公司股东的净利润 141.17 亿元，比上年增长 9.96%。目前，海康威视在售硬件产品超过 3 万种、软件产品超过 200 款，应用于 150 多个国家和地区，在杭州亚运会、G20 杭州峰会、北京奥运会、上海世博会、APEC 会议、英国伦敦邱园、德国科隆东亚艺术博物馆、北京大兴机场、港珠澳大桥等重大项目中发挥了重要作用。

技术创新是海康威视发展的驱动力。海康威视多年保持较高研发投入，2023 年研发投入约 113.95 亿元，占当年营业收入比重的 12.75%。公司现拥有全球员工 5.85 万人，其中研发技术人员 2.85 万人，占比近 50%。公司建有视频感知国家新一代人工智能开放创新平台、国家级企业技术中心、视觉感知技术研发与应用国家地方联合工程研究中心、图像识别国家专业化众创空间、国家级博士后科研工作站、浙江省智能感知技术创新中心、浙江省智能物联网络与数据安全重点实验室等研发平台；获得包括国家技术发明奖二等奖、国家科学技术进步奖二等奖、浙江省科技进步奖一等奖、中国电子学会科学技术奖科技进步一等奖等奖项 30 余项；获得国家卓越工程师团队、全国专业技术人才先进集体，以及第五届中国质量奖、国家技术创新示范企业、国家鼓励的重点软件企业、国家知识产权示范企业、制造业单项冠军企业、中国电子信息百强企业创新发展领军企业（30 年特别奖）等荣誉。

二、发展动态

1. 技术研发

海康威视早在2006年起就组建团队开始人工智能算法研究。2018年，海康威视推出了人工智能开放平台。2021年，海康威视正式启动了大规模预训练模型相关的研发工作。当前，海康威视已构建了一套完整的观澜大模型技术体系，在多维感知、模型精简、大规模平台软件等领域充分积累了技术能力，相关产品及解决方案将能帮助用户快速落地智能应用，提升自身竞争力。

近年来，海康威视把自身作为大模型落地应用的“试验田”，已将观澜大模型应用于自身的产品研发、生产制造等数字化转型升级过程中，同时也通过解决方案落地在千行百业中。截至2023年底，人工智能开放平台注册企业用户超过24000家，生成模型10万余个，并在制造、电力、铁路、港口、环保等120多个行业中落地应用。

2. 产品开发

海康威视不断将硬件技术、工艺材料、嵌入式软件、系统级应用软件开发、大数据技术、网络安全等通用技术与场景化应用技术进行组合、融合和集合，形成了从探测器、模组、设备到系统的完整产品体系。

（1）提升产品性能，增强产品竞争力。海康威视利用大模型小样本学习能力强、泛化能力强、性能上限高等特点，不断推出检出率、准确率更高的算法。以应用范围最广的视觉人工智能为例，观澜视觉大模型在数据治理、模型结构、预训练算法等方面进行深入研究，相比传统小模型，大大提高了感兴趣目标的检出率和准确率，降低误报率，在海康威视人工智能开放平台、海康云眸等平台中广泛部署，在智慧城市管理、智慧社区管理、自然资源保护等场景中取得广泛应用。

（2）提升落地部署能力，加速人工智能工程化进程。海康威视基于观澜大模型打造了“预训练大模型+场景微调”的算法开发范式，可显著降低对场景训练样本的依赖，并大幅缩短从数据收集到算法部署的全过程，使开发效率更高、落地周期更短、跨场景泛化能力更强。以海康威视推出的光纤传感产品为例，结合基于千万级光纤传感数据的光纤大模型后，可降低产品对信号解调质量及用户数据量（数据采集工作量降低90%）的要求。此外，光纤大模型融合了多种复杂场景下的特征信息，单一模型可兼顾不同场景差异性，实现用户现场快速部署。

3. 场景应用

（1）智能制造。海康威视通过全栈智能物联技术赋能企业运营技术的数字化，并推动产线、车间、工厂、园区、企业等各环节运营效率提升，助力企业数字化转型（见图6–5）。在生产的控制执行环节，应用智能物联技术，实现生产过程管理、数据采集等功能，帮助用户实现产线远程可视化管理及辅助执行。在产线的检测计量环节，可通过人工智能和工业检测的结合，实现产品加工过程防呆防错、产品外观缺陷在线检测、产品内部失效判断等精准高效的检测分析，并采用创新技术工具对尺寸、形状、数量等物理性状进行计量。在产线的生产运行环节，也可以依托传感器，对设备、作业、物流等各类要素的运行情况进行监测。

（2）智慧电力。随着新型电力系统建设加速推进，电力系统愈加复杂，设备数量不断增加，传统的管理与运维技术已不能满足需求，如何有效保障安全生产、感知设备状态、降低运维成本、提高设备使用寿命、提升运维效率和服务质量是当前面临的问题。大模型技术的创新和突破，为电力设备的智能运维带来新变革。诸如视频分析、图像分析技术被广泛应用于电力企业的生产运营环节，实现安全监管、提质增效、服务提升，助力保障电力系统安全稳定运行，减轻运维人员工作负荷。

（3）智慧铁路。铁路是综合交通运输体系的骨干，是建设现代化经济体系的重要支撑，而传统人工智能技术场景适用性差、数据样本积累少等问题阻碍着铁路智能化应用的进一步推进。为此，海康威视以多维感知、人工智能技术为核心，聚焦铁路线路安全防范、机辆检修保障、客运服务保障、货运管理增效、电力智能巡检等主要业务场景，通过大模型技术赋能多维感知及人工智能应用新模式，提升铁路各场景智能化应用成效。

（4）智慧港口。港口作为综合交通运输的枢纽，在促进国际贸易和地区经济发展方面起着举足轻重的作用，但在生产效率提升、安全隐患排查、环境保护治理等方面仍面临不少挑战。海康威视基于多维感知和人工智能分析能力，聚焦港口生产智能化、设备智能巡检、安全生产管理、港区智能安防等主要业务场景，通过大模型技术赋能人工智能应用新模式，提升智能化应用成效，助力港口数字化转型和高质量创新发展。

图 6-5　智能制造行业应用场景

资料来源：作者整理。

（5）智慧环保。优良的生态环境是城市运行的前提和基础，影响着生活、生产、公共管理等方方面面。海康威视以物联感知、人工智能技术为核心，聚焦大气环境监管、水生态环境监管、土壤环境监管、生态环境保护等主要业务场景，通过大模型技术赋能生态环境业务场景应用，提升智能化应用成效，助力生态环境高效监管。

三、未来方向

未来，海康威视将以全面的感知技术、丰富的智能产品、创新的智能物联应用，洞察和满足多样化需求，让智能触手可及，推动各行各业在数字化转型潮流中建设便捷、高效、安心的智能化企业。

一是将继续保持高强度的研发投入，持续加强和巩固智能物联技术基础，不断丰富智能物联设备种类，潜心挖掘智能物联应用机会，夯实智能物联领域的市场地位。

二是将以可见光为基础，不断拓展红外线、紫外线、X射线、毫米波等领域，探索声波、超声波等领域，不断推进温、湿、压、磁等感知手段，拓展多维感知融合应用，帮助人、物更好地链接，构筑智能世界的基础。

三是将持续积累人工智能和大数据领域的技术和产品，赋能千行百业智能物联应用，形成从感知到智能感知、从产品到解决方案、从数据到应用的完整体系，并融合技术能力和工程思维，助力行业加速数字化、智能化落地。

（杭州海康威视科技有限公司：陆展鸿、吴尔卡供稿）

浙江强脑科技有限公司

一、基本情况

浙江强脑科技有限公司（以下简称“强脑科技”）成立于 2015 年，是首家入选哈佛创新实验室的中国团队，也是中国脑机接口领域首家独角兽企业，致力于成为全球领先的非侵入式脑机接口技术解决方案供应商。强脑科技研发的 BrainRobot 智能假肢于 2019 年获得了美国《时代》周刊年度最佳发明并登上杂志封面，公司于 2023 年入选全球数字贸易行业企业百强榜（数字技术贸易创新力企业 Top25）。

公司超 70% 的核心科研人员来自哈佛大学、麻省理工学院、清华大学、中国科学院等顶尖高校和研究院所。截至 2024 年 4 月，公司在脑机接口领域的国内外专利布局有 550 余项，专利授权 360 余项，其中核心发明专利授权 190 余项。

强脑科技秉持“自主创新、科技向善”的发展理念，立足于开发前沿脑机接口底层应用平台和算法，并以服务人民生命健康为使命，致力于用科技产品帮助肢残人士、孤独症患者等弱势群体。经过长达 8 年的研究，在智能假肢（智能仿生手、智能仿生腿等）、智能康复（注意力提升等）、神经电子消费品（睡眠、教育、冥想等）推出产业化产品，率先实现了脑机接口领域产品（单品）十万台量产。

此外，强脑科技通过各类公益项目让来自困难家庭的肢残人士也成功用上了智能仿生手、智能仿生腿，如“前臂缺失公益项目”，已在广东省人民医院、郑州大学第三附属医院落地，所资助的前臂缺失者已遍布全国 70% 的省份。

二、发展动态

1. 技术研发

近年来，强脑科技团队攻克了多项非侵入式脑机接口“卡脖子”核心技术，在脑电信号采集材料、人工智能算法、工业设计制造等领域取得重大突破。公司研发的全新固态凝胶电极，在不需涂抹导电膏的情况下可具备低接触阻抗，用于采集精准度达到医疗级别的高质量脑电信号，极大提高脑电采集效率，助力公司建立全球最大的脑电神经电数据库。此外，公司将脑电计算从传统算法带向了人工智能算法的新时代，在应用深度学习算法的同时融入生物解剖学数据，最终算法在理论识别准确率上达到世界领先水平。基于突破性的脑电采集技术及核心算法能力，强脑科技研发出小巧、便携且准确率达到医疗级别 95% 以上的可穿戴脑电设备，有望帮助孤独症家庭重获康复希望，并可为睡眠障碍患者摆脱药物依赖和副作用。

强脑科技作为国内脑机接口技术领军企业，先后参加了 3 项国家重点科研计划。公司与北京安定医院共同参与科技创新 2030—“脑科学与类脑研究”重大项目（中国脑计划）。自主研发的开星果脑机接口社交沟通训练系统入选工业和信息化部人工智能医疗器械创新任务揭榜单位。目前正与上海瑞金医院、北京协和医院、浙江大学等国家重点医院和院校开展科研合作。

2. 产品开发

近年来，强脑科技采取研发升级同步策略，先后推出或迭代了智能仿生手、脑机接口社交沟通训练系统、助眠舒压系统、智能仿生腿等产品。

（1）强脑科技智能仿生手。强脑科技智能仿生手（见图 6–6）是一款融合脑机接口技术与人工智能算法的高科技康复辅具，通过采集、处理人体运动产生的肌电和神经电信号实现仿生手的动作控制。强脑科技智能仿生手通过构建仿生神经肌肉通路的方式，让残障人士精准控制每根手指、重建手部运动功能，辅助日常生活，重回工作岗位。

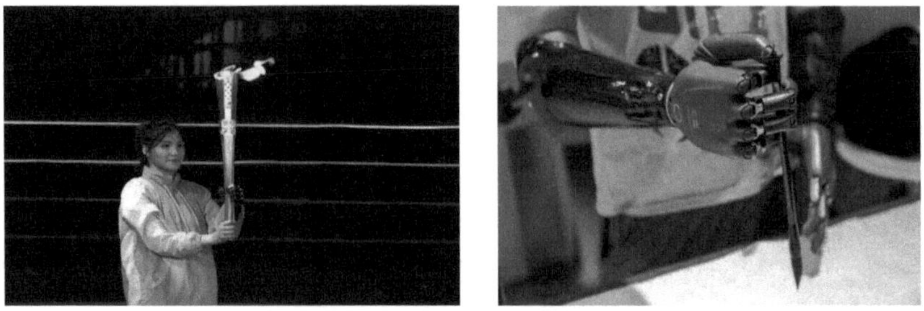

图 6-6　智能仿生手产品

资料来源：作者提供。

（2）强脑科技智能仿生腿。强脑科技智能仿生腿是一款在脑机接口领域开发的具有智能算法技术与控制系统的新型智能膝关节假肢。它可以通过传感器系统进行数据实时采集获取，经过算法处理后转化为指令控制产品的液压系统，从而做到针对当前运动状况进行动态的实时适配，满足残障人士在日常活动场景中所需要的动作自由度，使其可以像控制自己的腿一样控制假肢，舒适、安全、自由地行走。

（3）开星果脑机接口社交沟通训练系统。开星果脑机接口社交沟通训练系统采用可穿戴智能脑机接口技术，结合由行为分析师、认知心理学博士等联合开发的专业特教内容，针对孤独症谱系障碍儿童的本源性的脑神经发育障碍进行智能闭环神经反馈训练，由内而外提升社交沟通与行为能力，并帮助提高传统行为训练的效率。训练模块包含脑控视频训练、脑控动画训练（荣获 2021 年德国红点设计奖）、真人互动演练等。2021 年，中国康复研究中心国家孤独症康复研究中心儿童康复科开展了严格的随机分组安慰剂对照研究。结果证明，持续使用 60 次（每次 30 分钟）的开星果神经反馈干预，可以有效促进孤独症患者社交脑功能提升，显著提高语言表达、模仿、社交等能力。

（4）仰憩助眠舒压系统。仰憩助眠舒压系统是一套脑机科技硬件与移动应用程序相结合的智能助眠舒压解决方案。系统配套的 OxyZen 仰憩智能头戴设备，集脑电检测（EEG）及光学心率检测（PPG）于一体，可实时同步采集脑电、心率及血氧等生理维度数据，并通过人工智能算法将正念冥想状态量化为 0 ~ 100 的正念指数、平和度、觉察度等多维度指标。配套的 Easleep 深海豚脑机智能安睡仪（见图 6-7）将脑机接口技术与睡眠场景深度结合，开创闭环微电流刺激，利用 EEG 技术，结合人工智能算法，解译大脑在不同睡眠阶段的神经信号状态，是一款集脑电数据检测和声光电干预于一体的智能产品，用于改善用户睡眠质量。

图 6-7　Easleep 深海豚脑机智能安睡仪

资料来源：作者提供。

三、未来方向

未来，强脑科技将密切跟踪全球脑机接口产业的最新科研及产业动向，持续开发具有广泛应用场景的创新型产品，注重真实世界影响，持续引进国际高层次人才，构建我国脑机接口技术壁垒，加快推进脑机接口产业化进程，助力中国成为全球脑机接口产业高地。

研发方面，公司将持续对现有产品进行更新迭代，并计划在其他脑疾病干预、人机交互等方面开展深入研究和产品开发。公司将加大知识产权保护力度，尤其是在专利和标准方面进一步构建行业护城河，保持世界一流水平。一方面，加大与浙江大学、北京协和医院、上海瑞金医院、浙江大学精神卫生中心及中国科学院深圳先进技术研究院等科研院所的合作力度，做好产学研用结合和上下游产业链整合。另一方面，积极争取国家发展改革委、工业和信息化部、科技部等有关“人形机器人”“脑机接口”领域的重大专项，在国家级平台开展脑机接口相关的技术与产业应用。

市场方面，公司将持续深耕国内市场，并全面启动国际市场的拓展。在海外市场，强脑科技将采用线上和线下相结合的销售模式。通过经销商模式，加快智能仿生假肢的推广，打破传统欧洲企业对于这一领域的垄断。同时探索线上电商模式，推动睡眠仪、冥想设备等神经消费电子产品的品牌建设和市场推广。

（浙江强脑科技有限公司：董毅供稿）

杭州回车电子科技有限公司

一、基本情况

杭州回车电子科技有限公司（以下简称“回车科技”）成立于2014年，是一家领先的混合脑机接口公司。公司主要基于脑电、心率等多维度生理信号研发心理健康产品，旨在为失眠干预、认知障碍康复、抑郁症干预等领域提供更先进高效的解决方案。

作为硬件、软件、算法全流程国产化的脑机接口公司，回车科技在脑机接口领域拥有70多项核心知识产权，其中发明专利达到31项，获得第五届中国“互联网+”大学生创新创业大赛全国总决赛亚军和最佳创意奖、RoboCup机器人世界杯中国赛一等奖、香港环球资源展最佳科技奖和最佳选择奖、海峡两岸青年（高校）创意创新创业邀请赛“特邀参展项目”等荣誉。

二、发展动态

1. 技术研发

目前，公司已构建完成了回车大模型管理平台，可帮助用户更高效和个性化地使用各项功能，进行更加智能的交互。大模型交互管理方面，平台对接文心一言、Kimi、讯飞星火、通义千问等国内主流的各类LLM。管理平台会根据用途所需，选择合适的LLM，不同LLM之间互为补充、互为备份、相互协调。应用管理方面，平台管理调用大模型的各种应用，目前回车的各类应用程序均已对接完成，可按照不同应用所需，调用合适的大模型。数据管理方面，平台可以调用脱敏后的用户数据，如个人信息、对话记录、个人偏好、健康数据等。安全管理方面，主要是数据安全、权限安全的管理，保证平台安全稳定运行，确保用户个人信息安全。

2. 产品开发

回车科技的重点产品主要包括两大方面：一是从硬件、软件到算法全套集成的，基于多模态生理参数的混合脑机接口解决方案，广泛应用于心理健康管理，特别是在情绪识别、压力管理和认知功能提升等方面，可为其他企业甚至医疗机构提供快捷易用精准的混合脑机接口解决方案。回车科技的 C 端产品也均在此解决方案的基础上进行设计。二是人工智能的应用。回车科技主要将人工智能应用在数据处理和智能交互两方面，不仅可以识别出用户的健康趋势和潜在的医疗问题，还能预测用户的行为模式和可能的心理变化，同时也能及时有效地提出建议或者干预措施。此外，与用户进行智能交互，可增加用户的体验感。

C 端产品主要包括：（1）FLOWTIME 智能冥想头环（见图 6-8）。通过超轻的简约设计、高精度的信号采集，在用户进行冥想练习时，无感实时精确地监测其生理信号数据，并在练习后生成专属报告，帮助用户更好地进行冥想练习。（2）易休脑电助眠眼罩（见图 6-9）。易休脑电助眠眼罩是一款采集并分析用户的脑电波，智能判断用户睡眠情况，并且通过音乐的方式帮助用户快速入眠的产品。易休脑电助眠眼罩成为国内脑机接口领域销量最大的单品之一，累计出货量超过 10 万台，销售额超过 4000 万元。

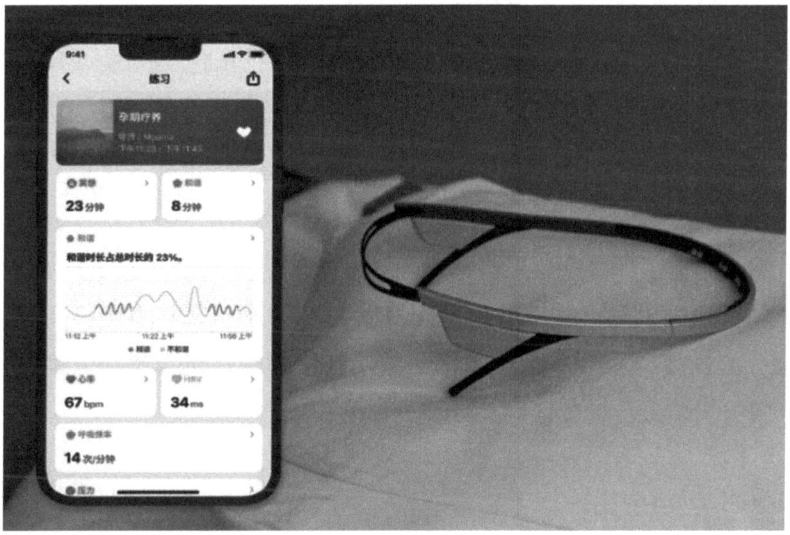

图 6-8　FLOWTIME 智能冥想头环

资料来源：作者提供。

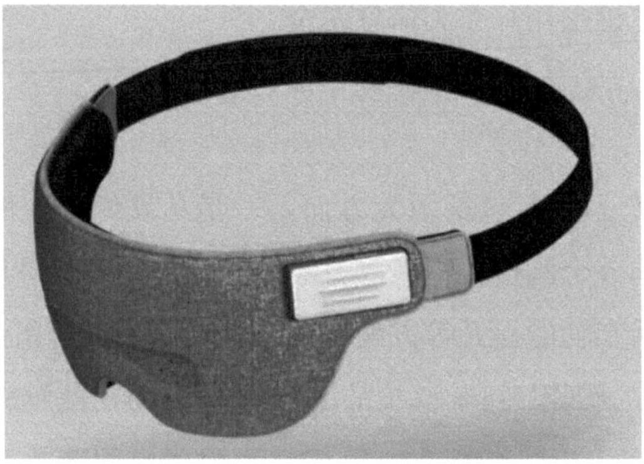

图 6-9　易休脑电助眠眼罩

资料来源：作者提供。

B 端产品主要包括：（1）脑机接口传感模块。基于自主研发的前额双通道脑电波、前额心率综合采集模块，多种设计方案供参考，可以缩短产品设计开发时间，快速实现产品量产。工作功耗低和待机功耗低，适合穿戴式设备，可以大大延长设备工作时间。可提供蓝牙、串口、IIC、SPI、USB、Wi-Fi 等多种接入方式。（2）情感云计算平台（见图 6-10）。回车情感云计算平台可以通过对多维生理数据（包括脑电波、心率等）的综合分析，实时反馈生理、情感状态。终端设备通过蓝牙、板载串口等方式来连接回车的混合脑机接口模块，控制其采集生物电信号。同时在相应的应用程序中集成情感云计算接口，将采集到的生物电信号数据发送到云端，云端通过算法分析后返回应用程序的情感计算值。目前，回车情感云计算平台已实现基础生理数据（脑电波、心率、脉搏、呼吸、皮肤电导率等多模态生理数据）、注意力（含儿童专注力）、放松度（含儿童放松度）、压力水平、愉悦度、激活度、和谐度、睡眠分析等相关计算，后续将会陆续开发更多情感计算的功能。服务客户涵盖数字疗法、XR、教育等诸多行业。目前，平台已采集累计超过 300 万组有效人类脑电波及其他多模态生理数据，覆盖全球多个国家和地区，在脑机接口领域处于领先地位。（3）脑机接口 BMI-VR 一体机（见图 6-11）。融合脑机接口、VR、生物反馈、数字疗法的一体机及解决方案，主要应用于心理健康、康复训练以及教育领域。

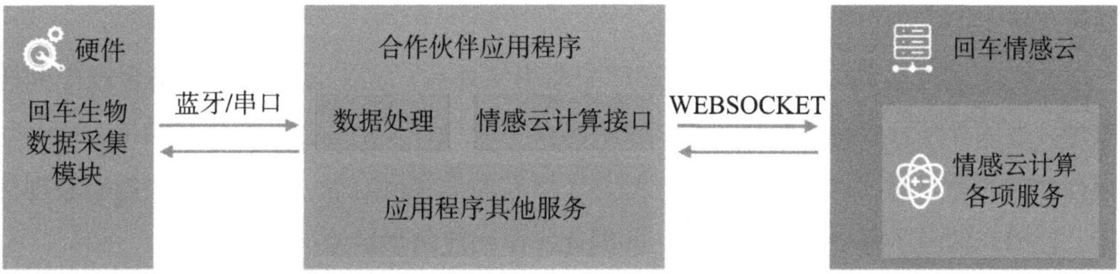

图 6-10　情感云计算平台架构

资料来源：作者整理。

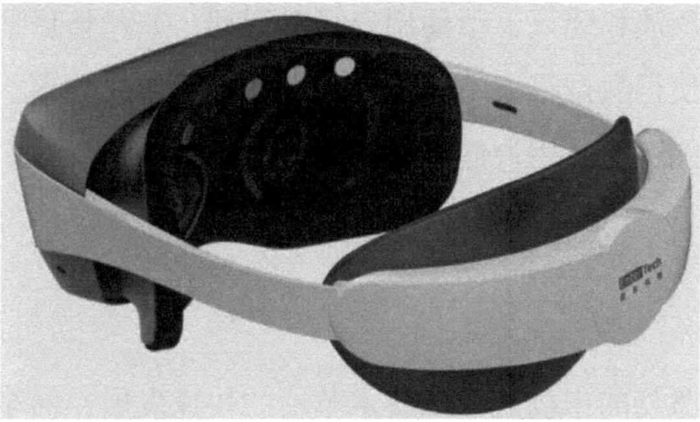

图 6-11　脑机接口 BMI-VR 一体机

资料来源：作者提供。

3. 场景应用

（1）人工智能神经网络处理器。回车科技的产品搭载先进的神经网络处理器（NPU），能够独立完成从信号预处理到人体状态判断的全部计算过程，可对多模态信号数据进行降噪、滤波等信号预处理，对多模态信号进行时序对齐、信号融合，并提取融合后多模态信号的融合特征，运行深度神经网络（DNN）和循环神经网络（GRU）的人工智能网络，使得数据处理和分析更加高效和准确。

（2）人工智能驱动的冥想引导与睡眠辅助。回车科技利用人工智能技术，创新性地在冥想和睡眠辅助场景下，为每一位用户提供专属的音频内容。通过分析用户的信息（脱敏）及数据，人工智能能够生成个性化的冥想引导音频、睡眠辅助音频等，为每位用户提供高效且独一无二的体验。

①人工智能使得数据分析更为高效。利用先进的神经网络模型，可对用户的脑电波、心率、血氧等多模态生理信号进行实时分析。通过深度学习、算法不断优化和训练，可在使用过程中实时处理和分析大量生理数据，确保即时反馈和互动，提升用户体验，也

使得产品在实际应用中更及时有效。

②人工智能自动生成数据报表。产品使用结束后，人工智能可自动整合收集到的数据，生成详细且直观的数据报表。报表不仅可展示各项生理数据的统计结果，还有对数据分析的深入解读，如用户的健康趋势、潜在的健康风险等，为用户提供健康管理信息，让用户清晰了解自身健康状况，并据此作出相应的生活或行为调整。

③人工智能数据报表解读及建议。利用人工智能进行数据报表解读，可以将复杂的数据、统计信息以及晦涩难懂的指标参数转化为易于理解的语言和视觉表示，帮助用户更好地理解各项数据指标所代表的意义，把握关键信息。同时结合数据报表，人工智能可以给用户提供健康反馈和建议，帮助用户采取行动，如调整睡眠习惯、改变饮食、适当锻炼等。人工智能使得数据报表不再是抽象和难以捉摸的数字，而是有意义、可操作的健康信息，是一个能够促进用户健康改善的工具。

三、未来方向

当前，面对日益激烈的市场竞争和技术革新的快速发展，回车科技在推动混合脑机接口技术和人工智能技术进步的同时，也面临一系列问题和挑战。一是混合脑机接口技术依赖精确和可靠的算法来解读复杂的生理数据，不断提升算法的准确度和降低误判率是技术发展的关键。二是随着大数据和人工智能技术的使用频率增加，用户的隐私信息（如健康数据）可能面临安全风险，公司必须确保数据的安全性。三是随着越来越多的企业进入脑机接口和人工智能领域，市场竞争必将日益激烈，公司必须持续考虑如何保持技术创新和差异化，并为用户提供更好的产品和服务。四是尽管脑机接口以及人工智能的潜力巨大，但普遍来看用户对技术的了解有限，提升市场接受度和用户教育水平是市场推广工作中的重要任务。五是持续的技术研发需要大量的资金和资源支持，公司必须吸引和留住优秀人才。

未来，回车科技将继续深耕混合脑机接口技术和人工智能领域，特别是在心理健康、认知训练和增强等领域的应用深化和创新。同时，加强与国内外科研机构和医疗机构的合作，提升混合脑机接口技术的临床价值，为社会带来更多实质性的益处。

（杭州回车电子科技有限公司：李哲越供稿）

杭州炽橙数字科技有限公司

一、基本情况

杭州炽橙数字科技有限公司（以下简称“炽橙科技”）成立于2015年10月，是一家专注工业领域数字化和智能化的高科技公司，自研的“超真云·工业智能交互底座系统”在国内工业元宇宙领域处于领先位置。公司是国家高新技术企业、浙江省专精特新中小企业，建有省级高新技术企业研究开发中心，与浙江大学先进技术研究院合作共建成立先进智能数字孪生联合研究中心。“国产工业元宇宙智能交互底座—超真云系统”入选2023年度浙江省先进（未来）技术创新成果。

公司技术研发团队由首席科学家、中国工程院院士谭建荣领衔，自主研发了一套符合中国现代工业特点的工业智能交互底座系统，创新融合图形图像学、虚拟现实、数字孪生、人工智能等技术，为企业生产制造、产品营销、运维售后等“人—机—数”协作场景提供跨平台、轻量化、多模态、人工智能驱动的中国工业元宇宙解决方案。目前，公司技术产品在700多家工业企业、100多所院校、海陆空战支四个军种和四大核电集团得到应用验证。

二、发展动态

1. 技术研发

（1）以数字孪生为关键方法挖掘虚实融合场景价值：基于自研几何内核，提供面向复杂工业的图形化工具引擎，贯穿产品、装备、生产、管理、服务等制造业全价值链。在建设阶段提供敏捷高效的规划方法，在生产阶段提供动态适应的优化手段，在流程再造阶段提供精益管理与精度保障。同时，区分细分行业与企业规模，有针对性地推进落地。面向大型企业提供基于实时数据驱动、模型降阶优化的解决方案，面向中小企业提供高性价比的数据采集和分析预测方法。

（2）全面应用深度机器学习技术构建智能体：持续打造适配垂直行业、标准化、可灵活部署的实时计算平台，对生产全过程进行质量管控和追溯，突破传统数据移交过程中孤立、分散等结构性难题，提高数据复用效率，让全生命周期系统建模可追溯、可验证。同时，大力构建面向核电等垂直领域的大模型及知识图谱应用，加速从数据到知识再到企业智慧凝练的过程，并推进“大模型 + 记忆 + 规划技能 + 工具使用”的运维助手等智能体落地。

（3）赋能标准库、模型库、算法库等应用创新能力：已构建 15.5 万个几何物理模型、业务流程模型、模拟仿真模型、行业机理模型与数据算法模型。利用丰富的组件化功能，形成数据采集、数据处理、工业机理（工控驱动、信号分析、规则引擎、建模仿真）、机器智能（特征工程、机器学习）等组件，实现知识的模型化，服务于工艺流程的优化，支撑智能应用开发和多云部署交付，以持续优化工艺流程。

2. 产品开发

炽橙科技基于长期服务企业数字化转型的经验，自主研发“超真云·工业智能交互底座系统”，该系统基于自研工业几何内核及图形引擎的内容创作、数字孪生、机器智能与生态互联等板块，形成 10 余个组件组成的 aPaaS 融合云平台，适配中国工业的新质生产力软件系统及开放平台服务，聚焦企业生产制造、产品营销、运维售后等关键环节，实现全场景虚实融合、云边端融合、产业数据场景化，助力工业企业打通数字化转型“最后一公里”。

（1）内容创作类：MetaManual 超真云手册，升级基于 S1000D 业务规则的结构化写作标准规范，提供零代码、轻量化的完整编辑工具集，并引入智能化生成技术，大幅提升技术手册研制和维护效率，全面替代传统纸质产品说明书，提升全行业产品数字化应用水平。SpaceGallery 超真云展厅，基于 WebXR 技术构建一站式产品聚合展示编辑工具，以跨平台沉浸式体验打破时空限制，让用户畅游云端开放空间，加强对产品品质、企业服务的认知，助力产品数字化展现及商业触达。ImmerXR 超真云协同，自研空间计算技术底层算法，结合以机器视觉为主的 AI+XR 技术，拓展虚拟实训、实时多人协同、远程指导、可视化运维、智能巡点检、元宇宙展厅等场景应用，发掘 XR 在工业领域的更大价值。

（2）数字孪生类：BOMFlow 数字交付引擎，以自研 3D 引擎工程实践为基础，对工程项目建设阶段的静态信息进行数字化创建和交付，主要面向图纸、模型、文档与标准建设综合管理平台，消除业务单元间的数据孤岛，跨越从建设到应用的鸿沟，在交付中实现数据价值共享。PlantSCADA 工业组态引擎，通过 2D+3D 的图形化编排，实现工业过程和设备的可视化监控与优化，提高设备联网和生产过程的智能化水平，支撑精细化生产与管理。SimuReal 数字孪生引擎，整合 IoT 和仿真模型，打造超大规模、实时互联、人工智能驱动、虚拟调试的数字孪生体，服务复杂工业系统从建设规划、生产控制到流程再造的全过程，涉及数据全集成、预测性维护、厂内物流调度、资源计划排程等细分场景应用，以及面向先进核能的在线监测、实时仿真及基于物理指引和数据增强的数字孪生方法。

（3）机器智能类：XRKG 多模态知识图谱，从原子化碎片知识，到系统化知识工程，让多模态知识图谱与垂直领域模型融合协同、相互增强，助力从数据到知识再到企业智慧凝练的闭环，催化知识传承效率与效益，促进行业智能涌现。GNOSIS 真知垂直模型，面向特定领域，基于全栈国产化基础软硬件平台，采用先进的深度学习和知识图谱技术，将通用自然语言模型与领域知识相结合，积极探索多模态学习方法，打造多模态大模型，支撑全场景智能应用，有效提升推理能力、决策效率和质量。

（4）生态互联类：CCHUB 数据智能中枢，针对海量、高频的工业数据，通过云边端数据实时连接、处理与挖掘实现多元异构数据融合，与现有信息系统集成互通以形成更强的建模分析与智能决策能力，支撑构建智能化应用。超真云开放平台，提供基于 API/SDK 的开发套件、算法模型、仿真组件等开放能力，并与生态伙伴共建云市场，支持开发者快速构建符合业务需求的应用场景，实现工业智能应用的快速迭代升级。

3. 场景应用

炽橙科技基于自研工业图形引擎与智能交互底座，赋能企业开发者构建多价值场景的智能应用。

（1）数字孪生工厂领域：基于“超真云·工业智能交互底座系统”，采用新型工业化产线机器人离线编程与虚拟调试技术和方法，将分布式人工智能技术结合蚁群优化，从厂内物流关键场景切入，推出零代码机器人编程引擎 RoboLink，内置轨迹规划、碰撞检测、抓取规划等智能算法，基于可视化编程界面一键仿真，加速在虚拟环境中产线的编程和规划，实现产线级别场景搭建、视觉引导上下料与精密装配、运行轨迹智能提取等主要功能，助力相关制造业企业缩短产能爬坡和中间换线周期，实现柔性生产与实时参数控制决策，以优化工艺、降低生产成本、提高资金周转率（见图6–12）。

图 6–12　基于“超真云・工业智能交互底座系统”的数字孪生工厂

资料来源：作者提供。

（2）新一代知识工程领域：结合人工智能、机器学习、自动化与数字孪生技术，提供历史数据与实时数据情境式洞察，采用无监督和有监督式机器学习帮助改进生产流程，构建垂直领域资产数据和预测性模型，提高机器利用率，增进互连、预测和自我优化。以冲压产线为复杂生产系统的典型场景，采取知识资源统一管理、冲压产线优化、各领域知识工程建设等方法，通过对知识图谱的应用，在有关产线实现实时更新查询、深度链接分析、分布式支持和多部门多人协作等关键技术的融合应用（见图 6–13）。系统通过高吞吐量的实时数据处理和灵活的查询语言，迅速响应生产线上的变化，全面理解各环节间的复杂关联，为生产决策提供精准支持，提高生产效率和决策智能化水平。

（3）国防军工装备技术保障领域：以多模态大模型为核心，基于全栈国产化软硬件平台，推出“大模型 + 运维助手”“大模型 + 虚拟人”“大模型 +XR 硬件”三大解决方案，交付全场景智能应用。打造 GNOSIS 真知垂直模型，采用先进的深度学习和知识图谱技术，通过学习分析大量复杂的装备保障业务数据，将通用自然语言模型与领域知识相结合，积极探索多模态学习方法与检索增强、模型蒸馏技术，构建多域知识的垂直模型，提供核心的知识表示与推理能力。同时，以多模态、预训练、指令精调、强化学习、小样本学习与知识图谱辅助增强技术为基础，输出“AI+IETM”交互式维修助手应用，实现交互式排故、多模态交互、3D可视化、文档智能等功能，提高复杂装备智能化技术保障能力。

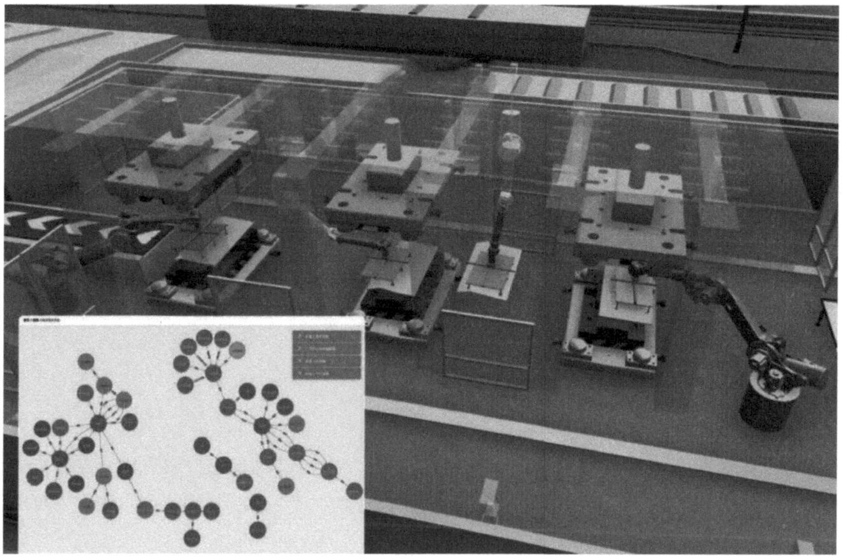

图6-13　冲压产件场景

资料来源：作者提供。

4. 重点产品

“超真云引擎”是炽橙科技面向智能制造及数字孪生场景研发的新型工业软件，基于自研轻量化几何内核超真云，整合CAX与PDM产品数据管理等功能，实现主流工程模型格式的广泛兼容，支持云端2D、3D几何建模构造与参数化特征建模，优化云原生交互协同与算法执行效率，在建模精度、对象追溯、数据存储与大场景轻量化等方面具有国际竞争力。“超真云引擎”聚焦核电、军工、汽车等领域，具备高安全性、高性能、易维护等特点，已广泛应用于工业品可视化与数字样机、售前触达与售后运维、工厂运行管理与工艺流程优化等场景。

三、未来方向

未来，炽橙科技将持续以国产元宇宙智能交互底座软件为支撑，瞄准工业元宇宙未来产业，不断加大研发投入力度，打造自主创新高地，让数字化、智能化技术更好地服务实体产业转型，推动传统行业向数字化、智能化方向发展。

（杭州炽橙数字科技有限公司：王长林供稿）

浙江大华技术股份有限公司

一、基本情况

浙江大华技术股份有限公司（以下简称“大华”）是全球领先的以视频为核心的智慧物联解决方案提供商和运营服务商。公司是国家高新技术企业，2008 年 5 月成功在 A 股上市（股票代码：002236）。2023 年，公司实现营业收入 322.18 亿元，同比增长 5.41%；归母净利润 73.62 亿元，同比增长 216.73%；扣非归母净利润 29.62 亿元，同比增长 87.39%。2008—2022 年连续 15 年被列入中国软件和信息技术服务综合竞争力百强企业；连续 16 年入选全球知名科技媒体 *a&s* 发布的“全球安防 50 强”榜单；获评国家级工业设计中心、浙江省人民政府质量奖、浙江高质量发展领军企业等荣誉，在 Omdia 发布的《全球视频监控市场报告 2023》中全球视频监控市场占有率排名第二位，是中国智慧城市建设推荐品牌和智慧物联与安防生态领域最具成长性企业。

公司现拥有 23000 名员工，其中研发技术人员占比超 50%。公司每年将 10% 左右的销售收入投入研发，不断致力于技术创新，建立了先进技术研究院、大数据研究院、中央研究院、网络安全研究院和未来通信研究院。依托对智慧物联的深入洞察与布局，公司持续探索新兴业务，拓展了华橙网络、华睿科技、华感科技、华锐捷、华视智检、华消科技、运营公司、华忆芯等创新业务。

公司拥有国家级博士后科研工作站、国家企业技术中心、国家创新型试点企业、浙江省企业研究院、浙江省工程研究中心、浙江省重点实验室，现拥有 38 项国家级科研项目。公司申请专利 9700 余件，其中申请国际专利 800 余件。目前，公司人工智能研发团队超过 1000 人，累计发表 120 多篇核心期刊论文，申请 2400 多件人工智能发明专利，承担国家和省部级人工智能科研项目 22 项。

大华的营销和服务网络覆盖全球，在亚洲、北美洲、南美洲、欧洲、非洲、大洋洲建立了69个海外分子公司，在国内设立了200多个办事处，为客户提供快速、优质的服务。公司产品和解决方案覆盖全球180多个国家和地区，广泛应用于智慧城市、交通、民生、制造、教育、能源、金融、环保等领域，并参与了2022年北京冬奥会、中国国际进口博览会、G20杭州峰会、2016年里约奥运会、厦门金砖国家峰会、2022年上海世博会、2010年广州亚运会、港珠澳大桥等重大工程项目。

二、发展动态

经过多年的持续积累，公司构筑了“1+2”的人工智能能力体系，深入超8000个细分场景，为人工智能相关算法和工程技术奠定了坚实的基础。2023年，大华基于丰富的行业和细分场景业务经验，面向以视觉为核心的智慧物联领域，发布了多模态融合的行业视觉大模型——大华星汉大模型，通过融合图像、点云、文本、语音等多模态数据，大幅提升视觉解析能力。

1. 技术研发

公司以四层技术架构为核心，构建人工智能科研和工程能力。基于该人工智能能力体系，面向海量碎片化需求，提升了算法供给能力，让更多客户分享人工智能的红利并获得优质体验。

（1）持续完善架构体系，高效满足场景化人工智能需求。四层技术架构（见图6–14）由巨灵平台、算法组件、通用算法方案和行业算法方案组成，从技术端解耦，提供了端到端的高效场景化方案定制开发能力，加快推进行业智能化落地。

（2）人工智能基础技术科研能力。公司持续加强人工智能基础技术研究，确保算法在行业的持续领先。通过深挖需求和行业痛点，结合人工智能技术尤其是大模型技术的发展趋势，重点在单模型多任务、小样本学习、深度遗传编码技术和可信人工智能等领域进行技术攻坚，增强智能化产品和解决方案竞争力，加速人工智能的产业化进程。

（3）人工智能工程能力。在人工智能工程能力方面，公司在模型压缩技术、场景化算法工程落地等领域持续进行深耕，提升产品性能和竞争力，加速人工智能产业落地。

2. 产品开发

公司构建“五全”能力基座（见图6–15），融合技术与应用，建立起行业领先的

"视频与非视频多模态感知、感知到认知智能全覆盖、多元化连接、端边云融合计算"物联基础设施研发与解决方案闭环服务体系，持续保持技术与产品的行业领先性。

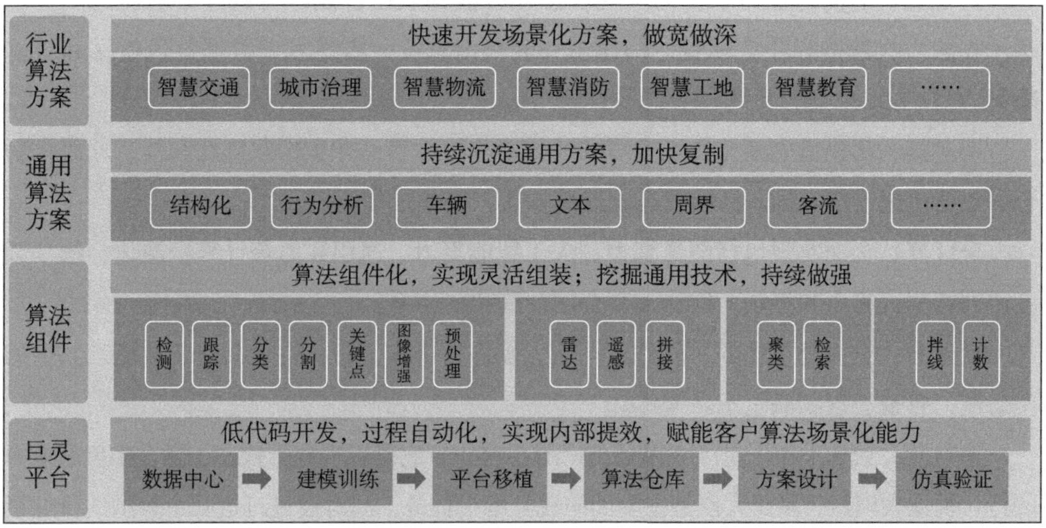

图 6-14 大华人工智能开发技术架构体系

资料来源：作者整理。

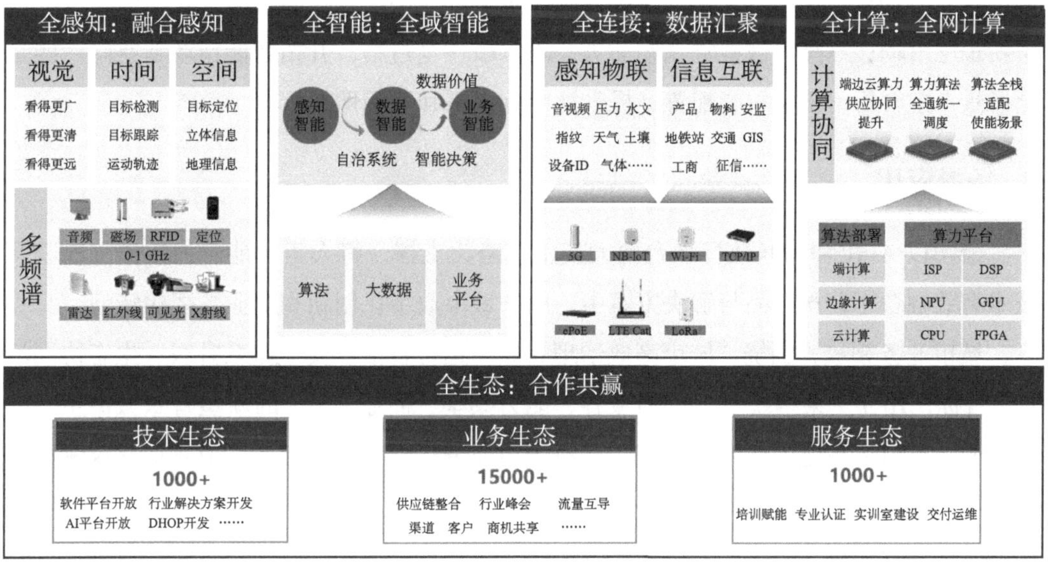

图 6-15 大华"五全"能力基座

资料来源：作者整理。

全感知：通过视觉、多频谱、时间、空间等多维融合应用，保持产品与技术的场景精准适配，构建一套行业领先的全方位感知体系，在数字世界真实呈现物理世界。

全智能：面向行业需求，为实现从感知智能到数据智能，再到业务智能的闭环，基于算法、大数据和业务平台，构建了一套自治系统，实现客户数据价值挖掘和智能决策。

全连接：构建适应多元化场景需求的数据连接体系，夯实物联感知和信息互联相融合的数据价值连接基础，持续提升物联感知接入与集成能力。

全计算：全面实现包括图像算力、人工智能算力、通用算力等计算资源化，统一调度协同端边云算力和算法，构建一套全网计算架构体系。

全生态：全面开放业务、软件、算法、硬件等合作生态，构建共建、共赢、共生的生态圈，打造智慧物联生态共同体。

2023年，公司发布了星汉大模型（见图6–16），它是以视觉为核心，融合多模态能力的行业视觉大模型。星汉大模型主要面向视觉解析任务，同时通过打造几个典型的行业视觉大模型来沉淀出一套计算框架，依托这个计算框架，再打造更多的行业视觉大模型。

星汉大模型具有以下主要优势：一是推动准确性和泛化性跃升，提升业务竞争力，加速智能市场规模扩增；二是通过图文提示定义新功能，直接满足碎片化功能，高效覆盖新长尾市场；三是突破视觉认知能力，理解事件全过程，开拓智能市场新空间；四是全场景自主解析，简化智能配置，提升智能化水平和可用性。

3. 场景应用

公司以AIoT和物联数智平台两大技术战略为支撑，将人工智能、大数据、物联网技术有效融合于公司产品与解决方案中，服务城市数字化创新和企业数智化转型。

城市业务领域，围绕“城市高效治理、城市运行自治、安全体系升级、生态协同治理”目标，建立“架构统一、利旧兼容、能力共享、商业开放”的新型智慧城市生态，在交通、港口、民生、环境等领域，深耕城市业务场景，为城市各行业领域提供领先的智慧物联解决方案，服务城市数字化创新，助力实现人与自然、人与社会、人与城市和谐共生的美好愿景。

企业业务领域，将人工智能、大数据等先进技术与行业场景深度融合，洞察产业变革趋势，深入千行百业，挖掘企业数字化、智能化需求，为每一位客户提供优质的数智化升级解决方案。在建筑、教育、制造、石化、煤炭、电力、钢铁、农业、物流、文旅、医疗、金融、商业连锁等领域，公司积极进行创新实践，围绕保障生产安全、提升

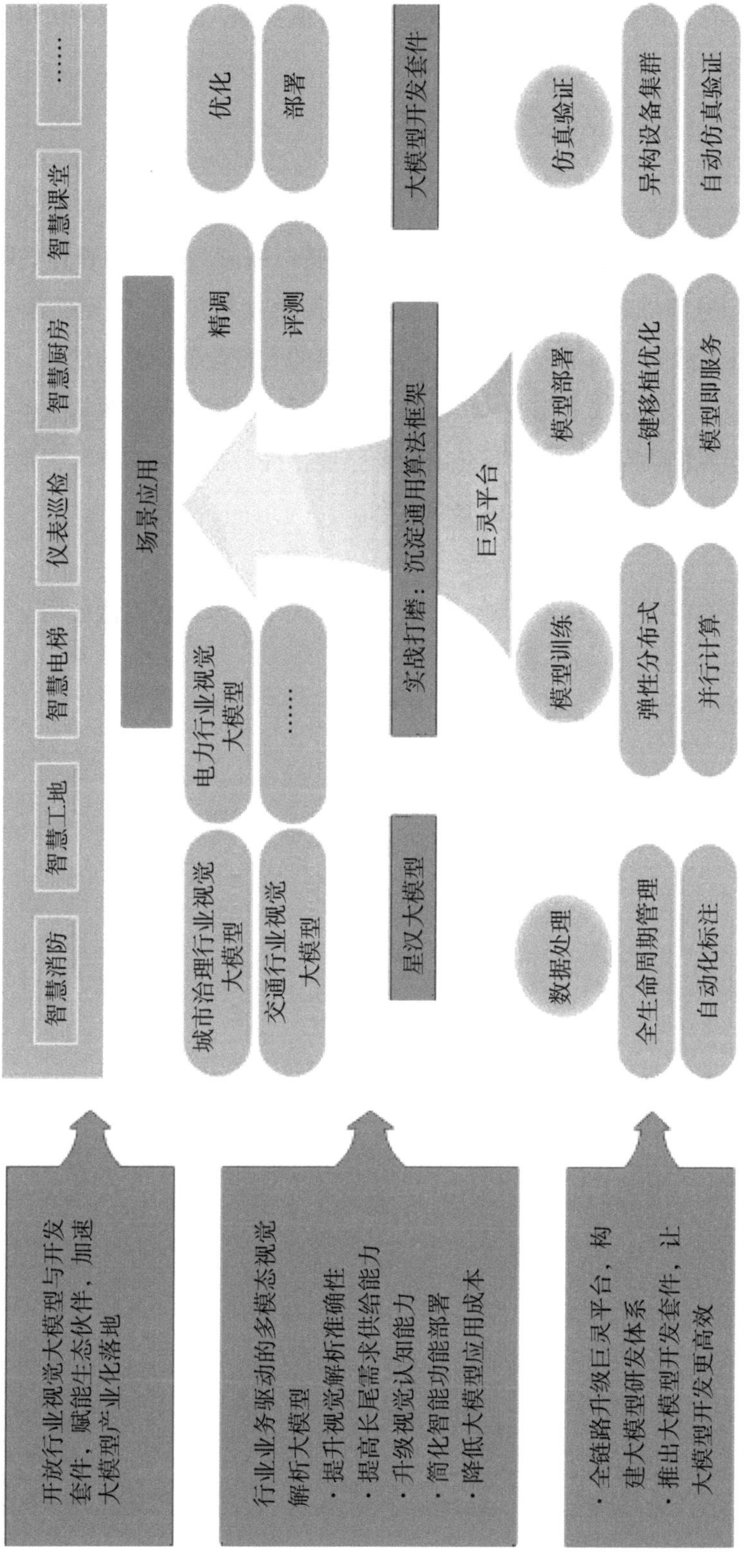

图 6-16　星汉大模型架构

资料来源：作者整理。

生产能力、促进经营提效、优化服务质量等客户价值实现，致力于成为值得客户信赖的企业数智化升级合作伙伴。

三、未来方向

未来，公司将继续聚焦智慧物联主航道，坚持以视频为核心的智慧物联解决方案提供商和运营服务商战略定位，聚焦城市和企业两大业务方向，坚定实施 AIoT、物联数智平台两大技术战略，利用公司在多个行业沉淀的大量业务经验的优势，围绕行业需求，结合多模态和大模型技术能力，重点推进面向行业应用的行业视觉大模型研发与产业落地，进一步加快政府和企业数智化的业务拓展，提升智能化渗透率，携手合作伙伴共同成长，打造共建、共生、共赢的繁荣生态。

（浙江大华技术股份有限公司：金恒供稿）

浙江宇视科技有限公司

一、基本情况

浙江宇视科技有限公司（以下简称“宇视科技”）是全球 AIoT 产品、解决方案与全栈式能力提供商，是以物联网、人工智能、大数据和云计算技术为核心的引领者。2023 年，公司实现营业收入约 52.35 亿元，10 年间增长了 20 倍，产品及解决方案销售到 200 余个国家和地区。拥有年产值超 200 亿元的全球智能制造基地，支持国内外客户订单需求快速供应交付。

在数字产业化和智能化发展背景下，公司实施创新驱动发展战略，基于计算机视觉的人工智能高新技术，加快人工智能与经济、社会、国防深度融合，以提高浙江省以计算机视觉与人工智能融合为代表的新一代信息技术领域自主创新能力和对新兴产业和传统产业的赋能水平。

目前公司主要人工智能技术方向以深度学习、边缘计算为主，以研究应用场景广、兼容性强、鲁棒性高的人工智能算法为核心，实现具备算法硬件化功能，主要围绕智慧物联、安全生产和智能制造三大领域提供全栈式人工智能产品及行业解决方案，重点解决当前算法开发成本高、定制开发周期长、应用场景碎片化等问题，为浙江省在计算机视觉应用领域提供更多优秀算法产品，从而支撑浙江省科技创新和高质量发展。

二、发展动态

1. 技术研发

作为技术创新型企业，公司立足“全景 AI 极智赋能”理念，通过在人工智能领域长期技术深耕及1900余项人工智能实战案例沉淀，推出全景AI极智赋能“1+2”落地战略，并形成涵盖云、边、端的“北斗七星”全景产品体系，以“平台BrePaaS+产品BreSuite+服务BreService”全面赋能传统行业数智化变革。

公司的智能业务解决方案是一个贯穿整个数据处理层面（包括数据采集接入、视频分析处理、数据应用、数据可视化）的整体解决方案。部署在监控点或监控区域边缘位置的智能设备如智能IPC、智能一体机等，均可以独立完成数据采集、预处理、分析和决策等任务，而不需要将数据发送到云端或中心服务器处理；部署云端的智能服务集群，在设备形态上表现为IAM12500服务器，以及基于FB-IA12500系列板卡的视频结构化、人脸识别以及人数统计业务，其中IAM12500进行多板卡的业务统一调度，FB-IA12500承载不同的分析任务，协同大数据服务器集群、存储设备集群以及统一管理客户端，满足丰富的业务需求。

2. 产品开发

公司构建有人像识别、车辆识别、跨境追踪、车路协同、客流分析、行为分析六大类算法，形成了业内领先的“全景人工智能”全部自研算法体系，同时适配了多款主流人工智能芯片，推出了涵盖云边端的七大产品体系，形成了40余种细分场景应用解决方案，在人工智能算法领域获得全球多个知名榜单世界冠军，为人工智能行业跨越至AIoT作出了重要贡献。

2023年，宇视科技发布专门面向AIoT行业的梧桐大模型。该大模型以“通用大模型+行业场景+训练调优”为架构，集计算机视觉、自然语言处理等于一身，能够充分满足多样化的任务和场景需求。目前，“梧桐大模型”第一阶段的落地成果，如人工智能长尾算法训练平台、边缘人工智能推理训练一体机、交互式数据治理、数据驾驶舱、VR展厅等，已得到高效应用。

3. 场景应用

当前主要以人工智能算法为核心，研发和销售面向应用场景的人工智能产品及解决方案。

（1）智慧物联领域：自主研发并开创了业内领先的全能力集开放平台BrePaaS、一站式产品化引擎BreSuite、全景AI极智赋能“1+2”落地战略，在智慧物联领域通过算法产品的巧妙搭配组合实现十几种碎片化场景的驱动升级，包括公共安全、市域治理、交通、民用安防、社区综治、食药、教育等解决方案，构建更高效便捷的人工智能云、边、端协同生态，加速推动传统行业全面智能化升级步伐（见图 6–17）。

图 6–17　宇视科技智慧物联应用场景

资料来源：作者提供。

（2）安全生产领域：以科技赋能安全生产监管，致力于用视觉人工智能技术赋能千行百业的安全生产场景，即时推出了诸如企业园区工程住建、油气销售、消防应急、环保监督、能源化工等多种解决方案，用行业场景的智能化人工智能解决方案弥补现有科技信息化和人力监管手段的不足，通过云、边、端协同的科技辅助硬措施，有效帮助建筑工地、工矿企业、加油站、化工园区等生产主体履行管理责任、提升监管效率、提升安全管理维度和可靠性，助力重点行业的生产安全。

三、未来方向

人工智能在赋能应用场景过程中，碎片化场景和长尾需求等因素，导致人工智能解决方案存在算法定制成本高、研发周期长、算法通识能力弱、对数据依赖度高等痛点，使得人工智能无法实现商业闭环，难以真正满足行业需求。以 ChatGPT 为代表的大模型技术为以上四个核心命题的解决带来了希望。未来，宇视科技将继续发力梧桐大模型，在文教体卫等视频内容商业化运营的新赛道发挥新价值，与合作伙伴携手共筑 AIoT 新生态产品底座，共享差异化和增值点的红利。

（浙江宇视科技有限公司：周迪、包汉彬、邓黄燕供稿）

新华三集团

一、基本情况

新华三集团（以下简称“新华三”）作为数字化解决方案的领导者，现已形成涵盖计算、存储、网络、5G、安全等全方位的数字化基础设施整体能力，可提供云计算、人工智能、大数据、工业互联网、信息安全、智能连接、新安防、边缘计算等在内的一站式数字化解决方案以及端到端的技术服务。基于“AI in ALL”的智能化战略，公司将人工智能技术充分应用到计算、存储、网络、5G、安全等基础设施中，与云智平台一起构成新华三智能数字平台，并结合场景需求提供专业的数字化、智能化解决方案。

公司现有研发人员占比超过50%，专利申请总量超过15000件，其中90%以上是发明专利。在此基础上，公司已研制了多种型号的人工智能服务器、存储系统、高速无损网络，如200G、400G以及未来800G的高速网络设备。其中，人工智能服务器除兼容英伟达GPU以外，已经兼容昆仑芯、寒武纪、沐曦科技、燧原科技等多款国产GPU产品，且搭配国产GPU的人工智能服务器已经供货到终端客户并部署使用。此外，公司在软件方面也已研制了“百业灵犀”大模型、傲飞算力管理平台。

深耕行业三十余年，公司相关产品和解决方案已广泛应用于近百个国家和地区，其中人工智能解决方案已服务于北京朝阳智算中心、杭州图灵小镇智算中心、人民网媒体融合制作中心、芜湖“东数西算”算力中心等众多客户。此外，公司在人工智能方面参与了相关标准的制定工作，为工业和信息化部、国家发展改革委等部门组织的标准建设提供参考素材。

二、发展动态

1. 产品开发

（1）智能数字平台。2019 年新华三发布了“数字大脑”计划。该计划以智能数字平台为基础，与生态合作伙伴开展“智慧应用”创新，共同打造属于客户的“数字大脑”（见图 6–18）。

图 6–18　新华三“数字大脑”

资料来源：作者整理。

在实际应用中，“数字大脑”可打破“数据孤岛”、消除“数据烟囱”，真正帮助企业把数据管起来、用起来。例如，郑州高新区智慧指挥中心的“数字大脑”资源总量为 609 类，涉及 12 大类业务系统，涵盖城市治理、环保、环卫、政务、水务、党建等方面数据，对接数据 7 亿条，日均新增数据 500 万条，对接和开放接口 120 余个，实现了业务的全面贯通与协同，有效支撑了城市综合治理需求，实现了事件上报、任务指派精准到人的微颗粒化智能管理。

同时，新华三为智能工厂构建了完整的“数字大脑”架构，实现了产品的全部件、全流程、全产业链可追溯，形成了工厂业务的数字化管理闭环，推动了管理精细化、运行高效化。一是实现了多个生产基地的实时集中监控和远程诊断，打造了智能制造监控中心系统，集中展示工厂的产出、海内外发货情况、设备运行情况等实时信息；二是通过数字化手段对生产过程、产品及原料进行实时精准定位；三是应用计算机视觉技术，实时监测产线运行状况，并对潜在生产问题进行分析和预测。

绿洲平台是“数字大脑”的数据底座，由绿洲数据集成平台和绿洲数据运营平台两款产品组成。绿洲数据集成平台负责采集各个系统部门数据，将分散的数据集中起来，形成共享的数据资源。绿洲数据运营平台负责数据开发和治理，围绕数据资源建立标准规范的数据体系，对内进行数据分析加工，对外提供数据服务。公司通过绿洲平台构造数据仓库，并结合特定算法模型，开发了智能备件预测系统，可有效预测不同级别备件的需求数量，降低库存及管理成本，提升备件交付的及时性和准确率，并可进一步对接供应链与财务数据，为备货及销售策略调整提供更精准、全面的数据支撑。相关产品应用将高等级备件交付及时率提升至 97% 以上，备件计划团队每年节省 20 人天的工作量。整体业务每年节省 54 人天的工作量，降低约 13% 的 IT 产品停产预留采购开支，大幅提升备件利用率。

（2）人工智能视觉中枢系统。新华三打造的人工智能视觉中枢系统，致力于建立集感知、认知、预知于一体的应用体系，可提供涵盖云、边、端的人工智能视觉产品和解决方案，具有以下优势。一是“快”。通过软件定义计算和软件定义存储技术实现研发万倍解析能力，1 万分钟视频反 1 分钟就解析完成，达到业界领先水平，是传统方案的 35 倍。二是“准”。2020 年入选公安部第一批九大图像算法之一，并在麻省理工学院场景解析评测、CVPR2018 会议开源测试、香港中文大学开源测试等多个权威评测中排名第一。三是“省”。通过存储和计算两大模块，以云化架构为核心帮助客户节省建设成本和空间，提升弹性扩容能力，全方位降低运营成本。

配合自主研发的人工智能开放平台，在保障数据安全的前提下，以用户现场的数据为核心，提供模型训练、算法优化服务，推动专业视觉人工智能算法向普惠视觉人工智能算法的转变，满足业务快速交付需求，带动产业链上下游共同发展。目前公司可提供人体行为仪态、建筑工地、交通警务、城管市容等 18 类场景 310 种算法模型，处于国内领先水平。例如，人工智能视觉方案在智慧警务的应用中，只需 3 分 15 秒就可解析出 30000 分钟视频中的全部人脸、人体、车辆和非机动车等各类特征，图片流解析性能提高 8 倍，空间占用率和能耗降低 80%，将以往 1 名民警管理 3000 人提升为 1 名民警管理 30000 人，大幅提升了治安防控效率。

（3）工业互联网智能化。在智能诊断预测及品质管控领域，新华三推出了品控云服务，基于图像采集、特征标注、模型训练等流程，提供模型部署与应用服务，实现产品缺陷特征的自动识别、归类以及精准判断。该服务采用端边云一体化架构，“端”支撑图像采集，“边”实现图像预处理，“云”支持深度学习模型闭环控制，支撑模型或结果数据下发，满足企业不同层面的架构需求。该服务可应用于包装行业、新能源行业、

3C 行业等领域。其中，在手机制造厂包装环节，可大幅降低良品漏检率与不良品误判率，每条线成功减少 6 人、每年节省人力成本 36 万元。

此外，在产线智能运维方面，公司通过融合多设备、多状态、多领域的数据，打造了设备维保管理及自动化巡检服务平台，让故障预测更加准确，减少产线非计划性停机。设备远程服务通过工业网关实现智能产品的远程数据接入与控制，为厂商建立客户管理体系与设备巡检服务流程，打造设备厂商主动式运维服务。例如，在钢铁集团炼铁总厂、冷轧厂等公司的关键机组上部署基于工业大数据的智能运维服务，实现设备 24 小时状态监测和故障诊断。对电机进行数据分析与故障诊断，实现 2000 余台 500 千瓦以上电机运行状态的智能监测，平均每台电机的寿命可增加 2 ～ 3 年，每年节省设备维修费 2500 万元。

（4）人工智能科学计算系统。人工智能科学计算系统提供软硬件一体化的高性能人工智能基础方案，可提供卓越的人工智能计算性能，满足数据预处理、模型训练、推理等多种人工智能计算需求，帮助客户快速实现人工智能应用的落地。单个人工智能计算集群最多支持 5000 台服务器协同计算，支持自定义框架及算法库；通过数据集、计算资源、账号权限等组合设置，充分满足不同安全需求；独创引导式流程，让科研人员遵循人工智能任务流即可完成数据标注、模型训练、推理等一系列人工智能工作，操作方式简单便捷，开发效率可提升 30%。

例如，公司在四川大学华西医院构建的大数据和医疗云平台，为传统生产业务、临床医学、科研分析等业务系统提供强大的数字化支撑，支持 1000 余名科研人员工作，最高服务日门急诊量 20000 余人次，有效满足当下和未来 3 ～ 5 年的医疗信息化需求。

2. 技术研发

公司开发的人工智能基础设施主要由智能计算、存储、网络、安全组成，并将算力与算法融入基础设施内，使其具备集合数据、算力、算法的完整人工智能服务能力集。

（1）计算与存储。针对人工智能计算的需求，结合 GPU、CPU、现场可编程门阵列（FPGA）等异构计算的特点，新华三研发了全系列的服务器，满足训练、推理等不同场景需求。例如，针对人工智能训练需求，公司研发了处于国际领先水平的新华三 UniServer R5500 G5 服务器，较上一代人工智能服务器算力提升 20 倍，为语音识别、图像分类、机器翻译等多种人工智能业务场景提供强大支持。此外，公司自研的 X10000

分布式存储是针对 8K 超高清、HPC 超算、汽车无人驾驶、数据库等高性能场景推出的顶级存储产品。

（2）智能网络。在意图驱动的下一代网络时代，新华三研发了全新的先知网络架构（SeerNetwork），实现“设计—仿真—部署—保障—优化”闭环的全流程，打通园区、数据中心和广域网三大场景策略的部署；推出了数据中心智能网络（SeerFabric），尤其是针对大规模人工智能集群和高性能科学计算实现高速、低延迟、无损传输，大幅提升人工智能计算系统的整体性能；配合新华三先知分析器（SeerAnalyzer），对设备性能、用户接入、业务流量的实时数据进行采集和状态感知，将网络的运行可视化，主动感知网络的潜在风险并自动预警，最终实现网络智能化，使部署成本降低 50% 以上。网络智能化方面，公司研发了近 30 种算法模型，包括资源利用率预测、故障原因分析、动态基线调整、无监督异常检测、僵尸外联主机检测、用户流量检测、服务器异常检测、蠕虫检测、SSLVPN 异常检测、SVN 异常检测等，可实现 1 分钟故障发现、3 分钟故障定位、5 分钟故障清除，并具备仿真能力，可进行全量仿真，将一切风险化解在业务上线之前。

（3）安全。新华三启动主动安全 2.0 战略。基于云安全能力中心、大数据安全控制中心和分析中心，以及防火墙、IPS、ACG 和探针等人工智能网关产品，形成立体化的安全架构，总体覆盖威胁发现、威胁狩猎、安全运维、隐私保护和人工智能自身安全等五大安全技术方向。一是可发现未知威胁，解决传统手段无法识别的加密攻击和隐蔽信道等威胁；二是可提升加密应用流量识别精准度，有效解决翻墙、逃逸攻击等有害流量；三是可缩短威胁检测响应时间，从时效上解决针对零日攻击的平均响应时间；四是通过联邦学习，在不泄露用户隐私情况下，实现数据共享，在提升精度的同时，保护了用户的数据安全。

三、未来方向

制造业升级是“十四五”规划和 2035 年远景目标纲要的核心组成部分，新华三将持续钻研工业智能化，为工业的智能化、深度自动化贡献力量。此外，公司将继续巩固和扩大人工智能基础设施领域的优势。一是研究传统高性能计算和以深度学习为代表的人工智能计算融合技术，为探索人类认知边界的科学计算提供强大高效的算力平台；二是进一步研究人工智能芯片方面技术及成果转化，努力扩大自主技术比重，逐渐具备完整自我造血机制；三是研发针对特定场景的人工智能算法模型，扩大人工智能技术落地的行业领域；四是深化与高校的合作，探索人工智能领域学术研究与产品工程化的结合之道。

（新华三集团：张兰艳供稿）

杭州安恒信息技术股份有限公司

一、基本情况

杭州安恒信息技术股份有限公司（以下简称“安恒信息”）成立于2007年，2019年登陆科创板。公司秉承“构建安全可信的数字世界”的使命，以数字经济的安全基石为定位，以DAS（D：Data Security，数据安全；A：AI，人工智能；S：Security Services，安全运营服务）为核心战略支撑，构建了涵盖网络安全、数据安全、云安全、信创安全、密码安全、安全服务等领域的数字安全能力，为逾10万家政企单位提供数字安全产品及服务。

2022年，安恒信息营业收入为17.9亿元，研发投入6.1亿元，研发投入占比约为34%；已授权发明专利786件，已授权实用新型专利2件，已授权外观设计专利14件。截至2023年12月，公司共申请专利2895件，参与制定信息安全类国家标准10余项。代表性产品市场占有率为17.3%，处于行业领先地位。

作为国家级核心安保单位，安恒信息在杭州亚运会上以业内首个国际大型综合性赛事的官方网络安全服务合作伙伴身份，续写了15年重保零事故成绩。此外，公司曾荣获2023年中国网安产业竞争力50强（排名前十）、2023年中国500最具价值品牌、2023年上市公司综合数字化转型价值榜TOP100等荣誉。

二、发展动态

1. 产品开发

恒相智能体中台提供原子能力集成、智能体开发辅助等核心功能，用户可基于自身业务场景创建智能体，自行编排或基于恒脑安全垂域大模型自动编排，调度各原子能力，实现数字代理，可根据各业务场景需求，灵活扮演网络安全分析研判专家、网络安全运维专家、网络安全培训专家等多种安全角色，实现安全运营提质增效。

恒相的核心功能包括能力插件管理、智能体管理、恒脑安全垂域大模型和私域数据管理功能。能力插件管理可提供安全能力插件的注册、上下架和统计管理功能，用户可将现有安全产品或工具转换为原子能力在能力插件市场进行上架。智能体管理可提供智能体创建、编排、上下架和统计管理功能，用户可基于恒脑安全垂域大模型编排能力，将复杂场景任务转换为工作流并调用能力插件进行执行。恒脑安全垂域大模型可支持智能问答、报文解析、任务编排、沙箱、告警研判及专题驾驶舱等功能。私域数据管理功能支持客户上传私域知识并进行增强检索和内容生成，提升内容生成准确度。

恒脑安全垂域大模型（见图 6-19）依托底层多源异构模型、算法调度引擎及海量安全知识，可作为智能助手提供知识检索、恶意代码检测、威胁情报分析等能力，并作为高级驾驶辅助系统提供告警研判、隐患排查、数据分级分类等能力。

从产品架构上，恒脑可分为安全垂域大模型、安全能力中台、垂域系统智能应用三个部分。安全垂域大模型是基于多源异构的大模型底座，可构建安全垂域大模型安全原生能力，包括逻辑推理、安全垂域知识、意图识别、内置指令等。安全能力中台可基于安全垂域大模型，提供自然语言交互形态对接安全类产品和业务系统，包括对话式交互、插件式交互、API 接口交互等。垂域系统智能应用可结合安全类产品和业务场景需求，打造智能助手、辅助驾驶、数字代理等智能应用。

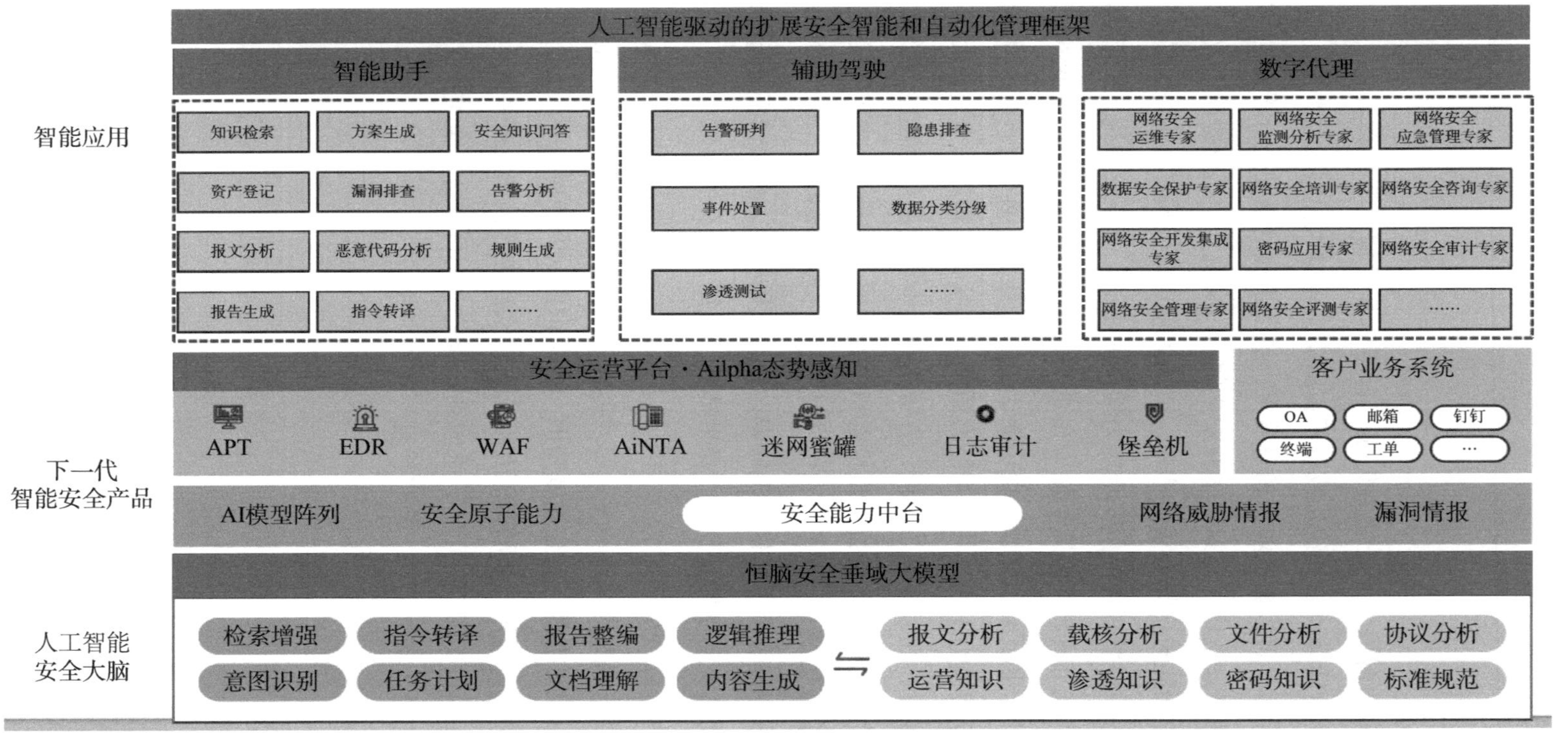

图 6-19　恒脑安全垂域大模型

资料来源：作者整理。

2. 技术研发

（1）模型底层算法优化。一是引入 S-LoRA，大幅提升了 LoRA 任务的推理性能，并发数提高 1 倍以上。二是引入迭代式代码编码（Flow-Engineering），通过设计工作流来完成单任务与大模型进行多次交互，在数据分级分类、数据泄露防护系统（DLP）、敏感数据识别、API 风险监控等业务场景中已落地使用。公司现已初步完成 Prefix Caching 技术预研，通过初步测试，在分级分类场景中可以成倍提升推理性能。

（2）异构多微调模型的统一推理加速。公司构建了包括全参数模型、多个 PEFT 模型（如 LoRA 模型、Prefix-Tuning、Adapter-Tuning）在内的混合模型，执行统一批次处理实现全局推理加速。此外，构建了基于多模型协调组织的 GPU 算力优化方案，实现数倍的 GPU 算力提升。

（3）模块化增强检索技术。在传统的 RAG 之上，公司将 RAG 系统中的嵌入、召回、重排、检索、Query 拆分、Query 补齐等环节进行了模块化的处理，并构建智能体系统对其进行编排，基于场景实现最优的检索增强问答效果。

（4）脚本兼容智能体。通过打造一个智能化系统，基于各安全场景配置脚本，按预设脚本执行任务拆解，并调度各项工具完成复杂任务，在灵活性和准确率方面，比常见智能体系统有了较大的进步。

3. 应用场景

（1）重保场景。安恒信息于 2023 年 8 月 28 日发布了恒脑安全垂域大模型，并应用于杭州亚运会重保场景，助力亚运网络安保零事故（见图 6-20）。通过“云端接入 + 透平压缩机综合控制系统（ITCC）本地化结合”的部署模式，实现人工智能大模型在赛事安保中的弹性落地。赛事期间共调用恒脑接口 34864 次，主要用于安全咨询、告警分析、情报分析等，恒脑共作出 34792 次有效回答，辅助处理安全事件 287 起。运用赛事数据训练的人工智能恒脑大模型，对海量安全事件进行智能化分析，减轻人工研判压力。人工智能恒脑智能分析建议封堵了 89% 的恶意 IP 地址，并降低了 57% 的 ITCC 工作量。

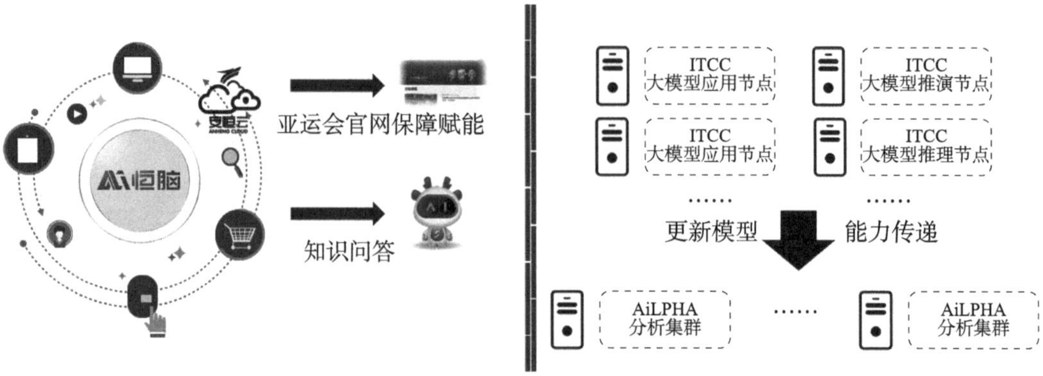

图 6-20　安恒杭州亚运会重保场景

资料来源：作者整理。

（2）产品集成场景。恒脑安全垂域大模型提供平台级集成、产品级集成、插件集成三种类型的产品集成。通过接入安全运营平台、态势感知平台等平台类产品，可作为人工智能大脑辅助平台开展安全运营、威胁感知、决策分析等工作；通过统一指令或语言可直接调用各类型产品设备，包括 APT、WAF、EDR、日志审计等设备，可统一汇总数据进行资产梳理、威胁研判分析、再调度相关设备等工作；通过交互式对话插件的方式，可集成到应用程序中，从而快速让应用程序具备安全大模型相关能力，更贴合用户使用场景。

（3）安全运营场景。①告警清零：基于恒脑的智能分析与决策，可有效提升恶意软件检测、攻击流量检测、端点异常行为检测、软件成分分析、钓鱼邮件识别、网页信息分析等的速度和精准度。②隐患见底：恒脑配合计划任务，关注安全漏洞、介入安全评估、参与渗透测试、审查网络架构、检查应用程序安全性、联动安全监测，可大规模降低隐患发生的概率和缩短留存的时间。

（4）数据安全场景。①分类分级：基于数据分类分级逻辑框架，可实现安全数据的自动化分类分级判定，同时显著提升分类分级效能与识别率。②数据防泄露：基于恒脑安全垂域大模型，可实现对企业内海量数据的自动化监测与分析，准确识别潜在的数据安全风险，并实时生成详细的审计报告。③API 风险监测：基于恒脑安全垂域大模型，可识别内外部的 API 资产，并分析 API 的重要程度，监测 API 数据相关风险行为。

三、未来方向

安恒信息在人工智能领域将重点聚焦以下四大方向，持续关注人工智能安全的研究，确保所使用的人工智能技术具备足够的安全性和鲁棒性。

一是提升网络威胁检测与响应的智能化程度。开发智能化威胁检测与预防产品，利用人工智能技术自动识别网络流量中的异常行为、恶意软件特征、入侵模式等，提高威胁检测的准确率和实时性，减少误报和漏报。探索人工智能和大数据应用于异常行为分析，通过分析用户、设备、应用程序的行为模式，发现潜在的内部威胁、特权滥用、社交工程攻击等复杂隐蔽的安全事件。实现人工智能驱动的安全自动化响应与编排，通过集成人工智能技术，实现安全事件的自动分类、优先级排序、标准化响应流程自动化执行，缩短响应时间，减轻安全团队工作负担。基于人工智能分析结果动态调整防火墙规则、访问控制列表、安全配置等，形成动态防御体系，应对不断变化的威胁环境。

二是扩展人工智能在新兴技术环境（如云、物联网、工业互联网、车联网）中的应用。利用人工智能识别物联网、车联网、工业互联网设备异常行为，防止 DDoS 攻击、数据窃取、勒索软件等针对新型基础设施设备的攻击，提供嵌入式安全解决方案或云边协同的安全管理模式。

三是强化数据安全与提高隐私保护能力。通过人工智能识别敏感数据类型、检测数据流动异常，实施细粒度的访问控制和实时监控，防止数据泄露。研究和应用基于同态加密、多方安全计算等技术的人工智能模型，实现在数据不离开源地的情况下进行安全分析，保护数据隐私。

四是探索人工智能在安全运营等方面的创新应用。开展人工智能安全研究，研究针对人工智能系统的攻击手段（如数据投毒、对抗样本、提示词注入、模型越狱）及其防御方法，提升人工智能产品的安全性和抗攻击能力。

（杭州安恒信息技术股份有限公司：李华伟供稿）

恒生电子股份有限公司

一、基本情况

恒生电子股份有限公司（以下简称“恒生电子”）于1995年成立，2003年在上海证券交易所主板上市，是一家以“让金融变简单”为使命的金融科技公司。公司聚焦金融行业，致力于为证券、期货、基金、信托、保险、银行、交易所、私募等机构提供整体解决方案和服务。公司已连续16年入选IDC全球金融科技百强榜，其中2023年排名第22位，位列中国上榜企业第一。此外，公司是国内最早获信息系统建设和服务能力评估一级资质的重点软件企业，同时也是国内首批通过ISO 9001以及获得ISO 20000、ISO 27001、CMMI L5认证的纯软件企业。

恒生电子始终注重科技创新、技术人才培养和知识产权保护，现有技术人员占职工人数比例约73%，且每年将35%以上的营业收入投入研发。公司建有国家级博士后科研工作站、浙江省金融大数据重点企业研究院、浙江省企业技术中心等科研平台，承担了国家级、省级重大科研项目20余项，现拥有有效授权专利242件，其中发明专利220件，参加修订行业标准18项，荣获国家科技进步奖二等奖、浙江省科技进步奖一等奖等多个奖项。

恒生电子自2014年起正式启动了人工智能研究工作，打造了NLP、OCR、CV、知识图谱等能力，并将人工智能技术能力赋能到智能客服、智能投研、智能运营、智能营销、智能投顾以及数据与风险相关的业务系统。恒生电子已发布超过20款人工智能产品，服务包括银行、证券、基金、期货等金融机构，拥有超过500个客户案例，实现了人工智能产品“从可用到好用”的进步。

二、发展动态

1. 技术研发

恒生电子专注于以大语言模型为核心的人工智能领域研究与应用，基于海量金融数据，自主研发了金融行业大模型 LightGPT，推动金融行业智能化水平提升，使用了超 4000 亿 tokens 的金融领域数据，在金融问答、资讯概念抽取等领域表现优于通用大模型，且基于对中国金融法律法规的学习，更加符合中国金融市场监管要求（见图 6-21）。

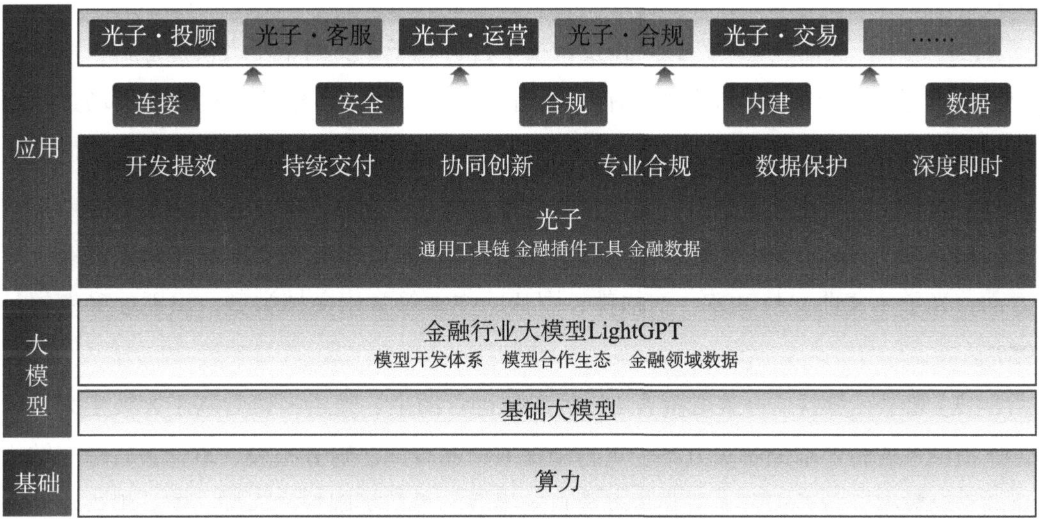

图 6-21　恒生大模型产品技术栈

资料来源：作者整理。

恒生电子 LightGPT 已经实现推理和训练全面适配华为昇腾系列，并与华为云签署人工智能大模型联合创新协议，推进创新技术赋能及信创产业发展。恒生电子已与中国工商银行等银行达成合作，助力推动银行领域的大模型应用落地。

在此基础上，恒生电子发布串联了"通用工具链 + 金融插件工具 + 金融数据 + 金融业务场景"的光子智能应用服务，定位金融应用对接大模型的"中控"部位，提供金融数据插件、知识库问答插件、智能体插件、文档问答插件等各类金融特色插件，用户也可以根据需求自定义业务插件，与光子进行自然语言交互。插件层将解决大模型和实际应用之间的连接问题，打通金融领域人工智能应用的"最后一公里"。

2. 产品开发

（1）光子・善策——基于大模型的智能化投顾助手。光子・善策聚焦投顾咨询场景，具备会话意图理解、智能服务匹配、智能话术生成、智能工单创建等功能，可用于辅助投资顾问工作，为投资者提供个性化的投资建议，大幅提升投资顾问的工作效率。通过分析客户的投资偏好、风险承受能力以及市场动态，可为客户生成符合其需求的投资策略适用于资产配置、组合优化、基金筛选等投资管理工作，使投资效率和收益率明显提高。目前，光子・善策已与多家券商达成合作，助力投顾团队实现实时分析客户意图、精准定位客户标签、自动检索金融产品及资讯信息、自动生成专业的观点和建议等。

（2）光子・文曲——一站式写作及审核平台。光子・文曲基于大模型加持，可提供搜、读、写、审全链路人工智能插件，并针对证券、基金、银行等典型金融场景嵌入写作模板以及个性化特色数据，解决了金融行业传统手工撰写及审核方式效率低、耗时长、易产生信息披露错误等问题。平台构建了包括语料安全、模型安全、模型评估等在内的安全机制，确保生成内容安全合规、符合金融市场监管要求。在内容合规审核方面，光子・文曲支持 PDF、扫描件、图片、文本等常用文档类型，识别准确率超过 95%。

（3）光子・慧营——金融资管 / 托管产品运营助手。光子・慧营基于大模型为运营工作提供系统智能辅助解决方案，可自动提取产品合同、财务报表、审计报告等非结构化的金融数据，帮助运营人员完成参数自动提取、投监规则智能匹配、审计报告自动录入等繁琐工作，支持溯源定位、精准审核，从而降低人工操作失误带来的系统性风险。目前，光子・慧营参数提取准确率超过 90%，投资规则配置效率达到 90%。光子・慧营已经赋能多家机构，推进托管行业数智化进程。

（4）WarrenQ——一站式专业投资研究系统。恒生智能投研平台 WarrenQ 基于大模型技术，可通过对话指令轻松获得金融行情、资讯和数据，支持基于对话指令对公司财报、行业研究报告等指定文档进行快速解读，实现精准检索定位、自动摘要、关键指标提取，并可通过对海量历史数据的挖掘，进行有效的信息整合归纳和精炼拓展，可帮助用户在搜集资料、研究分析、投资判断和舆情预警等方面提升工作效率。WarrenQ 已服务于证券、基金、银行等领域百余家客户，赋能券商投研、财富管理、投行、固收等业务。

三、未来方向

恒生电子基于以大模型赋能金融行业的发展路径，正在探索“连横”和“合纵”方式。“连横”是通过将行业插件作为外挂，在大语言模型中添加不同类型的知识模块，包括常识、领域知识、事件知识等，与大语言模型进行适配和集成，从而提升其在复杂任务中的表现；“合纵”是指建立一个“行业大模型”，以承接垂直领域的“合纵”需求，充分发挥大模型产业上下游的合作关系，提高金融领域人工智能应用的水平，同时解决数据安全和隐私保护等问题，为金融数智化提供更加强有力的支撑。目前，恒生电子已与华为正式签署人工智能大模型联合创新协议，结合恒生电子在金融业务场景应用层面的能力以及华为云优势领域，共同推进信息科技在金融证券行业的应用与发展。

恒生电子将通过自研金融行业大模型并落地光子应用，实现软硬件层面的信创适配，推进行业“算力 + 算法 + 云服务 + 国产硬件”进程。同时，公司将针对监管科技、投研、投顾、营销等场景积累场景落地经验，为其他金融机构在部署人工智能技术提供基础模型选型、数据安全与隐私保护、项目工程化落地等方面的借鉴参考。此外，针对行业大模型标准不完善的现状，公司将积极推动行业的数智化标准建设，为金融业提供参考和指引。

（恒生电子股份有限公司：林金曙、李莉供稿）

浙江同花顺智能科技有限公司

一、基本情况

浙江同花顺智能科技有限公司（以下简称“同花顺智能科技”）成立于2017年，是国内第一家互联网金融信息服务业上市公司浙江核新同花顺网络信息股份有限公司的全资子公司。该公司是最大的网上证券交易系统供应商之一，2023年实现营业收入6.40亿元、利润2.87亿元，上缴税金4.02亿元。

作为浙江省科技“小巨人”企业，公司十分重视创新与技术研发，每年研发投入占公司营业收入的比重都超过15%，其中2023年研发投入达3.14亿元，现已累计拥有25件发明专利、73项软件著作权。此外，公司积极与国内外知名院校开展产学研等合作，现建有国家级博士后科研工作站、浙江省高新技术企业研究开发中心、浙江省工程技术研究中心、浙江省人工智能重点企业研究院等研发平台。

目前，公司产品及服务已覆盖产业链上下游的各层次参与主体，主要业务包括为证券公司、基金、银行、保险、政府、研究机构、上市公司等各类机构客户提供软件产品和系统维护服务、金融数据服务、智能推广服务，以及为广大个人投资者提供金融资讯、投资理财分析工具、理财产品投资交易服务等。同时，公司构建的同花顺人工智能开放平台可提供短视频生成、文章生成、数字虚拟人、智能金融问答、智能语音、智能客服机器人、智能质检机器人、会议转写系统、智慧政务平台、智能医疗辅助系统等多项人工智能产品及服务，以及智慧金融、智慧政务、智慧医疗、智慧营销、智慧法律等行业解决方案（见图6–22）。

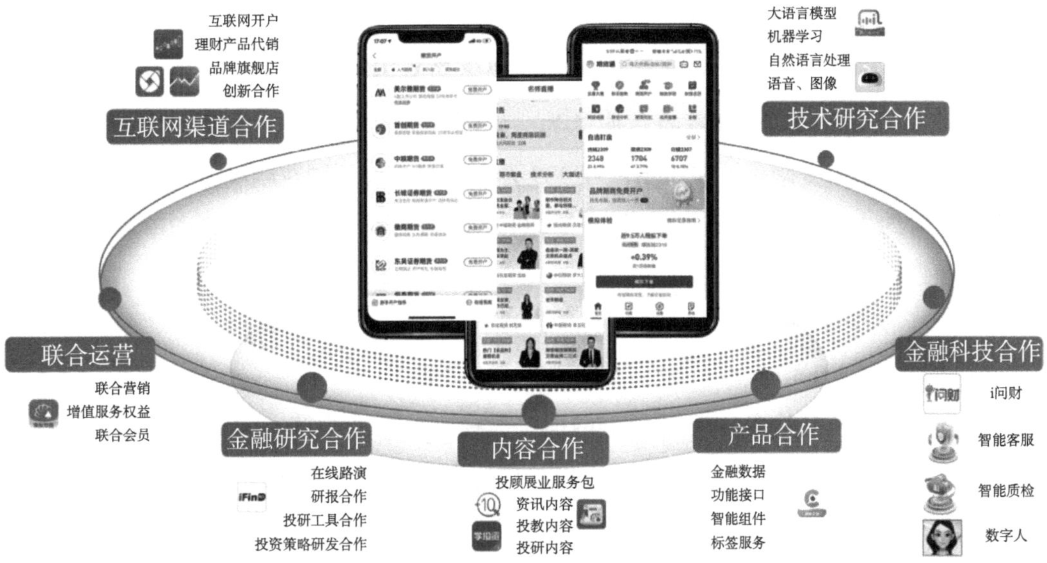

图 6-22　同花顺智能科技人工智能产品矩阵

资料来源：作者整理。

二、发展动态

1. 产品开发

（1）i 问财。i 问财是一款财经领域较为成功的自然语言、语音对话交互问答系统，在用户数、语义理解能力等方面处于国内领先水平。目前，i 问财已基于 HithinkGPT 成功升级，成为国内金融领域首个应用大模型技术的智能投顾产品。大模型版本的 i 问财涵盖了 A 股、基金、ETF、港股、美股、债券、宏观等 15 个业务矩阵，包括七大投资环节的查询、分析、对比、解读、原因、预测、建议、回测等 50 余类技能，可为用户提供全面精准、稳定可控的投资决策支持。

（2）iFinD 金融数据终端。iFinD 金融数据终端是公司旗下一款面向机构客户提供研究、投资决策服务的软件系统，可提供金融大数据、企业库、产业图谱、研报自动化生成、舆情监控、买方标签研究体系等一整套智能化解决方案。iFinD 重点围绕中国资本市场，同时兼具中国香港地区、美国等海外市场数据，覆盖股票、债券、外汇、期货（含期权）、基金、REITs、理财、指数八大业务品种，并基于公司在人工智能领域先发优势，打造了包括产业链数据中心、人工智能预测（宏观、行业、公司）、事件驱动等特色投研功能的智能投研模块。目前，iFinD 产品已从业内仅提供数据阶段，进入提供投研一体智能化解决平台阶段。

（3）同花顺应用程序。同花顺炒股应用程序是为用户提供集沪深港美全球实时高速行情、交易、资讯、论股等特色服务为一体的智能投资平台。截至2023年12月31日，同花顺金融服务网累计注册用户62339万人；每日使用同花顺网上行情免费客户端的人数平均约1447万人，每周活跃用户数约为1936万人，用户活跃度和市场占有率均处于行业领先地位。

2. 技术研发

（1）大语言模型技术。问财HithinkGPT大模型作为业内第一家通过备案的金融对话大模型，从训练语料、训练框架到模型结构的设计均是从零开始构建，预训练金融语料达到万亿级token，涵盖了股票、债券、期货、外汇、商品价格、宏观经济指标、行业数据等多个方面的数据。问财HithinkGPT大模型具有全面的实时金融数据、强大的语义理解、专业的投顾建议、生动的表达形式、可控的内容生成等特点，经过前期多轮测试与优化，该模型在金融场景中表现出色，能够高分通过多个金融领域的专业考试。

（2）数字人技术。公司数字人技术基于同花顺百亿级中文语料库，拥有十几项智能语义处理能力，可将多轮对话、图谱问答、机器阅读、text2sql等领域前沿算法应用于金融领域问答和内容生成上，具备金融垂直领域领先的认知智能。2.5D数字人克隆生成技术拟人度100%，后台输入文本即可驱动数字人完成表情、动作及语音播报工作。基于深度学习模型，仅需10分钟真人视频训练素材就可训练得到，口唇由人工智能进行驱动，匹配度达到97%以上。

（3）自然语言处理技术。公司长期从事自然语言处理技术研究，围绕智能问答、任务型对话、开放域对话等领域在AAAI、SIGDIAL等顶级会议上发表了多篇高水平论文，申请了多项发明专利，意图分类、情感识别、语义解析、实体识别模型、语义角色标注、句法分析等数十类NLP技术均达到业界领先水平。目前，公司已与国内外多家高校合作，并获得多个NLP领域国际顶尖大赛奖项，如在对话技术领域顶级赛事DSTC9中取得跨语言对话状态跟踪子任务第一名的成绩，在阅读理解全球权威比赛SQuAD2.0中排名前三。

（4）语音技术。公司语音技术团队由浙江省“千人计划”专家负责，研发范围覆盖语音领域各个主要的技术方向，包括语音信号处理、语音识别、语音合成、声纹识别、情感计算、说话人日志、口语发音评测，以及男女声识别、语种识别、语音唤醒、歌声合成、声音场景事件检测等。目前，公司已有多篇论文被语音领域顶级会议 INTERSPEECH 2020、2021 和 ICASSP 2021 录用，持有多项语音相关发明专利，在 ASRU 2019 中英文混杂语音识别竞赛、东方语种识别 2020（OLR 2020）、东方语种识别 2021（OLR 2021）、INTERSPEECH 2020 口音英语语音识别挑战赛、2021SLT 儿童语音识别挑战赛、2021 对话式 AI 语音识别及说话人识别（ASR&SD）挑战赛、ICASSP 2022 多通道多方会议转录挑战赛等多项赛事中获得奖项。

（5）图像技术。公司团队长期从事计算机视觉领域的基础理论研究与应用技术开发，已发表多篇高水平论文并申请了多项国家发明专利。主要研究方向及取得的成果包括：在光学字符识别、人脸检测与识别、人体动作识别、人体行为分析、行人检测与跟踪及再识别、智能视频监控与场景理解等方向取得了较好的成果；在智能医疗影像分析方向，打造了智能内窥镜、显微图像智能识别和智能放射影像三大平台，产品已经在 50 多家医院使用，目前承接了多项国家级、省部级研究项目（见图 6–23）。

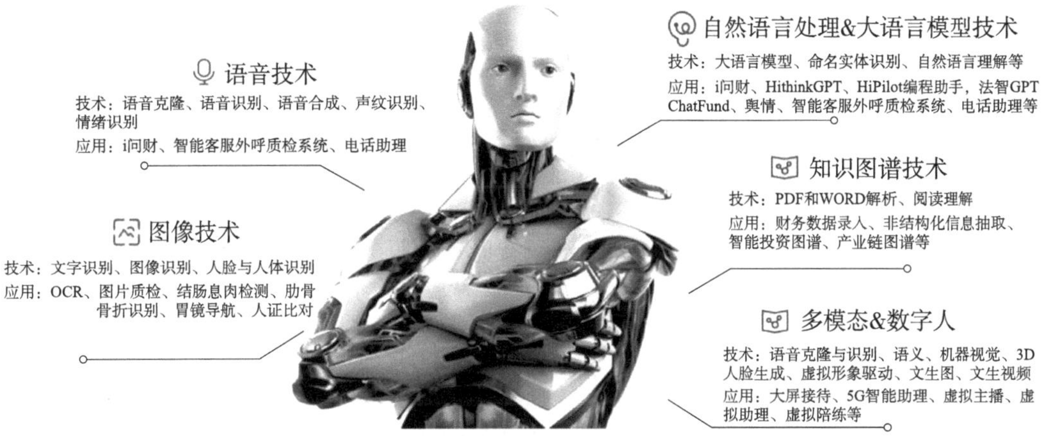

图 6–23　同花顺智能科技核心人工智能技术

资料来源：作者整理。

3. 应用场景

（1）投资助理。公司已将多轮对话、图谱问答、机器阅读、text2sql 等领域前沿算法技术转化为智能投顾、智能投研、智能投教等智能机器人产品，致力于构建可持续服务的专属人工智能投资助理机器人。

（2）智能客服。同花顺智能语音平台在中文金融场景下语音识别准确率达到 98% 以上，中英文通用场景下语音识别准确率超过 95%，多种方言场景下语音识别准确率超过 90%。

（3）人工智能面试。人工智能面试整合了多种前沿的人工智能技术，包括语音识别、语音合成、3D 数字人、大模型等，可以充分利用公司近年来在人工智能领域的投入和技术积累。近年来，随着就业压力的增大，很多岗位出现了面试数量巨大、人力资源部门成本和精力增加的情况，人工智能面试可以有效缓解这个问题。

（4）人工智能培训。大模型赋能下的话术及流程训练的人工智能对话式学习测评工具，应用于新产品、新员工培训、知识点巩固等场景，提供真实模拟场景人机对练与考题生成解决方案。人工智能培训可以有效解决培训投入大、效果不佳、流动率高等问题，提升培训内容的生成质量和速度，减少对人力运营的依赖。

（5）AIGC 素材生成。营销素材、营销海报一键生成，帮助运营及设计人员减少重复性工作时间。目前公司技术已支持文生图、图生图、文生视频等，可快速生成所需素材，并支持图片部分重绘、随时修改，可输出海量高质量配图素材；可根据各个业务场景定制多套素材模板，根据宣传内容一键生成海报、横幅，快速提升设计效率；支持多业务场景宣传文案创作，创作来源可训练，支持高互动率文案调优，节省运营内容产出时间。

（6）智能编程助手。大语言模型驱动的一站式代码生成平台，可通过问答直接生成代码，根据注释描述生成相关函数，实现代码补全、代码检视、代码说明等功能，助力高效构建更敏捷、更安全、更智能化的编码智能辅助服务。

三、未来方向

未来，公司将继续立足金融信息服务主业，强化技术优势；不断优化升级大模型，提高大模型服务能力，通过大模型赋能人工智能产品，打造未来增长新引擎。目前行业面临着互联网金融信息服务需求有所下降、大模型算力资源技术封锁等问题，应加快自主可控的算力基础设施建设，降低技术风险，加大对在人工智能领域研发投入较高的公司的扶持力度。

（浙江同花顺智能科技有限公司：唐俊克供稿）

中控技术股份有限公司

一、基本情况

中控技术股份有限公司（以下简称“中控技术”）成立于1999年，是国家高新技术企业、国家技术创新示范企业、国家鼓励的重点软件企业、智能制造系统解决方案供应商（第一批）。公司聚焦流程工业自动化、数字化、智能化需求，面向工业3.0和工业4.0构建了“1+2+N”智能工厂新架构和“4大数据基座+1个智能引擎”，基于工业多源数据进行融合训练，建立流程工业高泛化、高可靠的智能引擎，构建“人工智能+数据”核心竞争力，引领流程工业加速“智变”。2023年，公司实现营业收入63.92亿元、同比增长18.55%，净利润8.99亿元、同比增长28.01%。

公司是国内流程工业自动化领域的领军企业，已连续承担多个国家级示范项目，成功打造出一批在流程工业领域具有国际先进水平的“灯塔工厂”，自主研发的自动化控制系统也已广泛应用于大型炼油化工、煤化工、大石化、大电力项目等。2023年，公司集散控制系统（DCS）产品国内市场占有率达37.8%，连续13年排名第一，其中化工领域市场占有率达到56.3%，石化领域市场占有率达到49.3%；安全仪表系统（SIS）产品国内市场占有率33.7%，连续两年蝉联第一；先进控制和过程优化软件（APC）国内市场占有率28.2%，连续五年蝉联第一；制造执行系统（MES）国内流程工业市场占有率20.7%，连续两年第一。

公司建立了首批国家认定企业技术中心、流程工业智能系统国家地方联合工程实验室，设立有国内工业控制系统规模最大的研发中心和生产基地，年均研发投入占销售收入的比重超过10%，现有研发人员超过2000名、占全部员工数量的34.28%，整体技术创新水平在智能制造和工业自动化领域达到国内领先水平。目前，公司已取得369件授权发明专利、376件计算机软件著作权，荣获2项国家科技进步奖二等奖、1项中国标准创新贡献奖标准项目奖一等奖和多项省部级以上科技进步类奖项，牵头或参与制定国际标准2项、国家标准21项。

目前，公司已发展成为以自动化控制系统等工业自动化系列产品为基础，全面布局和大力发展工业软件技术及产品，具有多行业特点的流程工业智能制造整体解决方案供应商。中控技术已覆盖超过3万家客户，已与裕龙石化、中化信息、中煤信息、上海氯碱、新星石油、中化学数智科技、中油工程、中冶南方等国内头部企业建立了战略合作关系，并与沙特阿美、荷兰壳牌、马来西亚国家石油、新加坡丰益国际、泰国Indorama集团、印度尼西亚金光纸业、印度尼西亚PGN公司等国际巨头建立了深度合作关系。

二、发展动态

公司围绕流程工业智能工厂高质量生产与智慧运营需求，全面推进产品整合与升级，构建贯穿企业全领域数据资源系统以及多层纵深的工业信息安全系统，形成生产过程自动化（PA）及企业运营自动化（BA）两大产品体系，赋能企业工厂向智能自主运行、卓越运营的未来工厂跃升转变（见图6-24）。目前，公司已形成了“1+2+N”智能工厂新架构和“4大数据基座+1个智能引擎”两大产品技术创新战略。

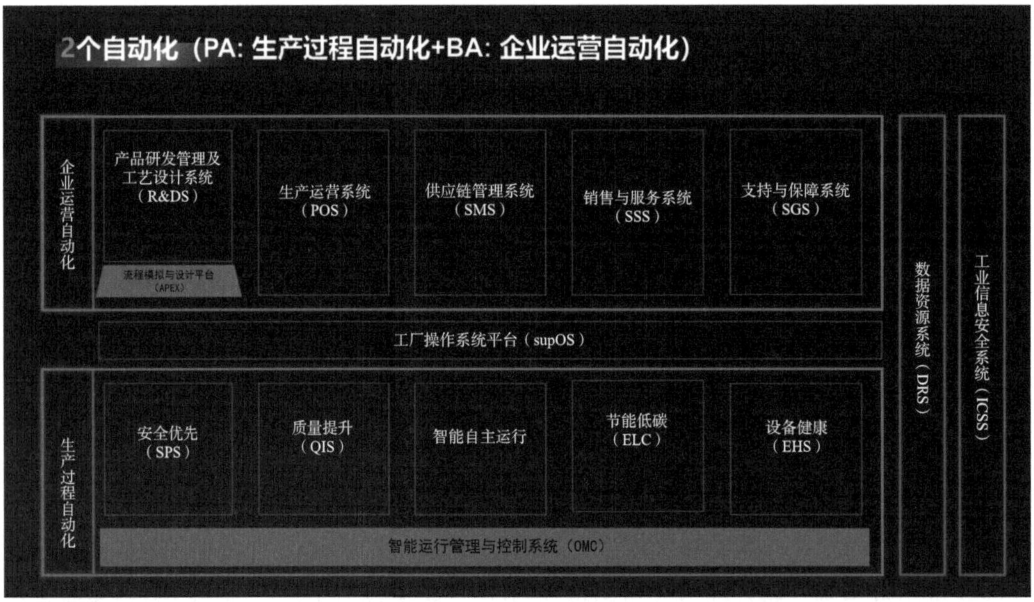

图6-24 中控技术生产过程自动化及企业运营自动化两大产品体系

资料来源：作者整理。

1. “1+2+N”智能工厂新架构

中控技术“1+2+N”智能工厂新架构通过 1 个工厂操作系统，运用人工智能、工业互联网、云计算、数字孪生等新兴技术，向下连接海量工业装备、仪器、产品等终端数据，向上支撑覆盖生产管控、资产管理、能源管理、供应链管理、安全环保等企业运营管理全业务线的工业应用程序快速开发与部署。公司通过“工厂操作系统 + 工业应用程序”技术架构，结合大量的工业知识、经验、机理、模型，打造出若干个工业应用程序，形成以“开放融合、协同智能”为特征的工业智能技术架构，全方位赋能流程工业企业全生命周期数智化发展。“PA+BA”智慧企业架构在 PA 层面可为客户提供安全优先、质量提升、智能自主运行、节能低碳、设备健康五大领域的子系统；在 BA 层面可为客户提供从产品研发管理及工艺设计、生产运营、供应链管理、销售服务、支持保障五大领域的子系统。

2. “4 大数据基座 +1 个智能引擎”

中控技术以全设备智能感知平台（PRIDE）、全流程智能运行管理与控制系统（OMC）、质量基座（Q-Lab）和模拟基座（APEX）4 大数据基座，叠加基于工业大模型打造的智能引擎，构建了“4 大数据基座 +1 个智能引擎”。

①全设备智能感知平台（PRIDE）可通过全面感知、精准建模、智能分析，协助用户对全厂动设备、静设备、电气、仪表、控制系统等设备对象进行全面智能感知与精准预测，打造工厂设备“诊断一张网”，并基于预测结果及设备检维修案例库，生成维修建议，为设备专业维修计划提供智能决策支持。

②全流程智能运行管理与控制系统（OMC）深度融合了工厂操作系统、人工智能及物联网、工业网络、智能控制优化、模型预测等先进技术，可通过更全面的识别、更深入的评估、更智能的决策、更高效的执行，实现工业装置的高效、安全、自主运行。

③质量基座（Q-Lab）可通过高效感知、精益管控、预测优化和智慧协同等手段提升质量保障能力。基于智能化设备、标准化管理和智慧化应用，为企业构建统一的全业务流程质量数据基座。

④模拟基座（APEX）在工厂设计建设过程中可为工艺过程和设备选型提供基础支撑，在工厂运营阶段可为计划调度、装置运行、优化控制的整体运营决策提供全面支撑。基于模型打造数字孪生工厂的空间，可及时发现工艺瓶颈和潜在优化空间，提供改造方案，并推动工厂从经验型管控向智能化管控转型。

三、未来方向

作为国内流程工业自动化领域的领军企业，一是将把握国家政策导向，集中力量突破关键技术；二是将进一步挖掘行业用户需求，推动高端智能化行业解决方案的开发及相关新产品技术在行业的应用落地；三是将深度融合人工智能技术，构建“人工智能 + 数据”核心竞争力，加速推动工业人工智能在各种场景的应用落地，完成向工业人工智能公司的转型升级。

（中控技术股份有限公司：来晓供稿）

杭州宇树科技有限公司

一、基本情况

杭州宇树科技有限公司（以下简称“宇树科技”）是一家世界知名的机器人公司，专注于消费级、行业级高性能通用足式 / 人形机器人及灵巧机械臂的自主研发、生产和销售。公司是全球首家公开零售高性能四足机器人并最早实现行业落地的公司，全球销量多年领先，2023 年已实现人形机器人的小批量量产和陆续发货。

公司重视自主研发和科技创新，在电机、减速器、控制器、激光雷达等机器人关键核心零部件和高性能感知及运动控制算法领域做到全部自研（见图 6-25）。公司整合了机器人全产业链，在机器人核心零部件、运动控制、机器人感知等综合领域达到全球领先水平。目前，公司累计申请国内外专利 180 余件，授权专利 150 余件，荣获国家高新技术企业、国家级专精特新“小巨人”企业、浙江省专精特新中小企业、浙江省瞪羚企业等称号，建设了浙江省高新技术企业研究开发中心。

图 6-25　宇树科技机器人系列产品

资料来源：作者提供。

二、发展动态

1. 四足机器人产品

2023 年底，知名机器人网站 The Robot Report 整理了北美机器人市场年度九大热点话题，其中超过一半涉及人形机器人，公司作为唯一中国企业名列其中。目前，公司开发了多款高性能四足机器人产品（见图 6-26），并曾受邀参加央视春晚、北京冬奥会开幕式、超级碗赛前表演、杭州亚运会等重大活动，多次被央视新闻联播、BBC 等权威媒体报道。

图 6-26 应用于杭州亚运会上的宇树科技四足机器人产品

资料来源：作者提供。

此外，公司推出的四足机器人 B2 拥有卓越的负载能力和极致的稳定性，已在电力巡检、消防救援等场景获得应用，目前已广泛应用于包括国家能源集团某电厂巡检机器狗项目、某电网 220 千瓦变电站巡检机器狗项目、某超高压 500 千瓦变电站巡检机器狗项目、某省消防救援总队消防应急机器狗项目等几十个项目，为各行业带来了更高效、更安全的解决方案（见图 6-27）。

图 6-27　宇树科技四足机器人应用场景

资料来源：作者提供。

2. 人形机器人产品

2024 年 1 月，美国拉斯维加斯国际消费电子展上，公司 H1 作为全场唯一能现场自动运行的人形机器人，引起了社会各界广泛关注。

目前，公司自主研发了高能量密度关节电机、减速器、3D 激光雷达等机器人核心零部件，并在自研传统机器人领域的感知和运动控制算法之外，积极开发完善机器人人工智能世界模型。在此基础上，公司开发的 H1 人形机器人已成为全球性价比最高的人形机器人，其行走和平衡均通过自主计算完成，人工智能算法的赋能让 H1 人形机器人即便在受到暴力冲击后也能快速调整姿态、保持身体平衡。

三、未来方向

人工智能的进步正成为机器人产业发展的关键引擎，在人工智能技术的加持下，机器人不再是单纯地执行预定程序的机械设备，而是具有自主学习和决策能力的智能机器人。随着人工智能大模型的火热发展，人形机器人作为人工智能大模型最适合的硬件载体，正受到广泛关注。工业和信息化部发布的《人形机器人创新发展指导意见》中也明确指出，人形机器人有望成为继计算机、智能手机、新能源汽车之后的颠覆性产品。下一步，公司将继续深耕人形机器人领域，争取未来两到三年内实现大规模应用，推动中国制造业不断释放新的增长潜力。

（杭州宇树科技有限公司：廉莹莹供稿）

杭州医策科技有限公司

一、基本情况

杭州医策科技有限公司（以下简称“医策科技”）是一家以智慧病理和医药为核心的医疗健康大数据和人工智能公司，专注于体外诊断和医药研发的人工智能产品和整体解决方案的研发和应用，为医生提供高效精准的诊断辅助和科研智能辅助。公司荣获 2022 中国大数据企业 50 强、2022 中国数字生态健康医疗行业卓越企业、数字生态 500 强、人工智能生态 30 强、2020 创新峰会卓越医疗大数据创新企业等多项荣誉。

公司现已完成专利、软著和论文等共计 70 项，并携手国内百家医疗机构共同打造了《宫颈细胞病理图像标准数据库数据标准体系》，该标准是体外诊断领域基于细胞病理的首个行业内标准体系，已在人工智能医疗器械创新合作平台上成功发布。

公司积极探索生成式人工智能大模型技术在医疗行业中的应用，作为中国网络空间安全协会人工智能安全治理专业委员会成员单位，公司牵头建设了医疗行业大模型语料库，并于 2024 年发布了阶段性医疗数据集工作成果。依靠“人工智能核心算法 + 大规模病理数据集 + 顶级病理专家”的技术与业务的双重优势，公司打造了适用多人种多病理的全球智慧病理云平台，以自主研发的 PathoInsight 人工智能辅助诊断系统为核心的软硬件三位一体、云边端灵活部署的产品体系已成功部署于全球多个地区。

公司采用多元化商业模式，已与国内医药研发领军企业泰格医药、体外诊断龙头企业迪安诊断、全球制药巨头阿斯利康等重要合作伙伴建立了战略合作关系。此外，公司积极开展国际交流合作，一是联合国际公益组织“Women in AI”与多个国家和地区的医疗机构陆续签署战略合作协议，借助全球智慧病理云平台开展国际科研合作与数字病理科室建设工作；二是与澳大利亚联邦科学与工业研究组织、新南威尔士大学等医疗科研机构建立战略合作关系，开展数字医疗科研和产业化合作，联合培养博士研究生，共同打造全栈式人工智能辅助医疗基础科研平台；三是与罗切斯特理工学院迪拜分校合作开展教学项目，重点关注病理人工智能产品的设计、研发和实施全过程的复合型人才体系建设。

二、发展动态

1. 产品开发

（1）体外诊断领域：公司已形成“人工智能医疗器械 + 智慧病理”云平台应用双轮驱动的多产品管线及科研服务战略布局，开发了一批人工智能医疗器械产品和多个数字化系统及平台。其中，公司全线布局打造了病理大模型平台，融合决策式和生成式人工智能，发挥决策式模型深度的图像解析和推理作用，深入问题本质，提供高度准确决策。当前公司决策式人工智能产品涵盖细胞病理（宫颈细胞、甲状腺细胞、胸腹水、尿液脱落细胞等）、免疫组化病理（PD–L1、KI–67、ER/PR、HER2 等）、组织病理（覆盖胃、肠、宫颈、甲状腺、乳腺、前列腺、肺、淋巴、皮肤等）等领域，实现了图像处理和分析的准确性和即时性。

（2）医药研发领域：通过数字化全流程管理，提高了实验数据的质量和可追溯性，同时深度融合了人工智能技术和专家阅片经验，通过对病理图像进行智能分析，可生成临床前或临床中病理的定性、半定量、定量的智能化报告，为药物、医疗器械、科研服务的病理合同研究组织提供临床前以及临床中独立第三方的病理基础技术服务、高价值分析服务和全面数智化支持（见图 6–28）。

图 6–28　医策科技医药研发领域服务

资料来源：作者整理。

2. 技术研发

公司组建的“医工融合”团队拥有先进的人工智能大模型技术能力，并结合强大的医生团队和专业算法团队，弥补了传统 IVD 企业和医疗人工智能开发商在技术和医学能力方面的不足，实现了全自有模式。在此基础上，公司拥有从制片到诊断全流程管理的病理小模型，以标注数据、卷积神经网络和成熟的部署条件为基础，以小成本嵌入所使用的环境中。同时，公司还拥有专属于病理行业的视觉大模型和多模态大模型，基于大量多器官、多类型、高质量的切片和诊断数据，并采用高表达和精准度的 Transformer 框架，开发了轻量化模型和硬件加速技术。

医疗数据的特殊性决定了在海量数据使用过程中必须严格遵循质量体系规范，即数据应具备可用性、及时性、一致性、真实性、完整性、临床代表性、可追溯性、合规性和安全性等特性。公司不断强化数据安全保护，在医疗数据的处理中，同医学专家与人工智能以及大数据工程师深度合作，相较于传统 IVD 企业和医疗人工智能开发商的碎片化数据和不稳定数据源，公司在数据采集、标注、审核机制等方面秉持标准化和专业化，实施严格的三级审核机制，确保数据质量达到行业金标准，并基于自有海量历史数据和持续增长的数据规模，确保了原研产品的可靠性和稳定性。

3. 场景应用

公司与亚洲最大的私人医疗集团之一 IHH Healthcare Berhad 达成战略合作，在旗下的 11 家连锁医院部署了公司人工智能宫颈癌筛查系统。该系统利用高敏感性和高特异性的人工智能模型，可完成 80% 的初筛工作量，并大幅降低漏诊率。

公司在浙江大学医学院第一附属医院开展了甲状旁腺术前定位项目，该项目将基于平扫 CT 和增强 CT 的深度学习模型作为有效的人工智能辅助工具，输出模型预测的甲状旁腺区域，相较于现阶段最精准的检测手段多重离子束成像（MIBI），可将识别甲状旁腺位置的准确率平均提升 9%，为甲状旁腺切除手术规划提供重要参考。

三、未来方向

生命科学与医疗行业在生成式人工智能技术的影响下，正迈向一个充满前景的未来。随着技术的不断成熟和应用的深入，公司将在现有人工智能医疗器械成熟产品的基础上，加强产品研发效率，加速产品落地进程，进一步助力建设体外诊断领域的垂直领域专业模型。在医药研发领域，进一步辅助医生确认病理形态学多项指标，提供科学数据及预处理方案，以人工智能技术驱动医药研发。积极构建兼具质量和数量的医疗数据集，消除医疗“数据孤岛”，以“行业 + 技术 + 数据”的深度融合为核心，整合多维度产业资源，进一步设计符合临床应用环境和要求的医疗行业大模型。加强生成式人工智能技术在科研和教育方面的应用。

（杭州医策科技有限公司：姜晓玉供稿）

杭州深睿博联科技有限公司

一、基本情况

杭州深睿博联科技有限公司（以下简称“深睿医疗”）是专注于人工智能技术在医疗领域应用的国家级高新技术企业，致力于通过突破性的人工智能深度学习技术及自主研发的核心算法，为国内外各类医疗服务机构提供基于人工智能和互联网医疗的解决方案。公司成立于2017年3月，在北京市、上海市、杭州市均设有独立运营公司，在5年内完成7轮融资。

深睿医疗是国内医疗人工智能领域唯一同时拥有人工智能装备和人工智能影像产品的国家级高新技术企业。2020年，公司肺结节人工智能影像产品成为国内首个通过国家药品监督管理局创新通道认证后获批的肺结节人工智能影像产品，此后公司陆续以肺炎、肋骨骨折、骨龄、冠脉、头颈、乳腺X射线、人工智能X射线骨龄仪、CT-FFR等产品获得多张三类医疗器械注册证，并于2024年以动脉瘤人工智能产品获得创新三类医疗器械注册证。目前，公司已累计获批13张国家药品监督管理局三类医疗器械注册证。

公司现有团队规模达400多人，集聚了人工智能、云计算、医学影像等多个领域的专业人才，其中核心研发团队由近百名国内外顶级院校博士、硕士和高级科研人员等组成。公司牵头参与了9项国家科技重大专项、15项国家自然科学基金项目、30多个省市级科研项目，涵盖了医学影像处理、医疗大数据知识体系构建及应用以及相关数字疗法等领域。公司分别于2021年和2024年荣获国家科技进步奖二等奖，2023年获批国家重点研发计划“十四五”重点专项，并接连在河南省、浙江省、北京市和江苏省等地获得科技进步奖等多项殊荣。此外，公司注重产学研深度融合，与国内数百家知名医疗机构和高校院所建立了密切合作关系，积极参与各项科研攻关项目，现获得专利及软著共计 700 多项，所有科研成果累计影响因子超过 1500。

公司现已成为医疗人工智能领域领军企业，产品遍布全国 30 多个省市，为数千家医疗机构提供从人工智能辅助诊断、智能筛查、临床决策、患者服务到医疗大数据治理、科学研究、医生培训、能力建设等全链路的人工智能服务，先后入选《财富》“中国最具社会影响力的创业公司”榜单、北京国家人工智能创新应用先导区示范案例、人民网健康中国行动创新实践案例等。

二、发展动态

1. 产品开发

深睿医疗开发的 Dr.Wise 人工智能医学辅助诊断系统基于深度学习算法，一方面提升疾病征象的检出率、降低假阳性率，另一方面充分挖掘疾病深度特征、提升疾病诊断准确性，可为医生辅助诊疗决策提供临床建议。目前，产品覆盖神经系统、心血管系统、呼吸系统、运动系统、女性关爱、儿童发育等领域，可用于肺结节、肺炎、骨质病变、脑出血、脑缺血、冠脉血管、头颈血管、肺部多征象、胸片、四肢骨折、骨龄及乳腺癌疾病等的影像检查。

（1）Dr.Wise 肺结节人工智能医学辅助诊断系统（见图 6–29）：该系统支持自动对病灶进行实性、部分实性、磨玻璃、钙化等密度四分类；自动测量病灶的长径、短径、CT 值、体积等参数；自动进行结节特征分析，生成结节密度分布图和结节影像组学等相关信息；并可智能随访，自动关联病灶和对比分析，精确评估结节变化趋势。

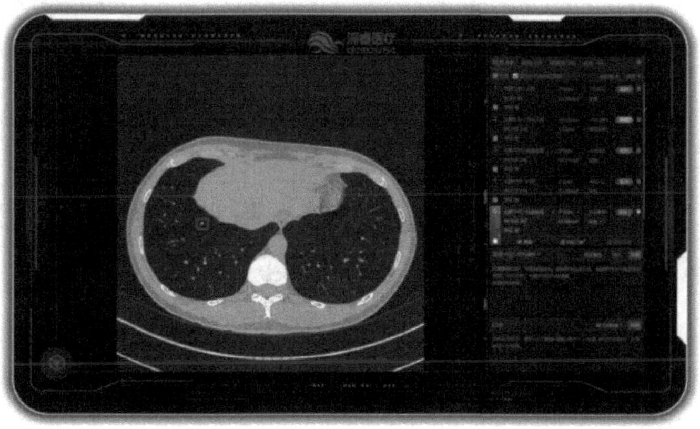

图 6–29　深睿医疗 Dr.Wise 肺结节人工智能医学辅助诊断系统

资料来源：作者提供。

（2）Dr.Wise 乳腺 X 线人工智能医学辅助诊断系统（见图 6-30）：该系统可以自动检出钙化、肿块、非对称影像、结构扭曲等病灶，并分析钙化形态和分布，肿块形态、边缘和密度等特性，检出乳头凹陷、淋巴结肿大、乳腺皮肤增厚等伴随征象，进行 BI-RADS 分类，形成结构化报告。

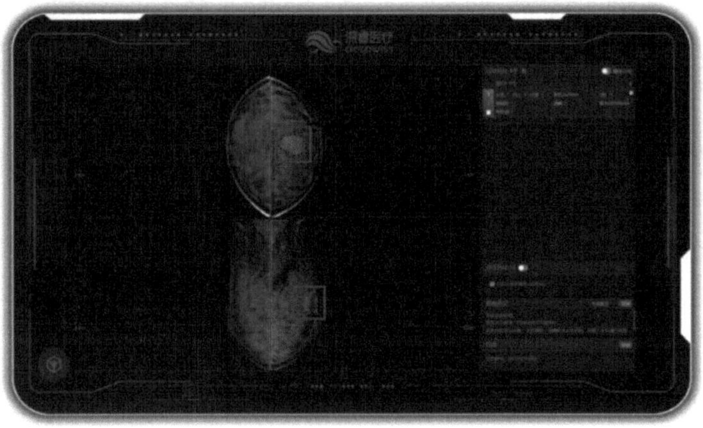

图 6-30　深睿医疗 Dr.Wise 乳腺 X 线人工智能医学辅助诊断系统

资料来源：作者提供。

（3）Dr. Wise 脑卒中人工智能医学辅助诊断系统（见图 6-31）：该系统可对出血病灶进行全方位分析，对于不同类型的出血，进行分类识别，并识别病灶解剖位置，精确测量出血量。根据临床应用场景，配置随访对比功能，基于病灶的性质进行随访对比，从多个角度对出血量变化进行分析。

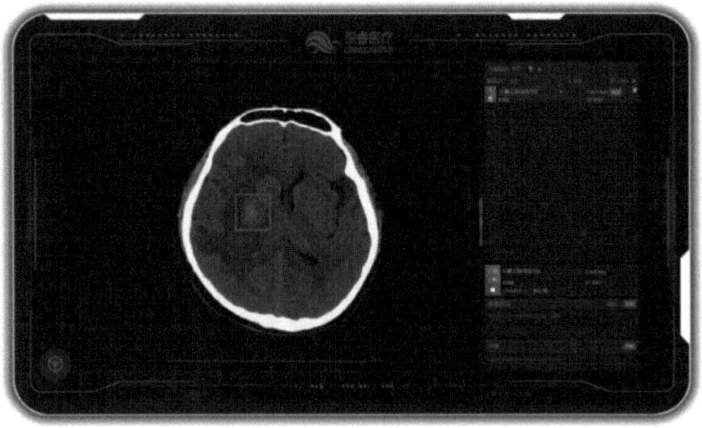

图 6-31　深睿医疗 Dr. Wise 脑卒中人工智能医学辅助诊断系统

资料来源：作者提供。

（4）Dr.Wise 脑灌注人工智能医学辅助诊断系统（见图 6–32）：该系统基于人工智能技术对 CTP 脑灌注进行智能量化和评估，自动计算 CBV（脑血容量）、CBF（脑血流量）、TTP（达峰时间）、MTT（平均通过时间）、Tmax（达到最大值的时间）等灌注参数，量化分析相关病变影响区，测量缺血半暗带、核心梗死区和低灌注区，自动输出错配值，实现对异常灌注区域的量化分析，为患者治疗方案的确定提供临床依据。

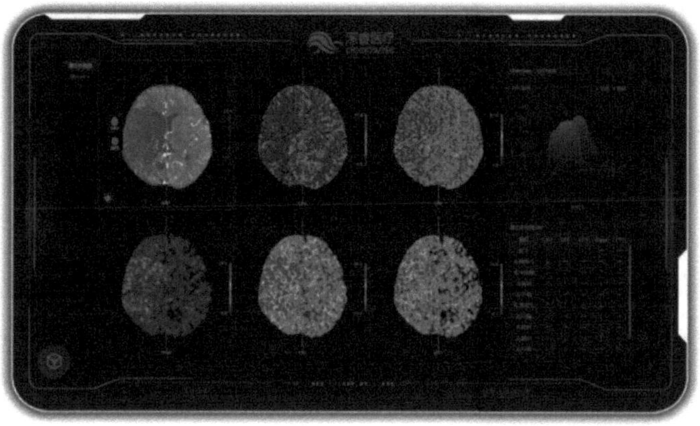

图 6–32　深睿医疗 Dr. Wise 脑灌注人工智能医学辅助诊断系统

资料来源：作者提供。

（5）Dr.Wise 平片骨折人工智能医学辅助诊断系统（见图 6–33）：该系统可对手部关节、腕关节、足部关节、踝关节、肘关节等部位骨折进行检出，并且保持高敏感性和特异性；支持自动对病灶进行检出并进行骨折、术后改变、异物等分类；将智能阅片与诊断紧密结合，支持自动生成结构化图文报告。

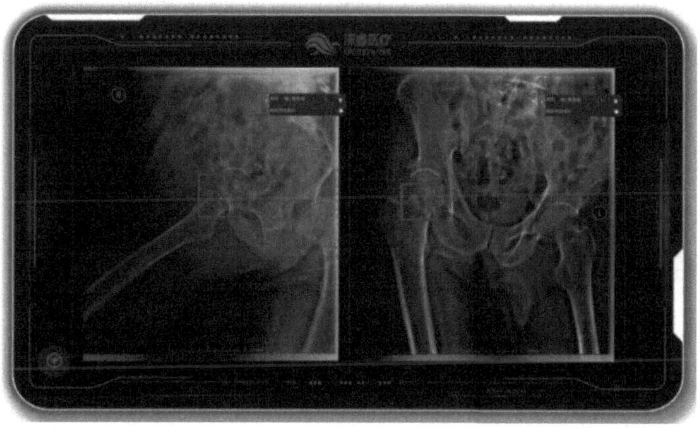

图 6–33　深睿医疗 Dr.Wise 平片骨折人工智能医学辅助诊断系统

资料来源：作者提供。

2. 技术研发

深睿医疗 Deepwise MetAI 是国内首个融合计算机视觉、NLP、深度学习等人工智能前沿技术构建的智慧影像和大数据通用平台，将影像科日常应用产生的数据结构化形成数据资产，在技师、医生、科室管理者之间自由流通，实现重建、打印、诊断、会诊、教学、科研的一站式影像数智化，为多学科专家会诊、科研提质增效、影像科室日常教学等提供支持。其中，睿影系列影像产品针对 CT、MR、DR 和乳腺 X 线等多模态影像设备，可提供覆盖神经系统、心血管系统、运动系统、呼吸系统、消化系统、女性关爱、儿童关爱等多个领域的基于人工智能的解决方案。

深睿医疗 Deepwise TrioData 多模态医疗大数据平台以科研创新及应用为导向，对医疗数据进行采集、存储、治理等一体化管理，建立全院级大数据中心，将医院多源异构的多模态数据转化为优质的数据资产并加以创新应用，探索疾病智能化诊疗的新模式、产出高质量的成果、实现从数据到成果反馈再到临床应用的创新闭环模式，加速科研成果转化，助力学科高水平建设。

此外，深睿医疗积极探索医学多模态大模型的研发，率先将大模型技术引入医疗的垂直领域，打造了集文本、影像等多模态数据的一站式人工智能平台，有力支撑临床智能化建设。2023 年，公司基于 Transformer 框架，联合多家医院及高校提出了对多模态数据进行统一学习和建模的方案，初步验证了多模态大模型广阔的发展空间，获得了国内外广泛关注。

3. 场景应用

目前，公司已研发了近 20 种人工智能影像辅助诊断系统，并在全国范围内得到了广泛应用，覆盖了超过 1000 家三级和二级医院、院内体检中心、私立体检机构、基层医疗机构等，其中三级以上医院占比超过 80%。公司相关产品和技术既可辅助单独医院，也可实现城市医联体院际间、县域医共体院际间的应用，尤其在专业影像诊断医生相对缺乏的基层医疗机构、私立医疗机构，可辅助医院快速精准筛查、诊断，解决医院缺乏专业影像医生的问题，提高基层医疗机构的诊疗水平。

三、未来方向

未来，深睿医疗将联合医疗机构做好医疗大数据共享顶层设计，推进规范数据标准，扫除数据共享障碍，在保证数据安全的前提下，挖掘医疗大数据的价值。加强与政府、医疗机构、科研机构、人工智能企业等的合作，开展智能医学影像可解释性和“算法判别”专项研究，加快制定质量控制和评价标准，增强患者对医疗人工智能的信任，促进医疗人工智能项目顺利落地和可靠应用。积极融入医院诊疗流程，共同探索人工智能技术在医院的应用前景，鼓励临床医生参与医学人工智能科学研究，根据临床需求推动智能医学影像产品设计，加速应用场景落地。

（杭州深睿博联科技有限公司：李圣安供稿）

参编单位：

浙江省知识产权局
杭州市发展和改革委员会
宁波市发展和改革委员会
宁波市数据局
温州市发展和改革委员会
温州市数据局
湖州市发展和改革委员会
湖州市经济和信息化局
嘉兴市发展和改革委员会
嘉兴市经济和信息化局
绍兴市发展和改革委员会
金华市发展和改革委员会
金华市科学技术局
衢州市发展和改革委员会
衢州市经济和信息化局
舟山市发展和改革委员会
舟山市经济和信息化局
舟山市科学技术局
台州市发展和改革委员会
丽水市发展和改革委员会
丽水市经济和信息化局
诸暨经济开发区管理委员会
浙江大学
西湖大学
之江实验室
良渚实验室
浙江省钱塘数字贸易研究院
浙江省半导体行业协会
浙江省软件行业协会
浙江省机器人协会
浙江省人工智能学会智能制造分会
浙江省安全技术防范行业协会
杭州人工智能计算中心
宁波人工智能超算中心
阿里巴巴集团控股有限公司
杭州海康威视科技有限公司
网易（杭州）网络有限公司
浙江华为通信技术有限公司
新华三集团
蚂蚁科技集团股份有限公司
阿里云计算有限公司
乌镇之光（桐乡）超算中心有限公司
杭州联汇科技股份有限公司
良信电器（海盐）有限公司
浙江方正电机股份有限公司
温州眼视光国际创新中心
新华三技术有限公司
浙江强脑科技有限公司
杭州回车电子科技有限公司
杭州炽橙数字科技有限公司
浙江大华技术股份有限公司
浙江宇视科技有限公司
杭州安恒信息技术股份有限公司
恒生电子股份有限公司
浙江同花顺智能科技有限公司
中控技术股份有限公司
杭州宇树科技有限公司
杭州医策科技有限公司
杭州深睿博联科技有限公司